庆祝中华人民共和国成立七十五周年书系　新中国史研究文丛

破解现代化进程中"两弱"困扰难题的中国路径

郑有贵　著

图书在版编目(CIP)数据

破解现代化进程中"两弱"困扰难题的中国路径/郑有贵著. -- 北京：当代中国出版社，2024.10
ISBN 978-7-5154-1373-0

Ⅰ.①破… Ⅱ.①郑… Ⅲ.①现代化建设—研究—中国 Ⅳ.① D616

中国国家版本馆 CIP 数据核字 (2024) 第 085539 号

出 版 人	王　茵
责任编辑	姜楷杰
责任校对	贾云华　康　莹
印刷监制	刘艳平
封面设计	宋　涛　鲁　娟
出版发行	当代中国出版社
地　　址	北京市地安门西大街旌勇里 8 号
网　　址	http://www.ddzg.net
邮政编码	100009
编 辑 部	（010）66572264
市 场 部	（010）66572281　66572157
印　　刷	北京润田金辉印刷有限公司
开　　本	710 毫米×1000 毫米　1/16
印　　张	16.25 印张　1 插页　232 千字
版　　次	2024 年 10 月第 1 版
印　　次	2024 年 10 月第 1 次印刷
定　　价	75.00 元

版权所有，翻版必究；如有印装质量问题，请拨打（010）66572159 联系出版部调换。

新中国史研究文丛

编辑委员会

编 委 会

主　任：李正华

副主任：宋月红

编　委：（按姓氏笔画排序）

　　　　王巧荣　王爱云　刘　仓　刘维芳　杨凤城　杨明伟
　　　　吴　超　辛向阳　张金才　欧阳雪梅　周　进　钟　瑛
　　　　姚　力　蔡继辉

办 公 室

主　任：周　进

成　员：狄　飞　郑　珺　王　宇　王　敏

新中国史研究文丛
— 总 序 —

在新中国成立75周年之际，当代中国研究所组织编辑出版的《新中国史研究文丛》第一批成果终于与读者见面了。

当代中国研究所是中共中央批准成立的专门从事中华人民共和国史研究、编撰与宣传工作的科研机构，自1990年成立以来，编写出版了《中华人民共和国史稿》《中华人民共和国简史》《新中国70年》《中华人民共和国史编年》《中国式现代化简史》等国史基本著作。为迎接新中国成立75周年，当代中国研究所组织编写《中华人民共和国史》《新中国史事编年》等学术著作，不断推动新中国史研究事业繁荣发展。《新中国史研究文丛》，既是当代中国研究所肩负"修史、资政、育人、护国"职责使命，为庆祝新中国成立75周年献上的一份厚礼，也是对当代中国研究所成立30余年来科研成果的又一次检阅。

习近平总书记在致国史学会成立30周年贺信中强调，要坚持正确政治方向，坚持历史唯物主义，以马克思主义中国化时代化最新成果为指导，进一步团结全国广大国史研究工作者，牢牢把握国史的主题主线、主流本质，不断提高研究水平，创新宣传方式，加强教育引导，激励人们坚定历史自信、增强历史主动，更好凝聚团结奋斗的精神力量，为全面建设社会主义现代化国家、全面推进中华民族伟大复兴作出新贡献。这不仅为当代中国研究所、国史学会的发展指明了方向，也为我们在新时代新征程上全面推动新中国史研究事业高质量发展提供了根本遵循。

赓续历史文脉，谱写当代华章。习近平总书记指出："重视历史、研究历史、借鉴历史是中华民族5000多年文明史的一个优良传统。当代中国是历史中国的延续和发展。"深入研究新中国史，一方面是继承发扬中国源远流长的史学传统，另一方面可以从中深刻体悟中华文明具有突出的连续性、创新性、统一性、包容性和和平性。在新的起点上深化和拓展中国式现代化，更好担负起新的文化使命，就需要立足中华民族伟大历史实践和当代实践，用中国道理总结好中国经验。这是编辑出版《新中国史研究文丛》的重要使命。

激励人们坚定历史自信，增强历史主动。历史是最好的教科书，也是最好的营养剂。新中国史是中华民族发展史上的时代画卷，是世界社会主义发展史、人类文明发展史上的辉煌篇章。只有坚持以习近平新时代中国特色社会主义思想为指导，不断深化新中国史研究，拿出高质量的研究成果，并加强研究成果的宣传、推广，才能真正把历史智慧和历史经验进一步转化为全国各族人民团结奋斗的精神力量，充分发挥新中国史资政、育人、护国的作用。这是编辑出版《新中国史研究文丛》的重要目的。

推动新中国史"三大体系"建设，建构中国自主知识体系。加快构建中国特色哲学社会科学学科体系、学术体系、话语体系是习近平总书记在哲学社会科学工作座谈会上提出的新时代战略任务。新中国史伴随着新中国的发展而发展，是一个兼具政治性与学术性的新兴学科。经过几十年特别是新时代十余年以来的努力，新中国史"三大体系"建设已经取得了一定的成绩。但毋庸讳言，与其他成熟学科相比，新中国史还有很大进步空间。编辑出版《新中国史研究文丛》，是加快构建新中国史"三大体系"、建构中国自主知识体系的一个重要举措。

展示真实、立体、全面的当代中国，促进文明交流互鉴。习近平总书记强调，要"着力加强国际传播能力建设、促进文明交流互鉴"。新中国史研究在这方面具有独特作用和特殊优势。新中国成立75年来，取得了令世界刮目相看的伟大成就。如何记录好、总结好新中国的辉煌成就和宝贵经验，是时代赋予的重大课题。新中国史研究工作者有责任积极参与国际性的对话和交流，在世界舞台上讲好当代中国故事，传播好当代中国声音，展示一个真实、立体、全面的当代中国，不断增强中华文明传播力和影响力。编辑出版《新中国史研究文丛》，希望有助于发挥新中国史研究在讲好中国故事中的独特作用。

培育新中国史研究力量，壮大人才队伍。"千秋基业，人才为本。"近几十年来，新中国史研究逐步形成了一支政治素养高、专业能力强、学科门类齐的人才队伍。推进科教融合，建立了中共党史系、中华人民共和国国史系，编撰出版教材，注意培养新中国史研究新生力量。但同时也要看到，新中国史研究还面临着成果发表平台不足、方法有待完善等现实问题，很大程度制约了人才的成长与发展。编辑出版《新中国史研究文丛》，有助于"出人、出书、走正路"，不断壮大新中国史研究人才队伍。

我们将编辑出版《新中国史研究文丛》作为一个长期项目，为新中国史研究的优秀成果提供优质的出版服务。期望得到学界同仁的关心和支持，大家一起通过此项目，为新中国史研究事业这座巍峨大厦添砖增瓦，并推动它不断繁荣发展。

李正华

2024 年 5 月

前　言

　　将求真、求解、求用贯通起来，基于求真发现问题，以此为基础求解、求用，是研究的遵循和意义所在。新中国探索推进中国式现代化，用几十年的时间走完西方发达国家几百年走过的工业化历程，创造了经济快速发展和社会长期稳定的奇迹。在这一历史性跨越发展进程中，中国突破了什么样的难题，其中有哪些经验和规律可循，这是推进中国式现代化需要关注和探讨的重大问题。基于长时段和国际视域的考察，中国在推进现代化进程中正视"两弱"困扰难题，对如何破解"两弱"困扰难题作出回答，探索形成破解"两弱"困扰难题的路径。

一、中国在现代化进程中面临"两弱"困扰

　　破解现代化进程中的"两弱"困扰难题，是推进拓展中国式现代化必须回答的命题。

第一个"弱"是中国作为工业化后发国家在国际上处于弱势，现代化的推进受弱势窘境困扰。工业化先发国家在一贯的零和博弈思维下，以其强势，用经济和非经济的各种手段，锁定工业化后发国家的发展能力、发展空间、市场空间，使工业化后发国家在与强势的工业化先发国家博弈中难以突破所处的弱势地位。笔者在研究中把中国现代化纳入国际考察，认为对中国历史性跨越发展的研究不能以贫困陷阱的逻辑进行推论，因为以贫困陷阱逻辑推论回避了工业化先发国家凭借强大的综合国力恃强凌弱索取工业化后发国家剩余并控制其发展的实质，因而尝试基于势能差、弱势窘境等概念，对中国的历史性跨越发展进行实证分析。作为农业国的近代中国，在工业化进程中落伍，与工业化先发国家存在明显的势能差，受尽凌辱。新中国作为工业化后发国家，不仅与其他发展中国家一样在国际上受弱势窘境困扰，还受西方国家集团式封锁禁运打压，现代化的推进困难重重。中国即便在21世纪初已进入工业化中期，也保持了"仍然面临发达国家在经济科技等方面占优势的压力"[1]的清醒判断。简言之，近代以来中华民族复兴的历史，实际上是一部由在国际上受弱势窘境困扰转向优势跨越发展的历史。

第二个"弱"是工业革命以来农业农村与工业城镇相比的弱质性，农业农村发展受弱质性困扰。中国古代以农业为主，农村传统手工业一般是家庭副业。自工业革命起，机器被广泛使用，工业生产率快速提升且显著高于农业生产率，生产要素投入回报率也是工业高于农业，加之城市交易、生活都相对便

---

[1]《十六大以来重要文献选编》(上)，中央文献出版社2011年版，第83页。

捷，工业向城市聚集，农业劳动力向工业转移和农村人口向城市转移，农村边缘化，普遍存在城乡差别较大的二元经济社会结构。这是农业农村发展受弱质性困扰的表现。解决工业化城镇化进程中农业农村发展受弱质性困扰难题，增强农业农村内生发展能力，是中国推进农业农村现代化必须破解的课题。

二、中国对现代化进程中"两弱"困扰难题的破解

中国在破解现代化进程中"两弱"困扰难题上有先后序，先是自20世纪50年代初起致力于破解作为工业化后发国家在国际上的受弱势窘境困扰难题，在进入工业化中期后运用多种政策工具破解农业农村发展受弱质性困扰难题。

中国自实施国家"一五"计划起的较长时期内，以推进国家工业化为重点。这是中国要实现追赶世界工业化进程战略目标的必然选择。因为中国要摆脱在国际上受弱势窘境困扰，实现经济自立自强，乃至为实现中华民族伟大复兴奠定经济基础，必然要求首先在建立起独立的工业体系上实现突破。中国动员全国力量快速推进工业化，到20世纪70年代末的较短时间内，就建立起独立的比较完整的工业体系。这是中国现代化进程中的历史性突破。

中国在现代化进程中对"两弱"困扰难题的破解，是基于现代化演进规律，全国一盘棋，统筹全局与局部、长远与当期的发展及利益关系，在保障工业化这个重点时统筹兼顾各项事业的发展。其中，中国注重工业化先行突破与农业农村发展的协调，突出表现在，基于当时生产力水平处理好工农城乡关系，并明确工业要服务农业。在实践中，工业发展为农业提供

机械、电力、化肥、农药等现代农业生产要素和为农村提供现代生活用品，促进了农业农村现代化。

中国破解农业农村发展受弱质性困扰难题，以工业化先行突破为条件，除工业向农业提供现代生产要素外，还突出表现在进入工业化中期的经济社会发展阶段后，将农业养育工业政策调整为工业反哺农业政策，先后推进社会主义新农村建设、打赢脱贫攻坚战、全面推进乡村振兴，着力解决农业农村发展受弱质性困扰导致农业农村发展滞后于工业城镇发展的"一条腿长、一条腿短"问题，在补全面小康社会和全面建设社会主义现代化国家中农业农村短板上取得重大进展。

探索形成破解现代化进程中"两弱"困扰难题的中国路径，是中国共产党领导中国人民创造的中国式现代化道路的组成部分。

三、对中国破解现代化进程中"两弱"困扰难题的研究

推进中国式现代化及破解其中"两弱"困扰难题，实现历史性跨越发展，是中华人民共和国发展史的主题。近年来，笔者围绕这个主题开展了一些专题研究。本文集是从近年来笔者发表相关主题的论文中挑选出来的。

文集包括五个部分。第一部分"破弱自立"，收入三篇论文，对通过集中力量办大事突破中国在国际上受弱势窘境困扰，实现由被封锁禁运打压到全面开放、构建新发展格局的历史性转变、取得历史性跨越发展奇迹进行了探讨。第二部分"改革转型"，收入四篇论文，对破解追赶世界工业化进程中破弱自立所积累问题推进的改革进行了探讨。第三部分"脱贫攻坚"，收入四篇论文，对中国如何打赢脱贫攻坚战，进而破解人类社会

贫困这个顽疾进行了探讨。第四部分"乡村振兴",收入三篇论文,对中国如何破解工业化、城镇化进程中农业农村发展受弱质性困扰难题的路径进行了探讨。第五部分"全面小康",收入四篇论文,对经历破弱自立、改革转型、打赢脱贫攻坚战、实施乡村振兴战略实现全面小康的路径、成就、经验进行了探讨。

将关于中国在现代化进程中破解"两弱"困扰难题的研究成果汇集起来出版,旨在较集中地回答在推进中国式现代化进程中,中国作为工业化后发国家是如何面对"两弱"困扰攻坚克难,开创中国式现代化道路的。

目 录

前　言 / 001

第一部分　破弱自立 / 001

集中力量办大事与中国的历史性跨越发展 / 002

嵌入式开展三线建设的历史逻辑和转型发展
　　——以攀枝花钢铁生产基地为例 / 023

中国参与国际大循环的历史演进与构建新发展格局的战略目标 / 044

第二部分　改革转型 / 055

创办经济特区的战略智慧和历史地位 / 056

家庭承包经营激活农村经济 / 072

农业税费改革的重大意义与宝贵经验 / 082

乡村改革发展的四次演进 / 091

第三部分 脱贫攻坚 / 109

深度贫困地区为何脱贫难
　　——深度贫困地区经济发展的几个障碍 / 110
脱贫攻坚伟大实践孕育中国特色反贫困理论 / 116
由脱贫向振兴转变的实现路径及制度选择 / 124
脱贫地区创新发展路径研究
　　——以5年过渡期支持政策为重点 / 136

第四部分 乡村振兴 / 149

战略维度和实现路径：中国共产党百年破解"三农"问题的考察 / 150
新时代"三农"战略目标的历史性升级和发展优势提升 / 165
中国特色社会主义乡村振兴道路的探索形成及其意义 / 182

第五部分 全面小康 / 205

中共十六大至中共十八大：全面建设小康社会的部署和成就 / 206
破解全面小康社会"三农"短板难题 / 227
破解全面小康社会"三农"短板难题实现历史性突破 / 244
农村同步迈向全面小康社会的方案和经验 / 263

后　记 / 279

第一部分 破弱自立

集中力量办大事与中国的历史性跨越发展[*]

中国以制定和持续实施国家发展战略及其导向下的集中力量办大事方式推进社会主义现代化建设，在改革开放前后两个时期一以贯之。集中力量办大事机制的构建起于要办成国家现代化重要标志的工业化这件大事，在改革开放进程中完善。以制定和持续实施国家发展战略及其导向下的集中力量办大事方式推进社会主义现代化建设，成功地突破了工业化后发国家（以下简称后发国家）在工业化先发国家（以下简称先发国家）主导的国际秩序下所处劣势地位而受弱势窘境困扰并向优势跨越发展转变，是中国实现只用几十年时间就走完发达国家几百年走过的工业化历程这一历史性跨越发展的重要法宝。中国坚持中国共产党领导，坚持以人民为中心，坚持社会主义市场经济改革方向，在发展社会主义市场经济中充分发挥社会主义国家制度和国家治理体系所具有的能够"全国一盘棋，调动各方面积极性，集中力量办

---

[*] 本文曾发表于《中共党史研究》2020年第3期，是中国社会科学院马克思主义理论创新智库中长期项目"政治经济学视域的新中国跨越发展经验研究"和中信改革发展研究基金项目"中国'举国体制'形成演变研究（1949—2020）"的阶段性成果。收入本文集时，作者对文章结构进行了调整。

大事"这一显著优势，各种因素有机耦合，形成快、活、稳统一的优势跨越发展路径。这也验证了集中力量办大事与社会主义市场经济可以有机耦合。

一、问题的提出

中国实现"用几十年时间走完了发达国家几百年走过的工业化历程"[1]的历史性跨越发展。对这一属于世界范畴问题的中国历史性跨越发展的讨论，应有国际视野。关于中国实现历史性跨越发展原因的探讨，已有不少国际视野分析的成果，但忽视了新中国在成立前的弱势与先发国家的强势的势能差这一重要因素。忽视这一重要因素的分析是不充分的。鉴于此，本文引用势能差、弱势窘境等概念，以便展开对现象之实质和主导因素的讨论。

国与国之间博弈势能差，指国与国之间综合国力之差及其所决定的博弈能力之差。为叙述简明，本文简称势能差。

后发国家弱势窘境，指由于先发国家的强势与后发国家的弱势的势能差，先发国家通过经济和非经济的各种手段，锁定后发国家的发展能力、发展空间、市场空间，弱势的后发国家在与强势的先发国家博弈中难以突破弱势地位，进而陷于恶性循环。为叙述简明，本文简称弱势窘境。

在国际体系中国家之间势能差这一重要因素，以及由此而面临与其他后发国家相同的受弱势窘境困扰是中国现代化建设绕不开的问题。

后发国家存在弱势窘境是不争的事实。后发国家力争追赶先发国家，但绝大多数难以成功突破所面临的重重障碍，实现不了跨越发展，

---

[1]《十九大以来重要文献选编》(上)，中央文献出版社2019年版，第728页。

这被认为存在"贫困陷阱"。这是基于现象的逻辑判断，未涉及问题的实质和主导因素。实质性、主导性因素是：先发国家凭借较强的综合国力，恃强凌弱，以各种方式对后发国家的发展进行控制，并索取剩余。具体而言，一是先发国家利用国际规则制定权，形成不利于后发国家发展壮大的种种规则，并通过跨国垄断资本对处于弱势的后发国家的剩余进行索取。例如，第二次世界大战后，强势的美国除对后发国家实施军事干预外，还实行美元霸权（起于1944年构建的布雷顿森林体系，强于1973年10月美国使石油输出国组织欧佩克接受用美元结算石油交易而实现美元与石油挂钩），由此构建起世界财富向其流入的机制。二是先发国家利用跨国垄断资本及科技领先的优势，控制产业链高端和价值链高端，获取高额收益。如此，后发国家难以突破产业链低端和价值链低端的困境。三是一些先发国家曾长期实施殖民掠夺，现今仍以种种方式使后发国家对其依附。由于先发国家的强势与后发国家的弱势的势能差，先发国家通过经济和非经济的各种手段，锁定后发国家的发展能力、发展空间、市场空间，使后发国家更加难以摆脱弱势地位。正因为如此，在第二次世界大战后，后发国家可以跟学先发国家先进技术，后发优势有所发挥，也实现了发展，但能突破弱势窘境困扰的极少，大部分后发国家难以摆脱对先发国家的跟随，甚至依附于先发国家及其跨国垄断资本。

中国成功突破弱势窘境困扰，实现历史性跨越发展，这是不容置疑的。1949年以来，中国经济社会发展水平乃至综合国力跃上一个又一个新台阶，由处于农业社会的后发国家，到20世纪70年代末建立起独立的比较完整的工业体系，现今已建立起全世界最完整的现代工业体系，自2010年起稳居全球制造业第一大国的地位。这一历史性跨越发展，成就了中国国内生产总值由1952年的679亿元，增加到

1978年的3679亿元，再增加到2019年的99.09万亿元[1]，1953年至2018年国内生产总值年均增长8.1%。其中，1979年至2018年国内生产总值的年均增长率为9.4%，比同期世界经济2.9%的年均增速高两倍多，对世界经济增长的年均贡献率高达18%左右。中国经济总量在国际上的位置，随之由1978年的第11位，跃升至2010年的第2位。中国国内生产总值在世界生产总值中所占份额，也由1978年的1.8%上升到2018年的15.9%。[2]

中国历史性跨越发展奇迹举世关注，从表象分析，是因为中国仅用较短的几十年，就跨越式走完发达国家几百年才走过的工业化历程，而实质是成功突破了后发国家在国际上受弱势窘境困扰，并实现了向优势跨越的转变。中国还实现了另外一个转变——由"不能"向"能"的转变，即由中国为什么不能在世界上率先发生科技和工业革命的"李约瑟之问"（又被称为"李约瑟之谜"），向中国为什么能够取得历史性跨越发展的"中国之谜"的转变。这两个转变，彰显了中国历史性跨越发展成就的辉煌及来之极为不易。

本文基于后发国家与先发国家存在较大势能差视角，围绕中国实现由弱势窘境向优势跨越转变进行讨论，力求厘清中国集中力量办大事机制的构建和完善与实现历史性跨越发展的历史逻辑，国家制度和国家治理体系所具有的能够"全国一盘棋，调动各方面积极性，集中力量办大事"的显著优势，以及集中力量办大事机制的形成和完善。

---

[1] 国家统计局：《中华人民共和国2019年国民经济和社会发展统计公报》，《人民日报》2020年2月29日。

[2] 《辉煌70年》编写组编：《辉煌70年——新中国经济社会发展成就（1949—2019）》，中国统计出版社2019年版，第2、4、40页。

二、中国成功突破弱势窘境困扰向优势跨越发展转变缘于以集中力量办大事方式推进社会主义现代化建设

对于中国的历史性跨越发展,西方经济学不能解释。坚持中国共产党领导、坚持公有制主体地位、坚持更好发挥政府的作用,与"华盛顿共识"的政策主张相反,因而有的论述将中国取得的历史性跨越发展成就视为"悖论"。20世纪90年代初,中国经济快速发展引起西方经济学界关注和重点研究,提出"中国之谜"。英国剑桥大学经济学家彼得·诺兰在2002年道明了"中国之谜"的实质,即按照主流经济学的理论逻辑,中国不可能获得目前的成就。[1]可见,"中国之谜"与"悖论"一样,实质也是因为基于西方经济学难以对中国历史性跨越发展奇迹予以解释。

中国实现历史性跨越发展的原因,有归于后发优势、结构效应、比较优势、人口红利等。对历史进行较长时段考察,就会发现,用后发优势、人口红利、比较优势、结构效应等,可以解释某些时段、某些产业、某些地区的发展,但不能解释新中国70余年历史性跨越发展的全部历程。这些因素不是主导因素和充分条件,将中国的发展成就归于其中单一因素的结论,是得不到充分验证的。例如,在1949年前,中国就属于后发国家、人口大国,有大量廉价劳动力,但并没有实现历史性跨越发展,而是长期陷于落后。再就比较优势而言,后发国家资本稀缺和科技落后,难以摆脱处于产业链低端和价值链低端的困境,加之强势的先发国家对弱势的后发国家实行不平等贸易,实施比较优势战略难以改变弱势地位。从中不难发现,如果后发国家不能

---

[1] 参见中央电视台《国情备忘录》项目组:《国情备忘录》,万卷出版公司2010年版,第8—9页。

在战略性先导产业发展、重大尖端科技攻关等方面实现成功突破，而满足于在先发国家控制产业链高端和价值链高端下发挥比较优势，就会掉入比较优势陷阱。

中国的发展与其他发展中国家一样，受资本稀缺和科技落后约束。中国能成功突破在国际上的受弱势窘境困境，实现历史性跨越发展，是因为社会主义国家制度和国家治理体系具有能够"全国一盘棋，调动各方面积极性，集中力量办大事"的显著优势。在中国共产党领导下，中国坚持以人民为中心实施国家发展战略，引导有限的资源，尤其是低微的财力和较弱的科技力量，集中用于办好关系国计民生的诸多大事，成功走出自立自强之路，树立起一座又一座历史丰碑。

一是集中力量发展战略性先导产业，形成能够突破受弱势窘境困扰向优势跨越转变的强劲增长极，有效地破解了后发国家资本稀缺下战略性先导产业不能快速发展起来的难题。

二是集中力量开展重大尖端科技攻关，有效突破了后发国家科技落后的约束。中国集中力量对重大尖端科技进行攻关，在不同时期都取得了重大成果，改革开放前成功研制"两弹一星"、核潜艇、杂交水稻、青蒿素等，中共十八大以来天宫、蛟龙、天眼、悟空、墨子、大飞机等重大尖端科技攻关的成功突破，不仅大幅提升了综合国力，更是为突破受弱势窘境困扰向优势跨越转变提供了强劲的支撑和引擎。

三是集中力量推进重大基础设施建设，有效突破后发国家基础设施落后对发展的约束。中国在重大基础设施建设上取得信息畅通、公路成网、铁路密布、高坝矗立、西气东输、南水北调、高铁飞驰等显著成就，为各市场主体的发展提供了更广阔的空间，也因降低时间成本、物流成本等增强了市场主体的发展能力和竞争力，为突破受弱势窘境困扰向优势跨越转变提供了良好的基础设施支撑。

简言之，以制定和持续实施国家发展战略及其导向下的集中力量办大事方式推进社会主义现代化建设，是中国成功地破解后发国家受弱势窘境困扰向优势跨越发展转变，进而实现历史性跨越发展的重要法宝。

三、社会主义集中力量办大事机制由构建到逐步完善的历程

中国能够集中力量办大事，在于社会主义国家制度和国家治理体系具有显著优势。在改革开放初期，邓小平于1982年10月14日指出："社会主义同资本主义比较，它的优越性就在于能做到全国一盘棋，集中力量，保证重点。"[1]进入中国特色社会主义新时代，习近平强调："我们最大的优势是我国社会主义制度能够集中力量办大事。"[2]中国以制定和持续实施国家发展战略及其导向下的集中力量办大事方式，推进社会主义现代化建设，在改革开放前后两个时期一以贯之。社会主义集中力量办大事机制经历了在实施国家工业化战略中构建，在改革开放进程中逐步完善的过程。

（一）社会主义集中力量办大事机制的构建起于要办成工业化这件大事

新中国在成立初期，以全国一盘棋的国家发展战略及其导向下的集中力量办大事方式，推进社会主义现代化建设，起于要办成被视为现代化重要标志、关系中华民族伟大复兴的国家工业化这件大事。新中国在成立初期，仍处于农业社会，百废待兴，以毛泽东同志为主要代表的中国共产党人找准了重点，明确了以工业为战略性先导产业，尤其是优先发展重工业。中国推进国家工业化的瓶颈因素，就是在工

---

[1]《邓小平文选》第3卷，人民出版社1993年版，第16—17页。
[2]《习近平谈治国理政》第2卷，外文出版社2017年版，第273页。

业发展初期自身积累能力弱，农业剩余低又不能为工业化提供所需的大量资本，更不能像先发国家那样通过殖民掠夺获取他国多种资源。新中国在成立初期，由于资本稀缺，加上遭受资本主义国家封锁禁运打压，只能依靠自身的力量，也只能把有限的人才、财力、物力、技术等资源集中到办好工业化这件大事上。这就是新中国在成立初期实行全国一盘棋集中力量办大事的逻辑起点，以及与之相对应的动员全国人民自力更生、艰苦奋斗的历史逻辑。这并不是推断，而是以毛泽东同志为主要代表的中国共产党人从当时的实际出发，所进行的思考和实践探索。1950年2月13日，在中央分工负责经济工作的陈云指出，只要我们把力量集中起来，用于必要的地方，就完全可以办成几件大事。决不应把眼光放得很小，凌凌乱乱地去办若干无计划的事。[1] 陈云在组织制定国家"一五"计划时指出，我国因为经济落后，要在短时期内赶上去，因此，计划中的平衡是一种紧张的平衡。计划中要有带头的东西。就近期来说，就是工业，尤其是重工业。工业发展了，其他部门就一定得跟上。这样就不能不显得很吃力，很紧张。样样宽裕的平衡是不会有的，齐头并进是进不快的。[2]中国在改革开放前后两个时期，都积极推进重工业的发展。现今，钢铁、煤炭、石油、电力被视为传统工业，而工业化发展历程显示，这些都是工业化的基础、标志，如煤炭被喻为"工业的粮食"、石油被喻为"工业的血液"。鉴于此，在第一个五年计划时期启动实施国家工业化战略近40年后的1992年，中共十四大还明确提出兴建千万吨级钢铁基地的计划[3]。在中国，即便到了20世纪末，重工业仍然是经济快速增长下的短板，如当

---

[1]《陈云文选》第2卷，人民出版社1995年版，第61页。
[2]《陈云文选》第2卷，人民出版社1995年版，第242页。
[3]《江泽民文选》第1卷，人民出版社2006年版，第232页。

时不少地方实行错峰生产就是电力短缺的表现。在经济快速增长而发生钢铁、煤炭短缺的情况下，各种资本在市场经济下竞相参与，推高了钢铁、煤炭产能，这是中国经济进入新时代推进供给侧结构性改革压缩钢铁、煤炭产能的原因之一。

中国自实施国家工业化战略起，直至中共十一届三中全会前的较长时间内，之所以通过国家发展战略及其导向下集中力量方式发展重工业，不仅仅因为它是工业发展的基础和标志，还有一个不可忽视的重要原因，就是它属于资金、技术密集型产业，其建设周期长，且所需资本量大。在工业化初期资本短缺条件下，如果力量分散，发展重工业所需大量资本就难以快速聚集，相应的重大关键技术攻关也难以快速成功突破。如此，中国不仅实现不了跨越发展，与先发国家的差距不会缩小，反而还会拉得更大。中国随着工业化的发展，工业自身的资本积累能力显著提升，资本稀缺问题逐渐缓解，不仅如此，随着经济发展、居民收入的大幅增加和国际局势变化，还可以从国际上融得所需资本。在这种情况下，钢铁、煤炭等产业无须再由国家集中力量办，将其交给市场调节顺理成章，并把在国家发展战略及其导向下的集中力量办大事的领域，转移到新的战略产业发现孵育及其相应的重大尖端科技攻关。中国作为曾经在国际上受弱势窘境困扰的后发展国家，现在工业资本积累能力显著增强，还可以从国外融到所需资本，但是，以此来否定中国为追赶世界工业化进程，而在国家发展战略及其导向下集中力量发展重工业的必要性，进而否定以全国一盘棋集中力量方式推进以重工业为主的国家工业化战略，是脱离当时历史条件的。

（二）社会主义集中力量办大事的机制在改革开放进程中完善

中国实行高度集中的计划经济体制的弊端，在建立不久就表现出来，以毛泽东同志为主要代表的中国共产党人针对弊端也进行过放权的尝试。然而，由于单一使用计划手段实施国家发展战略及其导向下的集中力量办大事方式，排斥市场手段，结果"一管就死"，经济发展缺乏活力；为解决经济活力不足问题，尝试放权，却发生"一放就乱"现象，即便是单一调整中央与地方的关系也是如此。

中国经济为什么在改革开放前走不出"一管就死，一放就乱"怪圈？这缘于高度集中的计划经济体制所承载保障工业化战略顺利实施的使命。由此，形成了统一于能够保障国家工业化战略实施的两个层次的计划。第一个层次的计划是，对积累与消费进行计划调节，主要通过比价、财税、工资等政策工具来实现工业资本的快速积累。正因为有这样的资本积累机制，中国的资本积累率在1953年至1978年期间平均高达29.5%[1]，远高于世界平均水平。如果实行自由市场调节，以实现工业资本快速积累为目标的低工资、低消费政策就难以顺利实施。换言之，新中国成立初期至中共十一届三中全会前，中国选择和坚持实行高度集中的计划经济体制，除了因为当时把计划经济视为社会主义本质特征的认识外，还由于要保障以工业资本快速积累为目标的高积累、低工资、低消费政策的顺利实施。以高积累政策保障工业化特别是重工业发展的时间较长，也导致民生事业发展滞后于快速发展的工业化的结构性问题。第二个层次的计划是，在生产层次对资源进行计划配置，主要通过建设项目行动计划的制定和实施，把有限资源配置到能够促进综合国力和社会生产力水平快速提升的战略性先导产业等领域。

中国的计划经济体制在工业化初期发挥了不可忽视的作用，其较

---

[1] 蔡昉：《中国改革成功经验的逻辑》，《中国社会科学》2018年第1期。

强的资源整合能力,保障了20世纪50年代初启动的156项重点工程、60年代中期启动的三线建设、70年代初启动的"四三方案"等战略行动计划的顺利实施,促进工业化的快速推进,进而实现了综合国力和国际影响力的显著提升。比如,邓小平对集中全国多种力量研制成功"两弹一星"给予极高评价:"如果六十年代以来中国没有原子弹、氢弹,没有发射卫星,中国就不能叫有重要影响的大国,就没有现在这样的国际地位。这些东西反映一个民族的能力,也是一个民族、一个国家兴旺发达的标志。"[1]对于是否使用计划手段、是否发挥政府的作用,不能轻信实际上起着抑制后发国家突破弱势窘境困扰,而把政府限于守夜人的政策主张。美国学者所著《棉花帝国:一部资本主义全球史》一书,把欧洲人将资本和国家两种力量联合起来,国家以强大的行政、军事、司法和基础设施建设能力,所塑造的工业资本主义历史呈现得淋漓尽致。基于这样的历史,该书作者不同意许多历史学家关于"商人资本主义"或"重商资本主义"时代之称,提出了更能够反映其野蛮性、暴力性的"战争资本主义"这一概念。[2]这表明,先发的资本主义国家并没有把政府仅仅局限于守夜人。即便当下最发达的美国,2019年2月11日总统特朗普签署行政命令启动《美国人工智能发展倡议》,将人工智能列为优先产业,从国家战略层面调动更多联邦资金和资源用于人工智能研发;2018年在挑起的贸易摩擦中,美国试图使用关税政策打压中国经济发展,乃至对华为、中兴等企业实施多种方式打压,都表明在西方国家政府是否干预市场方面,人们还存在认识盲区。

---

[1]《邓小平文选》第3卷,人民出版社1993年版,第279页。
[2] 参见斯文·贝克特:《棉花帝国:一部资本主义全球史》,徐轶杰、杨燕译,民主与建设出版社2019年版,第6—7页。

同时，计划也会发生方案不完善或失灵的问题。在 20 世纪 70 年代末，中国独立的比较完整的工业体系已建立起来，工业自身的资本积累能力显著增强，也就有条件逐步改变高积累、低工资、低消费政策，进而也有条件改革高度集中的计划经济体制。

1978 年以来，中国在改革开放进程中，对实施国家发展战略及其导向下的集中力量办大事机制进行完善。

一是构建和完善综合运用多种政策工具引导资源向国家发展战略及其导向下的大事集中配置的机制。中共十九大报告明确提出，要发挥国家规划的战略导向作用。[1]中国制定的国家发展战略及规划所绘发展蓝图，引导资源向大事集中配置，且能够坚持实施而不被中断，在实施中又能根据发展中遇到的新问题加以完善。针对高度集中的计划经济体制下以行政方式实施国家发展战略及其导向下的集中力量办大事的弊端，改革开放以来突出国家发展战略及规划的导向性，通过科学运用多种政策工具促进国家发展战略及规划的实施，进而充分发挥市场在资源配置中的决定性作用，形成动员多方力量集中办大事的合力，把资源更有效地配置到办好关系国计民生的大事上，并将中国现代化的蓝图绘到底。

二是构建和完善发挥好市场作用和政府作用协同实施国家发展战略及其导向下的集中力量办大事的机制。有一点需要澄清，实施国家发展战略及其导向下的集中力量办大事，并不是延续高度集中的计划经济体制的做法，而是在社会主义市场经济体制下，综合运用计划和市场手段推进。改革开放以来，把市场手段引入实施国家发展战略及其导向下的集中力量办大事上。中共十四大报告提出："国家计划是宏

---

[1]《十九大以来重要文献选编》(上)，中央文献出版社 2019 年版，第 24 页。

观调控的重要手段之一。要更新计划观念,改进计划方法,重点是合理确定国民经济和社会发展的战略目标,搞好经济发展预测、总量调控、重大结构与生产力布局规划,集中必要的财力物力进行重点建设,综合运用经济杠杆,促进经济更好更快地发展。"[1]综合发挥政府和市场作用促进资源向要办的关系国计民生的大事集中配置,避免了单一使用计划调节而缺乏活力的缺陷,也避免了仅由市场调节而难以迅速办成大事的问题。

三是构建和完善坚持公有制主体地位下多种所有制企业共同参与实施国家发展战略及其导向下的集中力量办大事的机制。20世纪50年代,毛泽东提出:"我们必须逐步地建设一批规模大的现代化的企业以为骨干,没有这个骨干就不能使我国在几十年内变为现代化的工业强国。"[2]改革开放前,中国实施国家发展战略及其导向下的集中力量办大事的主体是单一的公有制企业,这也是当时历史条件下的可行选择。改革开放以来,基于公有制为主体、多种所有制经济共同发展,实行公有制企业和非公有制企业共同办大事,这不仅增强了实施国家发展战略及其导向下的集中力量办大事的力量,还为其注入了活力。

实施国家发展战略及其导向下的集中力量办大事机制,在改革中完善,构建起新的机制,所形成的集中力量办大事新版,既适应了社会主义市场经济,又能够更加开放地与世界经济相融。

四、集中力量办大事与社会主义市场经济可以有机耦合

中国坚持共产党领导,坚持以人民为中心,坚持社会主义市场经济改革方向,在发展社会主义市场经济中充分发挥国家制度和国家治

---

[1]《江泽民文选》第1卷,人民出版社2006年版,第227页。
[2]《毛泽东文集》第7卷,人民出版社1999年版,第240页。

理体系所具有的能够"全国一盘棋,调动各方面积极性,集中力量办大事"的显著优势,各种因素有机耦合,形成快、活、稳统一的优势跨越发展路径,集中力量办大事与社会主义市场经济可以有机耦合得到实践的验证。

(一)社会主义市场经济激发活力

理论和实践都表明市场配置资源是最有效率的形式。在改革开放进程中,中国创造性地把社会主义与市场经济有机结合起来,激发要素活力竞相迸发,拓宽了优势跨越发展路径,成为中国突破在国际上受弱势窘境困扰向优势跨越转变的又一重要因素。

充分发挥市场在资源配置中的决定性作用,激发经济发展活力。在高度集中的计划经济体制下,由于实行国家计划管理和政企不分,企业缺乏经营自主权和活力不足,加之有的计划不完善也造成一些损失。1982年10月14日,邓小平在谈到集中力量保证重点建设时说:"缺点在于市场运用得不好,经济搞得不活。计划与市场的关系问题如何解决?解决得好,对经济的发展就很有利,解决不好,就会糟。"[1]改革开放以来,中国经济体制改革的核心是处理好政府和市场的关系。在实施赋权放活改革实践基础上,邓小平南方谈话作出计划和市场都是手段的论断,中共十四大提出要使市场在国家宏观调控下对资源配置起基础性作用,中共十八届三中全会在此基础上创新发展,提出为使市场在资源配置中起决定性作用和更好发挥政府作用。2020年3月30日,中共中央、国务院印发《关于构建更加完善的要素市场化配置体制机制的意见》,以进一步深化要素市场化配置改革,促进要素自主有序流动,提高要素配置效率,进一步激发全社会创造力和市场活

---

[1]《邓小平文选》第3卷,人民出版社1993年版,第17页。

力，推动经济发展质量变革、效率变革、动力变革。中共十八大以来全面深化改革，进一步促进一切劳动、知识、技术、管理、资本的活力竞相迸发，让一切创造社会财富的源泉充分涌流。中国实现历史性跨越发展表明，中国特色社会主义市场经济能够促使多种要素活力竞相迸发。

探索实行公有制为主体、多种所有制经济共同发展和按劳分配为主体、多种分配方式并存，让多种要素参与分配，激活多种要素。中国在20世纪50年代中期完成社会主义改造后，实行较单一的社会主义生产资料公有制，也实行与之对应的较单一的按劳分配。由于排斥资本、土地、技术等要素参与分配，多种要素没有被充分激活，加之由于劳动的复杂性，在实行按劳分配的实践中存在平均主义现象，对人的积极性的调动不充分。改革开放以来，中国在探索完善中国特色社会主义道路进程中，坚持公有制为主体、多种所有制经济共同发展和按劳分配为主体、多种分配方式并存，既避免了资本主义国家由资本索取剩余的社会矛盾，又有利于激活多种生产要素。在总结实践经验基础上，中共十八届五中全会提出了共享发展理念，并在实践中逐步探索形成和不断完善发展为了人民、发展依靠人民、发展成果由人民共享的实现路径，保障了以人民为中心在实践中的坚持，完善了社会主义制度下资本服务于社会主义和人民的实现路径，促使多种要素活力充分地释放出来。

（二）坚持中国共产党领导和以人民为中心使优势跨越之路更加坚实

乱必损，稳中进。改革开放以来，中国经济发展呈现出较强的稳定性。中国经济不仅年均增长速度远高于世界经济同期增幅，发展的持续性、平稳性也较强。与俄罗斯相比，中国改革发展坚持稳中求进，避免了"休克疗法"造成经济下滑现象的发生。与发生经济危机的资本主义国家相比，中国经济发展较为平稳。远有二十世纪二三十年代资本主义国家经济的大萧条、70年代美英等资本主义国家经济的滞胀，近有1997年发生的亚洲金融危机、2007年美国次贷危机引发的国际金融危机。尽管1997年和2008年外部的两次金融危机都对经济发展造成巨大冲击，但中国克服重重困难实现了经济稳步发展。自2006年起，中国成为世界经济增长的第一引擎，2013年至2018年，中国对世界经济增长的年均贡献率高达28.1%。[1]

中国能够避免经济危机、克服国际金融危机的冲击，实现稳步发展，关键在于中国特色社会主义市场经济不仅能够激发经济活力，还能够活而不乱。这缘于以公有制为基石，坚持中国共产党领导、坚持以人民为中心、坚持更好地发挥政府作用。

坚持中国共产党领导，确保党始终总揽全局、协调各方。中国共产党在推进建立健全社会主义市场经济体制的进程中，形成了驾驭市场经济的能力。尤其重要的是，中国共产党不忘初心，把人民对美好生活的向往作为奋斗目标，能够在推进改革中处理好全局与局部、长远与近期的关系，避免服务于资本、服务于利益集团而不从全体人民利益出发乱象的发生。中共十八大以来，中国共产党统筹推进"五位一体"总体布局、协调推进"四个全面"战略布局，坚持底线思维和强化风险意识，中共十九大把防范化解重大风险作为决胜全面建成小康社会的三大攻坚战之一，保障了经济的平稳发展。

坚持以人民为中心，促进全体人民共同富裕，为经济平稳发展夯实和谐进步的社会基础。中共十八届三中全会强调政府促进全体人民共同富裕的职能，并着力破解仅靠市场机制不能解决城乡差距、区域

---

[1]《辉煌70年》编写组编：《辉煌70年——新中国经济社会发展成就（1949—2019）》，中国统计出版社2019年版，第38页。

差距、阶层差距的难题。中共十八大以来，中国居民收入增速超过经济增速，2013年至2018年城乡居民收入年均增长7.3%，比同期经济年均增速7.0%高出0.3个百分点，形成世界上人口最多的中等收入群体，避免财富占有两极分化而导致社会撕裂的发生。中国共产党坚持以人民为中心，坚持促进全体人民共同富裕，夯实和谐进步的社会基础，不仅形成全体人民一心一意谋发展的定力，还有利于供需均衡发展而避免经济危机的发生，进而使持续稳定发展的基础更为坚固。

坚持更好地发挥政府宏观调控在促进经济平稳发展中的作用。中国特色社会主义市场经济的特色之一，是在坚持充分发挥市场在资源配置中的决定性作用的同时，还形成中国特色社会主义的宏观调控体系，并根据实践发展，创新宏观调控方式，区间调控、定向调控、相机调控等有机结合、灵活运用，储备多种政策工具并因势使用，更好地发挥政府的作用，着力避免市场失灵，增强了中国经济发展的稳定性、平衡性，进而以较明确的平稳发展预期增强发展的聚集力。

五、余论

本文基于一国在国际体系中的势能，在考察改革开放前后两个时期以制定和持续实施国家发展战略及其导向下的集中力量办大事方式推进社会主义建设历程的基础上，围绕中国成功突破在国际上受弱势窘境困扰向优势跨越发展转变的实现路径展开研究，得出了一些结论。

基于国与国之间势能差视角，以及所用的弱势窘境概念，本文突出了后发国家在国际体系中的弱势及由此遭受强势的先发国家控制和索取剩余，这不同于"贫困陷阱"概念强调由于贫困而陷入困境。弱势窘境及与之相反的优势跨越概念，与已有的"贫困陷阱""弯道超车"概念相比，前者揭示了问题的实质，后者未涉及新中国实现历史性跨越发展深层次的主导原因。新中国实现历史性跨越发展，不是突破了"贫困陷阱"，也不是所谓练就了高超的"弯道超车"技术的结果，而是因为探索出突破弱势的后发国家在先发国家主导的国际秩序下恶性循环的弱势窘境困扰向优势跨越转变的实现路径。

按照弱者愈弱的马太效应，或者缪尔达尔在所著《经济理论和不发达地区》一书中所指出的先进的地区更先进，而落后的地区更落后的循环累计因果论，中国将陷于落后，一直是先发国家的跟随者。中国面临更为不利的因素还有：一方面，作为后发国家由于弱势而自1840年起长期遭受强势的先发国家控制和索取剩余；另一方面，作为社会主义国家遭受资本主义国家封锁禁运。这就限定了发展空间而更难摆脱落后和跟随态势。中国成功突破弱势窘境困扰，转变为优势跨越，不可或缺的因素是中国发挥社会主义国家制度和国家治理体系所具有的能够"全国一盘棋，调动各方面积极性，集中力量办大事"的显著优势，办成一件又一件大事。如此，国家作为一个整体，能够降低资本、技术、人才等资源配置的机会成本，形成强劲的增长极，进而促进整个国民经济快速发展，这是中国综合国力和社会生产力水平快速提升的关键。这是不同于仅仅实现单个企业要素生产率最大化的发展路径。中国如果不建立国家发展战略及其导向下集中力量办大事的机制，一盘散沙，就会与绝大多数后发国家一样，难以突破资本稀缺和科技落后约束，进而不能突破弱势窘境困扰而受制于发达国家及其跨国垄断资本，也就不可能成功实现由弱势窘境困扰向优势跨越的转变。换言之，发挥社会主义国家制度和国家治理体系所具有的能够"全国一盘棋，调动各方面积极性，集中力量办大事"的显著优势，推进社会主义现代化建设，是中国能够成功突破在国际上受弱势窘境困扰实现历史性跨越发展，而与绝大多数后发国家难以突破受弱势窘境困扰形成鲜明对比的关键所在。

中国是在探索完善独特的社会主义发展道路进程中突破弱势窘境困扰,进而实现向优势跨越转变的。中国坚持中国共产党领导,坚持以人民为中心,坚持社会主义市场经济改革方向,在发展社会主义市场经济中充分发挥国家制度和国家治理体系所具有的能够"全国一盘棋,调动各方面积极性,集中力量办大事"的显著优势,各种因素有机耦合,形成快、活、稳统一的优势跨越发展路径,即集中力量突破后发国家资本稀缺和科技落后的困扰,办成发展战略性先导产业、重大尖端科技、重大基础设施等关系国计民生的大事,形成强劲的增长极,实现综合国力和社会生产力水平快速提升;通过充分发挥市场在资源配置中的决定性作用和允许多种要素参与分配,促进各种要素活力竞相迸发;通过坚持公有制主体地位,并以此为基础,促进全体人民共同富裕和实施社会主义宏观调控,保障经济社会发展行稳致远。

集中力量办大事要紧紧把握以人民为中心的内在要求,切实做到全国一盘棋、调动各方面积极性、集中力量办大事的有机统一。人类社会发展史表明,不同利益主体要办的大事是不同的。集中力量办大事一旦偏离了以人民为中心的内在要求,所要办的大事就得不到人民群众的响应和支持,就无法调动各方面积极性,就难以真正办成人民群众认可的大事。早在新中国实施大规模经济建设启动之年——1953年《人民日报》发表的元旦社论,就向全社会阐释了集中力量快速推进工业化建设的思路,以及集中力量发展工业与全国人民利益的一致性。关于集中力量推进工业化的建设思路,社论提出:"国家建设的各个方面都需要资金,而我们的资金是有限的。因此,全国人民和全国一切工作人员,都必须重视资金的来源和资金的正确使用问题。为了保证国家建设的投资,就必须有重点地使用资金,把资金主要用在对国家命运最有决定意义的事业上面，即重工业的建设和国防建设方面，反对百废俱兴，反对要在短期内把一切'好事'都办完的观点。"社论还指出："我国的工业化的速度需要大大超过任何资本主义国家所曾经历的速度，而采取苏联和各人民民主国家在工业化和工业发展过程中所采取的那种高速度。这种速度之所以可能，是由于我国是人民民主主义的国家，我们的国家建设和我国全体人民的利益完全一致，其目的是在于不断提高我国人民的物质生活和文化生活的水平，并巩固国防和保卫和平，因而我国人民在执行建设计划时能够充分发挥自己的劳动积极性和创造性。"[1] 社会主义的集中力量办大事，不同于封建社会服务于统治者的集中力量办大事，也不同于资本主义社会大资本所有者为获取超额收益进行资本联合集中所办大事，而是服从和服务于最广大人民根本利益、服从和服务于中华民族伟大复兴的内在要求，因而能够统筹兼顾全局与局部、远期与近期发展的关系，形成把多种资源集中用于发展战略性先导产业、重大尖端科技、重大基础设施等大事的机制。更充分发挥社会主义国家制度和国家治理体系所具有的能够"全国一盘棋，调动各方面积极性，集中力量办大事"的显著优势，要牢牢把握以人民为中心的内在要求，这样才能够充分激发人民群众的积极性、主动性和创造性，确保在办大事时心往一处想、劲往一处使。

习近平指出："我国社会主义制度能够集中力量办大事是我们成就事业的重要法宝。"[2] 中国以制定和持续实施国家发展战略及其导向下的集中力量办大事方式推进社会主义现代化建设，尽管始于国家工业化战略实施初期，却不能因为现今已经建立起全世界最完整的现代工

---

[1]《迎接一九五三年的伟大任务》，《人民日报》1953年1月1日。
[2]《十八大以来重要文献选编》（中），中央文献出版社2016年版，第26页。

业体系和稳居全球制造业的第一大国，就认为这一方式过时了。恰恰相反，无论是推进现代工业体系建设还是实施重大尖端科技攻关，无论是建设国家重大基础设施工程还是打好防范化解重大风险、精准脱贫、污染防治这三大攻坚战，都彰显了社会主义国家制度和国家治理体系所具有的能够"全国一盘棋，调动各方面积极性，集中力量办大事"的显著优势，这是成就事业实现历史性跨越发展的重要法宝。鉴于此，应当基于制定和实施国家发展战略及其导向下的集中力量办大事，是应对发展进程中各种风险挑战，进而成就事业的重要法宝的认识，予以坚持。同时，还应从适应社会主义市场经济要求出发，根据发展了的实际，对实施国家发展战略及其导向下的集中力量办大事的机制进行完善。一是要完善科学决策机制。科学决策是国家发展战略及其导向下的集中力量办大事的初始环节，是大事能办成、能办好的关键所在。科学决策的关键是要准确把握所要办的是什么样的大事，始终坚持以人民为中心，倾听人民呼声、顺应人民意愿、汲取人民智慧，统筹考虑、全面论证、科学决策，不能只顾眼前利益而牺牲长远利益，不能脱离全国一盘棋而仅从局部利益出发。二是要完善有效实施机制。关键是综合运用国家发展战略、规划、政策、法律等，充分发挥市场在资源配置中的决定性作用和更好地发挥政府作用，调动各方面积极性。

嵌入式开展三线建设的历史逻辑和转型发展

——以攀枝花钢铁生产基地为例[*]

一、问题的提出

工业化是现代化的重要标志。一个国家不推进工业化，就不可能成为现代化国家。亲历者和学者对中国工业化历程有过多视角的回顾、考察，有宏大叙事的[1]，有专题的[2]，也有案例的[3]。相对而言，通过案

---

[*] 本文曾发表于《当代经济研究》2022年第8期，系国家社会科学基金重点项目（项目编号：21AZD101）的阶段性成果。

[1] 例如：汪海波等：《新中国工业经济史》第3版，经济管理出版社2017年版；朱佳木：《中国工业化与中国当代史》，中国社会科学出版社2009年版；黄慧群：《改革开放40年中国的产业发展与工业化进程》，《中国工业经济》2018年第9期，第5—23页；郭朝先：《改革开放40年中国工业化发展主要成就与基本经验》，《北京工业大学学报（社会科学版）》2018年第6期，第1—11页。

[2] 例如：肖翔：《中国工业化中的政府作用研究（1949—2010）》，经济科学出版社2014年版；朱道华、冯海发：《农村工业化问题探索》，中国农业出版社1995年版；郑有贵：《城乡"两条腿"工业化中的农村工业和乡镇企业发展——中国共产党基于国家现代化在农村发展工业的构想及实践》，《中南财经政法大学学报》2021年第4期，第14—25页。

[3] 例如：路风：《光变：一个企业及其工业史》，当代中国出版社2016年版；丁一平：《"一五"计划与洛阳工业基地建设》，《当代中国史研究》2017年第2期，第27—36页。

例呈现并分析新中国工业化路径的成果较少，基于案例对中国在如何处理政府和市场的关系，以及如何突破弱势窘境困扰的分析更是缺乏。如果脱离历史条件，特别是脱离中国所处经济社会发展阶段以及与先发国家存在较大的发展势能差，就难以解释改革开放前后两个时期在处理政府和市场关系上发生重大变化的历史现象，会发生用改革开放以来的历史否定改革开放前历史的现象。

本文之所以选择攀枝花钢铁生产基地建设及转型发展作为案例进行分析，是因为其在中国工业化、现代化进程中具有代表性。

第一，在四川省攀枝花市（曾为渡口市，以下简称攀枝花）建设的大型钢铁生产基地是国家实施工业化战略行动计划——三线建设的重大建设项目之一，其半个多世纪的发展历史能够再现国家工业化战略的实施路径。新中国70余年实现跨越发展，重要标志之一是作为后工业化国家，突破弱势窘境，由成立初期的农业国，跃升为全球制造业第一大国，建成全世界最完整的现代工业体系。新中国集中力量实施了两次国家战略行动计划，奠定了中国社会主义工业化的基础。第一次是自1953年起，以苏联援助为契机，举全国之力，实施了156项重点工矿业建设工程。第二次是20世纪60年代中期至70年代末期，依靠自己的力量，独立自主、艰苦奋斗地实施了新中国成立后时间跨度最长、规模最大的以工业建设工程为主的三线建设。20世纪60年代中期，中国根据受外来战争侵袭的可能性，将全国划分为一线、二线、三线地区。一线地区为沿海和边疆地区。三线地区涉及13个省、自治区，包括四川（当时重庆市属于四川省）、云南、贵州、陕西、甘肃、宁夏、青海7个省、自治区及河北、山西、河南、湖北、湖南等省以及广西壮族自治区的一部分。二线地区是介于一线地区和三线地区之间的中间地带。三线建设是一次旨在建设国家战略大后方扩展战略纵深和调整生产力区域布局双重目标统一的国家战略行动计划，当时在一定范围内保密，各建设项目及所建企业的名称，有的以数字代码命名（本文中的攀枝花钢铁公司曾对外称四〇公司），有的对外称某农场、某林场等。攀枝花钢铁生产基地建设，除它是国家战略行动计划的重要组成部分外，还由于钢铁工业的发展是工业发展的基础和重要标志，更显其典型性和代表性。

第二，攀枝花大型钢铁生产基地的建设及转型发展，能够再现中西部地区工业化及转型发展之路径。攀枝花的工业化进程，是从1964年国家启动三线建设开始的。攀枝花随着大型钢铁生产基地建设项目的实施，建设和发展起大型钢铁企业和工业城市。这是在特定时代条件下探索出的发展路径：一是在冷战局势下以嵌入方式实施项目建设。攀枝花位于四川省西南部金沙江和雅砻江的汇合处，在这样的大山深处，1964年前仅有传统农业，还没有现代工业建设的经历。攀枝花钢铁生产基地就是在这样一个仍处于农业社会之地，通过嵌入方式建成的。二是在国家工业化初期阶段，建设者们艰苦创业，以"先生产，后生活"方式，建设攀枝花钢铁生产基地。随着钢铁生产基地建设项目的推进，配套推进城市建设，基地建设与城市建设相互促进，逐步发展成为现代工业城市，成为攀西地区经济发展的新的增长极，并推进资源型城市转型发展。

二、为什么要在没有工业基础的大山深处的攀枝花嵌入式建设大型钢铁生产基地？

这是一个不仅涉及中国在计划经济时期如何根据面临重大挑战制定和实施战略行动计划的问题，还是一个涉及在全球处于欠发达的弱势地位的中国如何通过国家发展战略行动计划配置资源实现赶超的问题。攀枝花钢铁生产基地建设项目只是三线建设的项目之一。国家为什么要在攀枝花这样一个没有工业基础的大山深处，以嵌入方式，快速实施大型钢铁生产基地建设项目？对于这样一个问题，不能就事论事地对攀枝花钢铁生产基地建设进行讨论，而是需要从实施三线建设的国家战略层面进行分析。

第一，在时间节点上，为什么是在20世纪60年代中期实施三线建设？新中国成立后不久，国家就开始着力解决历史上存在的沿海与内地发展不均衡问题。国家在1953—1957年实施第一个五年发展计划时，将苏联援助下实施的156项重点工程建设项目主要安排在与苏联相对较近的东北、西北、华北地区，中南、西南地区也有少量部署，但也只是安排在已有一定经济基础和交通相对便利之地，少有布局到中西部地区中交通不便的深山区。1956年，中共中央主席毛泽东在充分征询有关部门意见后，形成了被之后视为探索中国社会主义建设道路显著标志之作的《论十大关系》，其中阐析的第二大关系是如何处理沿海与内地工业的关系。毛泽东在分析当时内地和沿海工业发展情况后作出这样的判断：中国工业过去集中在沿海地区，全部轻工业、重工业有约70%在沿海，只有30%在内地。这是历史上形成的不合理状况。[1]毛泽东基于朝鲜战争后新的侵华战争和新的世界大战在短时期内不会发生，可能有十年或更长和平时期的判断，提出工业区域布局思路：一方面，要充分利用和发展沿海的工业基地，以便更有力量发展和支持内地工业。最近几年对沿海工业有些估计不足，对它的发展不那么十分注重。这要改变一下，好好利用和发展沿海的工业老底子，可以更有力量发展和支持内地工业。如果采取消极态度，就会妨碍内

---

[1]《毛泽东文集》第7卷，人民出版社1999年版，第25页。

地工业的迅速发展。另一方面，必须充分利用沿海的工业基地，但是，为了平衡工业发展布局，必须大力发展内地工业；新的工业大部分应当摆在内地，使工业布局逐步平衡，并利于备战。[1]可见，毛泽东在《论十大关系》中尽管提出要促进内地工业大发展，实际仍是强调沿海工业优先发展，目的在于改变此前的几年间重视内地工业发展而不注重沿海工业发展的问题。

那么，为什么在时隔八年后的1964年，中央改变了优先发展沿海工业的战略思路呢？这缘于国际形势变化，中国受到多方面威胁。20世纪60年代初，中苏关系恶化后边境局势紧张，美国加紧对中国进行军事威胁。美国在用卫星和高空侦察机于1961年1月到1963年6月辨认出罗布泊核基地、包头核工厂后，拟定了打击中国核设施实施方案。[2]美国参谋长联席会议于1963年4月形成的给国防部长的报告中，提出由台湾国民党军队实行渗透、破坏和发动对大陆的进攻；对中国实施海上封锁；南朝鲜进攻北朝鲜，对中国边境施加压力；用常规武器对中国核设施实施空中打击；有选择地用战术核武器打击中国的目标。1964年4月，美国总统约翰逊、国务卿腊斯克、国防部长麦克纳马拉讨论了针对共产党中国核设施直接行动的绝密报告。中国在原子弹即将研制成功之际，对美国策划打击中国核设施已有所了解。[3]在苏联、美国两个大国加紧对中国实施军事威胁，以及印度在中印边境向中国发动大规模武装挑衅，使中国对和平发展的预期下降。鉴于此，

---

[1]《毛泽东文集》第7卷，人民出版社1999年版，第25、26页。
[2] 李向前：《六十年代美国试图对中国核计划实施打击揭密》，《百年潮》2001年第8期，第23—33页。
[3] 陈东林：《三线建设是必要的，成绩也是主要的》，李慎明、李捷主编：《还历史的本原》，中国社会科学出版社2014年版，第432页。

毛泽东在1964年5月至6月召开的中共中央工作会议上，从存在爆发新的世界战争可能出发，指出在原子战争时期没有强大、稳固的后方不行。由此，改变了此前明确农业发展为下一个国家五年发展计划的重点，把国防和农业并列为重点（当时被形象地称为"拳头"）。在这种情况，毛泽东将全国划分为一线、二线、三线地区，中共中央决定调整工业区域布局，在一线、二线地区对工业建设项目实行停、压、搬、帮，对三线地区进行重点建设。毛泽东在1964年8月20日听取关于全国计划工作汇报时，要求重新布局工业，指出沿海搞这么大，不搬不行。要吸取斯大林对工事、敌人进攻、搬家不进行准备的教训。一线地区的工业交通部门和学校科学院、设计院都要搬家，三线、二线地区的建设要加强。[1] 1965年6月16日，毛泽东听取国家计划委员会关于国家"三五"计划初步设想的汇报后指出，计划要考虑老百姓（不要失去民心）、打仗、灾荒等因素。7月21日，国家计划委员会在调整国家"三五"计划后向国务院的汇报中提出：国家"三五"计划实质上是以国防建设为中心的备战计划，要从准备应付帝国主义早打、大打出发，把国防建设放在第一位，抢时间把三线地区建设成有一定规模的战略大后方。8月23日，国务院总理周恩来在国务院全体会议上说："主席（指毛泽东——作者注）提出要我们注意三句话，注意战争，注意灾荒，注意一切为人民。这三句话，我把它合在一起顺嘴点，就是备战、备荒、为人民。"[2] 1966年3月12日，毛泽东在关于发展农业机械化问题致刘少奇的信中，对备战、备荒、为人民作了进一步阐释："第一是备战，人民和军队总得先有饭吃有衣穿，才能打仗，否则虽有枪炮，无所用之。第二是备荒，遇了荒年，地方无粮棉油等储

---

[1]《毛泽东年谱（1949—1976）》第5卷，中央文献出版社2013年版，第391页。
[2] 熊华源：《一条"毛主席语录"的真象》，《党的文献》1994年第6期，第84页。

蓄，仰赖外省接济，总不是长久之计。一遇战争，困难更大。而局部地区的荒年，无论哪一个省内常常是不可避免的。几个省合起来来看，就更加不可避免。第三是国家积累不可太多，要为一部分人民至今口粮还不够吃、衣被甚少着想；再则要为全体人民分散储备以为备战备荒之用着想；三则更加要为地方积累资金用之于扩大再生产着想。"[1] 1967年4月起，毛主席语录"备战、备荒、为人民"在全国广为流传。之后，这一语录又与"深挖洞、广积粮、不称霸"连起来使用，以简捷方式呈现出当时国家的战略防御主张及其对策。简言之，国际上的冷战局势催促了三线建设决策的快速形成和实施。

第二，为什么三线建设不依靠集聚效应，而是按照靠山、分散、隐蔽（被通俗称为山、散、洞）选择建设项目实施地，以嵌入方式在远离工业文明的中西部地区的山区快速推进？按照靠山、分散、隐蔽进行建设项目布局，是一个被较多质疑的问题。三线建设中实施的新的工业项目建设，也是一线、二线地区的部分工业技术装备向三线地区"搬家"。毛泽东在《论十大关系》中提出沿海工业"搬家"的条件是发生外来战争，即"如果还不充分利用沿海工业的设备能力和技术力量，那就不对了。不说十年，就算五年，我们也应当在沿海好好地办四年的工业，等第五年打起来再搬家"[2]。基于承载建设国家战略大后方扩展战略纵深而调整工业区域布局使命的三线建设，其项目实施地的选择，主要基于当时军事技术装备水平，选择能起隐蔽作用的山、洞进行分散布局。如此，国家就把三线建设项目实施地选择在了没有工业基础的偏远山区。

第三，为什么三线建设的重点项目大型钢铁生产基地选择在攀枝

---

[1]《毛泽东文集》第8卷，人民出版社1999年版，第428页。
[2]《毛泽东文集》第7卷，人民出版社1999年版，第26页。

花实施。这是因为在攀枝花建设大型钢铁生产基地，既符合战略纵深扩展需要，也符合当时科技水平下备战项目实施地要具有隐蔽性的要求。在攀枝花实施大型钢铁生产基地建设项目，其战略地位极为突出，因而受到毛泽东的高度重视，地址也是由毛泽东亲自选定。不仅如此，毛泽东还积极推动攀枝花钢铁生产基地建设。毛泽东在听取国务院副总理薄一波汇报调整国家"三五"计划时，针对15年来西南三条铁路一条也没有修成的问题，指出在铁路和钢铁建设上存在没有战略思想的问题。[1]1964年5月10—11日，毛泽东针对国家"三五"计划初步设想谈道："酒泉和攀枝花钢铁厂还是要搞，不搞我总是不放心，打起仗来怎么办？"[2]5月27日，毛泽东在与刘少奇、周恩来、邓小平等人谈话时强调，应该在攀枝花建立钢铁生产基地。[3]6月6日，毛泽东在中央工作会议上说："三线建设的开展，首先要把攀枝花钢铁工业基地以及相联系的交通、煤、电建设起来。建设要快，但不要潦草。攀枝花搞不起来，我睡不着觉。"毛泽东还表达了在攀枝花建设大型钢铁生产基地的决心。他说："你们不搞攀枝花，我就骑着毛驴子去那里开会；没有钱，拿我的稿费去搞。"[4]

综上所述，尽管包括攀枝花钢铁生产基地在内的三线建设，受国际冷战局势下国家备战的影响，在具体建设项目实施地的选择上存在一些问题，导致建设和运营成本高，但不能以此来否认其在冷战时期

---

[1] 中共攀枝花市委党史研究室编：《攀枝花开发建设史文献资料选编》（内部资料），2000年，第23页。
[2] 《毛泽东年谱（1949—1976）》第5卷，中央文献出版社2013年版，第348—349页。
[3] 金冲及：《周恩来传》第4册，中央文献出版社1998年版，第1768页。
[4] 薄一波：《若干重大决策与事件的回顾》下卷，中共中央党校出版社1993年版，第1199—1200页；孙东升：《我国经济建设战略布局的大转变——三线建设决策形成述略》，《党的文献》1995年第3期，第42—48页。

扩展战略纵深和调整生产力区域布局的战略意义，相反，应深刻认识到它是在冷战条件下中国赢得和平发展机会和保障国家主权的选择。三线建设战略行动计划的实施，不辱使命，实现了调整生产力区域布局和建设战略大后方扩展战略纵深双重目标统一的预期。二十世纪六七十年代，中国在三线地区共建起的1100多个大中型工矿企业、科研机构、大专院校，[1]促进了中西部地区经济社会的快速发展。仅以四川省工业发展而言，1965年至1978年生产总值由12.25亿元增加为59.4亿元，增加3.9倍，比全国同期增加的3.4倍高出0.5个百分点；在全国工业生产总值中所占份额，由2.24%增加为3.7%，即提高1.46个百分点[2]。这反映出包括攀枝花钢铁生产基地在内的三线建设，并不是一闪念拍脑子拍出来的"计划"，而是基于全国一盘棋，实现国家长远发展的战略行动计划。

三、如何在没有工业基础的大山深处的攀枝花嵌入式建设大型钢铁生产基地，以及为什么能够建成？

这是一个涉及生产力落后地区如何才能突破发展困境，以及社会主义制度是否能够坚持全国一盘棋集中力量办大事等的问题。

在攀枝花实施大型钢铁生产基地建设项目，需要解决诸多难题，如人从哪里来，到后能否留得住？资金从哪里来？物质和技术装备从哪里来？技术难题如何攻克？1949年之前的中国不能解决这些难题。早在民国时期，就有地质专家、实业人士建议开发攀枝花铁矿，将攀

---

[1] 陈东林：《三线建设是必要的，成绩也是主要的》，李慎明、李捷主编：《还历史的本原》，中国社会科学出版社2014年版，第1页。
[2] 根据国家统计局国民经济综合统计司所编《新中国五十五年统计资料汇编》（中国统计出版社2005年版）第9、12、847、849页数据整理。

西地区建设为中国重工业中心。[1]然而，当时的中国没有能力实施如此浩大建设工程，因而没能提上建设日程。

在远离工业文明的大山深处，能够快速嵌入式实施包括攀枝花钢铁生产基地建设项目在内的规模浩大的三线建设行动计划，最重要的原因是国家统筹资源配置。为保障三线建设行动计划的实施，中央统一组织实施，明确了国务院有关部门分工，还成立了西南三线建设委员会等。在实施攀枝花钢铁生产基地建设项目时，又设立了攀枝花特区（1965年2月5日，中共中央、国务院批复同意成立攀枝花特区人民委员会；从保密出发，时隔两个多月的4月22日，国务院作出《关于攀枝花特区更名问题的批复》，决定攀枝花特区对外称渡口市）。1965年2月26日，中共中央、国务院作出《关于西南三线建设体制问题的决定》，要求各有关部门统一安排解决三线建设的中央直属建设项目所有的施工力量、技术力量、设备、材料，并明确冶金部统一领导攀枝花特区党委、工地指挥部。[2]在这样的行动计划实施体制下，除中央提供项目建设所需大量资金外，还在全国范围统筹配置人才、技术、物资，解决了建设中遇到的诸多难题。

一是面对落后地区难以聚集到数量众多的人的问题，国家统筹调配项目建设所需各类技术人才和工人。攀枝花钢铁生产基地建设初期，国家从全国选调几十万人，其中知识分子10万；仅1970年就有56名

---

[1] 参见崔可信、胡熙赓（民国西康地质调查所经济部资源委员会矿业处）：《西南之铁矿》（1944年1月），《攀枝花开发建设史文献资料汇编》（中共攀枝花市委党史研究室编，2000年内部资料），第257页；刘之祥（国立西康技艺专科学校探矿系教授）：《康滇边区之地质与矿产》（原载1941年8月国立西康技艺专科学校学术丛刊第三号），《攀枝花开发建设史文献资料汇编》（中共攀枝花市委党史研究室编，内部资料，2000年），第199页。

[2] 陈夕主编：《中国共产党与三线建设》，中共党史出版社2014年版，第591页。

北京大学、清华大学的毕业生集中分配或相继调到攀枝花。[1]这些人为什么到攀枝花，为什么到后能留在攀枝花创业？这是因为他们认识到自己肩负建设国家战略大后方扩展战略纵深的光荣使命，怀揣的是不同于美国西部淘金的个人财富梦，因而愿意离开故乡，离开生活舒适的城市生活，到穷乡僻壤创业。技术人员到三线地区，也不是由自己选择，而是由有关组织选派，政治上先进并有相应技术的人才能被选上，这被概括为"精兵强将上三线""好人好马上三线"等具有强大号召力的口号。在承担历史性使命下，三线建设者一代又一代接续创业。1966年4月，时任中共中央西南局三线建设委员会第三副主任的彭德怀看到攀枝花钢铁生产基地火热的建设场面写道：

> 天帐地床意志强，渡口无限好风光。
> 江水滔滔流不息，大山重重尽宝藏。
> 悬崖险绝通铁道，巍山恶水齐变样。
> 党给人民力无穷，众志成城心向党。

笔者在2011年起对三线建设者的访谈中，深深地感受到，尽管三线建设的岁月渐远，但他们对参加三线建设无怨无悔，并以此为荣和自豪。这对于没有这一经历的年轻人而言，是难以深刻理解的。

二是面对落后地区技术装备和物资缺少而难以聚集的问题，国家统筹将所需先进技术装备和物资向三线建设项目集中。中国作为后发国家，本来就面临先进技术装备缺乏问题。三线建设与20世纪50年代实施156项工程建设相比，因为中苏关系恶化，失去了从苏联引进

---

[1] 刘庆华：《最后的贵族》，台海出版社2010年版，第212、215页。

先进技术装备的可能,主要通过国内协作解决,其中一些要通过存量调整来解决。攀枝花钢铁生产基地建设过程中,有27个省、直辖市的734个工业企业,按照中央统一要求,为其制造设备,一线地区钢铁企业还按照老基地带新基地、老厂带新厂、老职工带新职工(简称"三老带三新")原则实行承包帮助,如生产准备就由鞍钢承包。在技术装备存量调整上,老企业将部分装备支援攀枝花钢铁生产基地建设。交通部从北京、辽宁、山东、安徽、河南调集汽车、驾驶员、干部,组成五个大车队,完成了极为艰难的为攀枝花钢铁生产基地建设运送所需技术装备和物资的重任。

三是面对落后地区缺乏技术研发力量又不能完成重大技术攻关的问题,国家在全国范围统筹组织协作攻关。攀枝花钢铁生产基地建设中面临世界上没有攻克的普通高炉冶炼高钛型钒钛磁铁矿难题。在当时技术水平下冶炼钒钛磁铁矿,炉渣的二氧化钛含量不能超过16%。1968年南非用冶炼普通矿的方法冶炼钒钛磁铁矿,导致两座1000立方米的高炉炉体凝结报废,用普通高炉冶炼高钛型钒钛磁铁矿也就成为"禁区"。攀枝花多元素共生的钒钛磁铁矿,属高钛型矿,炉渣的二氧化钛含量超过30%。1958年,苏联列宁格勒选矿研究院和科学院冶金研究所的冶炼试验,得出攀枝花钒钛磁铁矿不能冶炼的结论,苏联专家将攀枝花钒钛磁铁矿视为"呆矿"。1964年11月起,经过三个月筹建,冶金部从全国冶金行业选调108位专家学者、有丰富实践经验的高炉炉长、工长和技术人员,组成攀枝花钒钛磁铁矿冶炼科研试验组。试验组先在遥远的河北省承德钢铁厂进行模拟试验,于1965年8月结束,初步掌握脱硫规律和烧结性能,总结出"两低一高一喷枪"技术模式,破解了高钛型钒钛磁铁矿冶炼时矿渣黏稠、渣铁不分问题,使炉渣的二氧化钛含量不能超过16%成为历史。1966年1月至6月,试验组到西昌410试验厂,从全国配置先进设备,用攀枝花铁矿进行试验,逐步改进冶炼程序、措施,冶炼方法,工艺流程逐渐完善。试验组从1967年4月开始,用承德矿在地处北京的首钢进行为期三个月的联合性生产试验,改进工艺和技术,进一步提高了烧结效率,冶炼中渣铁畅流。1970年5—6月,还组织烧结、炼铁等方面的100多名科研和生产人员,用5000余吨精矿粉,在昆钢的18平方米烧结机和250立方米高炉上进行试验,基本解决了粘罐问题。1970年7月1日,1000立方米的攀钢1号高炉开炉成功,标志中国依靠自己的技术研发力量,在较短时间内破解了普通高炉冶炼高钛型钒钛磁铁矿难题。一年后的1971年9月,1200立方米的攀钢2号高炉建成投产。1973年8月,1200立方米的攀钢3号高炉建成投产。普通大型高炉冶炼高钛型钒钛磁铁矿工艺技术在1978年召开的全国科学大会上获国家重大技术发明一等奖。在国家统筹组织下,攀枝花钢铁生产基地建设中还攻克了"象牙微雕"钢城设计等一系列重大技术难题。

综上所述,在攀枝花建设大型钢铁生产基地聚集了所需要的大量人、财、物等,这是对落后地区发展困境的成功破解,表明社会主义制度具有集中力量办大事的优势。

四、为什么改革开放时期攀枝花钢铁生产基地能够持续发展

改革开放初期,三线建设进入调整搬迁阶段,不少在三线建设中建成的企业实施搬迁,有从农村迁往附近城市的,有在本省跨地搬迁的,有跨省搬迁的。三线企业实施搬迁的原因主要有:一是企业生产经营原因。在当时交通水平较低的情况下,由于交通不便、远离市场,使得原料和产品运输成本较高,即在物流成本上处于劣势。二是产品需求变化原因。在和平发展的新的国际环境下,国家对军工产品需求量大幅减少，基于备战而兴建的企业面临军工产品市场需求锐减问题。三是生活条件原因。三线企业职工在远离城市的深山生活不便，特别是子女到教学质量较高的学校就读和选择就业机会较少。受这些因素叠加影响，导致人才外流，企业生产经营陷入困境。因此，国家于1983年启动实施三线企业调整搬迁政策。三线企业即便实施搬迁，大多还留在中西部地区，仍然是促进中西部地区发展的骨干力量，不能因为企业实施搬迁而否定三线建设促进区域均衡发展的积极意义。

攀枝花大型钢铁生产基地的主体企业攀枝花钢铁公司，不仅在改革开放初期没有实施搬迁，还克服了国有企业改革、供给侧结构性改革的阵痛，实现持续发展。在大型钢铁基地建设中发展起来的城市也在转型发展中拓展了发展空间。之所以能够如此，主要有以下原因。

第一，尊重产业发展规律，实行资源就地开发利用，推进资源综合利用和产业转型升级。在攀枝花建设大型钢铁生产基地的重要原因之一是就地开发丰富的铁矿资源。攀枝花地处南北长300余公里、东西宽100余公里的攀西大裂谷，资源富集，到2018年共发现矿种多达76种，其中探明钒、钛保有储量在全国的占比分别高达63%和93%。[1]国务院副总理李富春等于1964年8月24日就建设大型钢铁生产基地向毛泽东和中共中央提交报告。毛泽东听取周恩来、李富春等汇报后，针对在乐山还是攀枝花两种选址方案难以定夺问题指出：乐山地址虽宽，但无铁无煤，如何搞钢铁？攀枝花有铁有煤，为什么不在那里建厂？钉子就钉在攀枝花！[2] 1965年底，邓小平在攀枝花考察

---

[1] 攀枝花市人大志编纂委员会编：《攀枝花市人大志（1968—2018）》，光明日报出版社2018年版，第2页。
[2] 薄一波：《若干重大决策与事件的回顾》下卷，中共中央党校出版社1993年版，第1204页。

时，称在这里建设大型钢铁生产基地的条件"得天独厚"。由此，攀枝花能够发展成为"百里钢城"，并能够实现持续发展，缘于对矿产资源实行就地开发。攀枝花钢铁生产基地持续发展的另一个重要原因，是延伸产业链，实施资源综合利用，及时推进钢铁生产基地向"钒钛之都"转型升级。1978年起，随着钢铁生产基地的建成和生产的发展，国家组织开展攀枝花钒钛磁铁矿资源综合利用科技攻关，1978—1990年仅召开的攀枝花资源综合利用科技攻关工作会议就多达十次，研究提出了资源综合开发利用的发展目标和思路。例如，1978年召开的攀枝花资源综合利用科技攻关工作第一次会议，研究提出把攀枝花铁矿的钒、钛、钴、镍等开发出来而使之成为中国的现代化冶金基地；1986年召开的第八次攀枝花资源综合利用会议，研究提出把西南大三线建成中国的钢铁、钒钛综合利用生产基地。2010年，工业和信息化部批准认定攀枝花为首批国家级新型工业化产业示范基地。经过各方协作攻关，攀枝花探索出多金属共生的钒钛磁铁矿综合利用之路，成功实现由"百里钢城"向"钒钛之都"[1]的转型升级。正是由于资源综合利用并积极推进产业转型升级，实现产业链延伸和向价值链高端发展，在近年国家实施供给侧结构性改革而去钢铁产能过程中，攀枝花钢铁（集团）公司避免了一些钢铁企业陷入困境的问题，呈现持续发展态势。

第二，推进钢铁生产基地主体企业向市场主体转变的改革。攀枝花钢铁公司是计划经济时期备战的产物，改革开放前与其他国有企业（当时称为国营企业）一样，缺乏生产经营自主权，国家对其产品实行统购统销，对其资金实行统收统支，还承担办教育、卫生、医疗等社

---

[1] 2008年4月14日，中国矿业联合会授予攀枝花市"中国钒钛之都"称号。

会负担,在没有达到设计生产能力情况下,自投产起的八年连续亏损。改革开放以来,国家对攀枝花钢铁公司实施改革。在改革初期,主要是调整国家与企业的利益关系,国家对攀枝花钢铁公司实行利润总额包干制;逐步推进企业主辅分离,逐步剥离办社会负担;在实施由直接拨款改为贷款(简称"拨改贷")后,又实行债转股,减少了企业财务费用。1984年中共十二届三中全会突破了把计划经济同商品经济对立起来的观念,明确提出"在公有制基础上的有计划的商品经济"的改革方向。在这一大背景下,国家与企业互动,逐步推进强化企业市场主体地位改革,攀枝花钢铁公司于1985年开始在二级厂矿推进厂长负责制试点,在1986年全面实行经理(厂长)负责制,在1990年实行岗位劳动合同制而建立起岗位能上能下、职工能进能出的动态就业机制。1992年中共十四大决定建立社会主义市场经济体制后,推进企业向市场主体转变改革的步伐加快,国家计划委员会、国家经济体制改革委员会、国务院经济贸易办公室于1992年11月批准攀枝花钢铁公司更名为攀枝花钢铁(集团)公司;1993年6月28日,攀枝花钢铁(集团)公司实行股份制改革试点,经冶金部推荐和有关部委批准,攀枝花钢铁(集团)公司纳入国家首批现代企业制度试点单位。经过改革,攀枝花钢铁(集团)公司分(子)公司也成为自主经营的市场主体。经国务院国有资产监督管理委员会批准,攀枝花钢铁(集团)公司于2010年与鞍山钢铁集团公司重组,成为新组建的鞍钢集团公司的全资子公司。如今,攀枝花钢铁(集团)公司开发出有特色的钒、钛、钢铁系列产品,所生产的重轨、板材、特钢等产品不仅在国内销售,还出口到欧美、东南亚等。

第三,在资金短缺条件下,也尽可能改善生活设施,乃至解决经济社会发展不协调的问题,积极促进资源型城市转型发展。攀枝花大型钢铁生产基地建成后，其主体企业攀枝花钢铁公司没有实施搬迁，仍在原地实现持续发展，其成功的一个重要原因，就是城市与钢铁生产基地建设相配套。攀枝花大型钢铁生产基地建设初期，与其他三线建设项目的实施一样，实行"先生产，后生活"，不是在已有城市建设钢铁生产基地，而是先建钢铁生产基地，建设者们艰苦创业，在简陋的帐篷、席棚、草棚（攀枝花曾经被称为"三棚城"）办公、住宿。攀枝花城市因三线建设而起，更具体的是因建设钢铁生产基地而起，由最初的金沙江畔工矿区，发展为现代化区域性中心城市，不仅发挥了资源就地开发和综合利用优势，还通过促进城市社会事业发展和民生改善，多方面因素共同作用，实现了钢铁生产基地建设与城市建设相互支撑和促进，是大型钢铁生产基地建设项目成功实施和接续发展，并转型升级为"钒钛之都"的重要原因之一。攀枝花不仅促进钢铁生产基地向"钒钛之都"升级，还未雨绸缪，推进城市转型发展，即利用阳光充足的自然优势，以绿色发展的阳光城市为名片，加之三线建设留下内含励志的三线精神的工业文化资源，促进三线建设工业文明旅游、阳光旅游、康养（2017年攀枝花在全国率先发布康养产业地方标准）等产业融合发展。仅2015年3月建成开馆的攀枝花中国三线建设博物馆，吸引大批游客特别是学生参观，参观人次在开馆头两周达12万，2016年多达40万，2017年增加到45万，到2020年底累计超过200万。产城融合和转型发展提升了城市发展空间，助推攀枝花经济社会快速发展。1978年至2017年，全市地区生产总值由6.69亿元增加到1040.82亿元，社会消费品零售总额由1.66亿元增加到235.15亿元，城镇居民人均可支配收入由339元增加到44209元，农村居民人均可支配收入由113元增加到19938元。在较长时期内，攀枝花市人均国内生产总值、城乡居民收入、工业化率、城镇化率在四川省居前列。

综上所述，攀枝花钢铁生产基地持续发展的实践表明，二十世纪六七十年代国家在落后地区嵌入式兴建起大型产业基地、国有企业和城市，为改革开放以来的快速发展奠定了坚实基础，改革开放则使其效能更好发挥出来。从中可见，在依赖计划经济体制突破发展困境后，能够从计划经济体制走出来，不排斥市场手段，也不因为引入市场手段而推倒重来，而是基于路径依赖推进改革发展，这是攀枝花钢铁生产基地实现持续发展的重要原因。

五、余论

在改革开放初期，人们对三线建设的评价有较大分歧，乃至1981年中共十一届六中全会通过的《中共中央关于建国以来党的若干历史问题的决议》没有提及三线建设。国家在三线地区实施大规模工业建设项目，尤其是从有利于备战及保密出发，把项目分散在没有工业基础的偏远山区，以嵌入方式实施，存在投资机会成本较高问题。20世纪80年代，注意到在三线地区实施项目建设的当期投资收益回报低于一线、二线地区，仅基于投资机会成本，质疑甚至否定三线建设。在80年代，三线企业的生产经营，不仅面临如何适应市场取向改革而转变经营方式的问题，还面临1985—1987年国家实施百万大裁军下军工产品需求锐减而军转民的产业调整问题。以嵌入方式建设起来的三线企业，由于受地处偏远山区的区位劣势影响，难以及时适应如此快而又重大的变化，导致其生产经营及职工和家属生活面临困难。这些又强化了当时对三线建设的负面评价。进入90年代，对三线建设的评价发生了一些变化。1993年4月9日，时任中共中央总书记、国家主席江泽民给《中国大三线报告文学丛书》题词："让三线建设者的历史功绩和艰苦创业精神在新时期发扬光大。"[1]尽管如此,各方面对三线建设的历史地位仍然没有形成共识。自1999年发生两个重大历史事件起,渐进深化了三线建设战略意义及其重要历史地位的认识。第一个事件是1999年5月8日中国驻南斯拉夫大使馆遭受美国实施的多枚导弹袭击,自此起,人们重新认识到1964年启动三线建设营造战略大后方扩展战略纵深的必要性,以及三线建设为中国赢得和平发展机会的历史性贡献。第二个事件是1999年9月中共十五届四中全会作出实施西部大开发战略的决策部署,反衬并验证了旨在调整一线、二线、三线地区生产力布局的三线建设,在促进中西部地区经济社会发展,进而促进区域均衡发展的战略意义。与经济学界不同的是,社会学界对三线建设给予积极评价。社会学家费孝通认为,三线建设使西南荒塞地区进步了50年。可见,关于三线建设的必要性和历史地位,仅仅基于当期单个建设项目的投入产出效益进行评判是不充分的(也没有考虑到作为战略行动计划的三线建设项目投资量大、周期长等因素),需要将其纳入更长时段,从多学科多视角考察三线建设多方面作用的发挥,以避免评价的偏废。

缪尔达尔在《经济理论和不发达地区》中指出,市场力量一般不会使区域间的不平衡弱化,而是强化。缪尔达尔基于资本、技术、人员等要素自由流动使发达地区更发达、落后地区更落后的现象,提出循环累计因果理论。中国改革开放以来的实践表明,发达地区通过聚集效应能够解决快速发展中所需人才、资金等问题。对于本来就与沿海、大中城市在发展水平上有较大差距的中西部地区的偏远山区而言,由于循环累计因果效应,难以快速聚集到发展所需要的大规模的人才、

---

[1] 陈夕主编:《中国共产党与三线建设》,中共党史出版社2014年版,第615页。

资本等,相反,还会发生人才、资金等资源外流现象,改革开放初期,在市场机制作用下,中西部地区和乡村的人才、资金流向东部地区和大中城市。这从另一方面验证,在落后地区以嵌入方式快速实施包括攀枝花大型钢铁生产基地在内的三线建设,离开全国一盘棋统筹组织而仅以市场手段是难以实现的。先经历计划经济体制,后又经历市场经济体制的三线建设者,在接受笔者访谈时,深切地道出了三线建设顺利推进的特殊制度和机制:三线建设只有在社会主义国家全国一盘棋统筹组织下才能顺利实施,仅靠市场调节很难完成。这一实践表明,落后地区要突破循环累计因果逻辑,乃至后发国家在国际上处于弱势地位而要突破弱势窘境实现跨越发展,需要发挥政府的作用,这是为什么在没有工业基础的大山深处的攀枝花成功地以嵌入方式建成大型钢铁生产基地给出的重要启示,也对 20 世纪 50 年代发展经济学提出发展中国家实现赶超需要发挥政府作用的主张进行了验证。

时任中共中央政治局常委、国务院副总理朱镕基于 1996 年 10 月 27 日至 29 日在攀枝花考察时说:"在这么一个山沟里面,建设这么一个现代化大城市,是毛泽东思想的产物,是邓小平路线的成果。"[1]对攀枝花大型钢铁生产基地建设及转型发展这一个案的如此评说,辩证地、深刻地道出了中国工业化战略的实施尤其是中西部地区工业化的独特路径。这一独特发展路径是一个不断探索完善的过程,改革开放前后两个时期纵然有很大差异,但并没有断裂,而是有着内在继承性和统一性。这还表明,脱离中国在全球工业化进程中由于落后而长期处于弱势地位,以及经过 1949 年起的 70 多年建设突破弱势窘境的事实,只是基于某一理论抽象地讨论经济发展中政府和市场的关系,就难以认识到改革开放前

---

[1] 攀枝花市人大志编纂委员会编:《攀枝花市人大志(1968—2018)》,光明日报出版社 2018 年版,第 2 页。

选择计划经济而改革开放以来选择市场经济的历史逻辑及必然性，甚至还会陷入早知如此何必当初这样一种用改革开放以来的历史否定改革开放之前历史的认识逻辑，也不能总结出新中国实现历史性跨越发展的独特的成功经验。包括攀枝花大型钢铁生产基地在内的三线建设及转型发展的实践还表明，中国作为后发国家，突破弱势窘境，成功推进国家工业化，实现跨越发展，建成全世界最完整的现代工业体系，成为全球制造业第一大国，关键在于根据所处经济社会发展阶段和在国际中的位势处理政府和市场的关系，这是中国实现历史性跨越发展的独特经验。

中国参与国际大循环的历史演进与构建新发展格局的战略目标[*]

中共十九届五中全会通过的《中共中央关于制定国民经济和社会发展第十四个五年规划和二〇三五年远景目标的建议》提出,加快构建以国内大循环为主体、国内国际双循环相互促进的新发展格局。[1]构建新发展格局是基于中国参与国际大循环的历史演进、进入新阶段的要求、经济全球化和外部环境变化等因素做出的战略抉择,是对"十四五"规划及此后较长时期中国经济发展战略和发展路径的重大调整完善,是有利于实现高水平自立自强的中国经济现代化的路径。本文在考察中国参与国际大循环发展历程的基础上,就构建新发展格局的战略目标定位进行阐析。

一、改革开放前中国参与国际贸易受阻及破冰

新中国自诞生之日起积极参与国际贸易的意愿就极为明确。毛泽

---

[*] 本文曾发表于《当代中国史研究》2021年第1期。
[1]《中共中央关于制定国民经济和社会发展第十四个五年规划和二〇三五年远景目标的建议》,《人民日报》2020年11月4日。

东早在新中国成立前召开的中共七届二中全会上，一方面提出按照平等原则同一切国家建立外交关系，但是只要帝国主义一天不改变敌视的态度，我们就一天不给敌视中国人民的帝国主义国家在中国以合法的地位；另一方面指出："关于同外国人做生意，那是没有问题的，有生意就得做，并且现在已经开始做，几个资本主义国家的商人正在互相竞争。我们必须尽可能地首先同社会主义国家和人民民主国家做生意，同时也要同资本主义国家做生意"。[1]

然而，新中国自成立起的较长时期内，由于西方资本主义国家封锁禁运，参与国际贸易遭受阻隔。第二次世界大战后，国际上形成了社会主义和资本主义两大阵营，以美国为核心的资本主义阵营对社会主义阵营实施封锁禁运。美国从多方面进行布局，谋求世界霸权并遏制社会主义阵营的发展。美国以其强大的军事力量和经济实力，实施以服务其霸权为目的、以受援国参与其遏制社会主义国家发展行动为条件的欧洲复兴计划（又称马歇尔计划），并构建起以美元为中心的国际货币体系——布雷顿森林体系。以此为基础，美国致力于构建西方资本主义国家一致对社会主义国家实行封锁禁运的体系，以维系西方资本主义国家工业发达的优势，从经济发展上遏制社会主义国家。先是美国国会于1948年3月通过《〈经济合作法〉第117[D]条修正案》，"将对西欧国家的经济援助与西欧国家是否接受美国的贸易管制政策联系起来"；1949年2月又通过《出口管制法》，以法律形式明确"美国政府应该尽可能与那些同美国缔结防务条约的国家合作，制定、改进、实施出口管制；并制定一项所有非共产党国家都遵守的统一的商业和贸易政策"。美国谋求与西方资本主义国家合作，发起成立以美

---

[1]《毛泽东选集》第4卷，人民出版社1991年版，第1435页。

国、英国、法国、意大利、比利时、荷兰为创始国，以及之后加入的卢森堡、挪威、丹麦、加拿大、联邦德国、葡萄牙、日本、希腊、土耳其、西班牙、澳大利亚17国组成的协商团体，并设立了处理具体事务的机构——对共产党国家出口管制统筹委员会，通称巴黎统筹委员会。巴黎统筹委员会明确限制成员国向社会主义国家出口战略物资和先进技术，到1952年6月，禁运物资总数已高达285种。[1]

新中国作为社会主义阵营的一员，自成立起就遭受西方资本主义国家的封锁禁运。1952年，巴黎统筹委员会建立了亚洲分支机构——中国委员会（这里所指的"中国"，并不是仅指中华人民共和国，包括除苏联远东地区以外的亚洲其他社会主义国家），还对中国实行了更加严厉的贸易特别禁运清单。20世纪50年代初，巴黎统筹委员会禁止与中国贸易的种类达到295种，比对苏联、东欧国家实行的禁运清单项目更多[2]。美国等对中国实施封锁禁运，妄图使中国经济陷入困境，直至经济崩溃。另外，到20世纪60年代初，由于中苏关系恶化，苏联中止对中国的技术援助。这些都使中国失去了参与国际经济大循环的可能。

西方资本主义国家对中国实行封锁禁运，既阻隔了中国经济参与国际大循环，也失去了其在中国的市场，对其自身的经济发展亦有不利之处。巴黎统筹委员会各成员国都是独立的利益主体，在对社会主义国家实行封锁禁运上存在利益矛盾。一方面，从资本主义阵营扼杀社会主义阵营的政治目的出发，要遵循巴黎统筹委员会的约定，对包括

---

[1] 参见崔丕：《美国的冷战战略与巴黎统筹委员会、中国委员会（1945—1994）》，中华书局2005年版，第109、110、106、146—147、266—270页。

[2] 参见崔丕：《美国的冷战战略与巴黎统筹委员会、中国委员会（1945—1994）》，中华书局2005年版，第305、304页。

中国在内的社会主义国家实施封锁禁运；另一方面，出于本国的经济发展利益，寻求扩大国际市场，与社会主义国家开展经贸合作的动力日益增强。

中国作为最大的发展中国家，通过自力更生、艰苦奋斗而日益发展，可以向其他国家提供更广阔的市场。在这样一种发展态势下，中国市场对西方资本主义国家发展的重要性日益显现。巴黎统筹委员会成员国为实现自身利益，自20世纪50年代初起就或明或暗地尝试越过封锁禁运约定，以多种方式寻求与中国开展贸易合作。

20世纪70年代，中国抓住时机突破了西方资本主义国家的封锁禁运。美国在长期实施凯恩斯主义经济政策后，到20世纪60年代末至70年代陷入滞胀困境。为走出这一困境，美国开始寻求新的市场，为过剩资本寻找出路，因而产生了改变对中国实施封锁禁运政策的需求。这与新中国长期寻求国际合作有很大关系，在这个时间节点上开始对接。换言之，美国开始减少对中国的封锁禁运，选择与中国合作，不仅仅是出于美国与苏联争霸的需要，也与其国内的经济因素以及中国的独特地位相关。中国乘势主动开展"乒乓外交"，以破除美国等西方资本主义国家对中国实施封锁禁运的坚冰。

从1949年到20世纪70年代，中国一方面自力更生谋发展，另一方面为突破西方资本主义国家对中国的封锁禁运做出了极大努力，经历了极为艰难的历程。

二、中国参与国际大循环的拓展深化

新中国成立以来的历史，是工业化后发国家推进现代化的历史。在这一进程中，中国参与国际大循环经历了日渐拓展深化的三个阶段，即由引进含先进技术的成套设备（以下简称"先进设备"）为产业发展打基础,到参与国际产业分工,再到全方位参与国际经济大循环。

第一阶段,自新中国成立起至改革开放前,围绕国家工业化战略的实施,以引进先进设备为主。新中国成立后的较长时期内,主要通过向东欧国家出口初级农副产品和矿产原料等,以获取外汇,用于引进国家工业化发展所需要的先进设备,为国家工业化发展打基础。但中国的消费品进口较少,加之参与国际贸易的路径不畅通,进出口总额占国内生产总值的比例极低,尚称不上参与国际大循环。中国货物进出口额,1950年为11.3亿美元,1978年增加至206亿美元,但占全球份额极低,仅为0.8%。[1]在这一阶段,中国与社会主义国家和西方资本主义国家都有合作,但均经历了艰辛和曲折的历程,此阶段又可分为三个小的阶段:一是新中国在遭受西方资本主义国家封锁禁运的情况下,自成立起特别是自实施"一五"计划起到20世纪60年代初,接受苏联技术援助,成功实施了156项重点工程建设,并与其他社会主义国家合作,增强了中国的发展能力,工业化快速推进。进入20世纪60年代,由于中苏关系的恶化,苏联中止了对中国的技术援助,中国依靠自己的力量推进各项事业进一步发展,其中取得的标志性成就是成功研制了反映综合国力的"两弹一星"。二是中国打破西方资本主义国家封锁禁运,实施了较大规模的"四三方案",从西方资本主义国家引进了一批所需要的先进设备。三是从"文化大革命"结束后至中共十一届三中全会前,中国在较短时间内从西方资本主义国家大规模引进先进设备。

第二阶段,自20世纪70年代末至21世纪初,中国逐步参与国际产业分工,积极开展国际贸易。在经过近30年建设而建立起独立的比

---

[1]《辉煌70年》编写组编:《辉煌70年——新中国经济社会发展成就(1949—2019)》,中国统计出版社2019年版,第169—170页。

较完整的工业体系和国民经济体系的基础上，中国抓住了20世纪80年代初到21世纪初经济全球化快速推进和世界贸易高速发展的机遇，在继续引进技术设备的同时，逐步参与国际产业分工，积极开展国际贸易。改革开放以来，中国一方面引进先进设备，另一方面在以出口初级农产品和矿产资源赚取外汇不能满足引进先进设备实现产业升级、经济增长的情况下，通过允许发展"三资"企业，把引进外资与引进技术结合起来，以"三来一补"（来料加工、来样加工、来件装配和补偿贸易）起步参与国际循环，由此获得外汇，并在外汇短缺缓解后发展到加工贸易（境内出口商将进口商提供的原材料、零件加工装配成工业制成品，出口到国外，以获得收益的贸易方式；加工贸易自20世纪80年代起快速发展，到21世纪初一度在贸易总额中占据半壁江山，之后其在贸易中的比例才下降），再发展到一般贸易（基本利用本国生产的原材料、中间产品等投入品在本国生产向国外销售）参与国际产业分工。[1]特别是中国加入世界贸易组织后，在经济快速增长的基础上，更加广泛地参与国际产业分工，到2009年成为世界货物贸易第一大出口国和第二大进口国，2010年成为全球制造业第一大国。[2]

第三阶段，自中共十八大起，基于经济发展到新的台阶并融入国际产业链，中国全方位参与国际大循环。中国积极推进经济全球化，倡导和坚持构建人类命运共同体理念，倡议和推动共建"一带一路"；积极推进自由贸易区建设，首创以进口为主题的国家级展览会并坚持

---

[1] 参见余永定：《改革开放历史进程下的中国经济循环》，《金融市场研究》2020年第9期，第18—26页。
[2] 《辉煌70年》编写组编：《辉煌70年——新中国经济社会发展成就（1949—2019）》，中国统计出版社2019年版，第170、100页。

连年举办[1]，主动向世界开放市场、让各方分享中国发展机遇。中国以开放促改革、促创新、促发展，开放的大门越开越大，高水平"引进来"和大规模"走出去"并进，全面深度融入世界经济。2013年，中国成为世界货物贸易第一大国。2018年，中国货物进出口占世界份额为11.8%，其中出口占12.8%，进口占10.8%。[2]

中国参与国际大循环，实现了双赢。一方面，中国加入国际大循环，产生溢出效应，促进了产业水平和经济效益的提升，对提升经济实力和改善人民生活发挥了重要作用。另一方面，中国加入国际大循环，为推动经济全球化进程做出了巨大贡献。一是构建促进经济全球化的平台。以和平之路、繁荣之路、开放之路、创新之路、文明之路为取向，倡议和推动共建的"一带一路"，成为中国参与全球开放合作、改善全球经济治理体系、促进全球共同发展繁荣、推动构建人类命运共同体的重要平台。二是完善制度促进经济全球化。中国提出并践行共商共建共享原则，这不同于强权独霸、丛林法则与零和博弈，从而开辟了一条合作共赢、共建共享的文明发展新道路。在单边主义、贸易保护主义抬头，经济全球化遭遇波折，多边贸易体制受到严重挑战的背景下，中国积极践行多边主义，维护多边贸易体制，努力为推进世界贸易组织改革、推动建设开放型世界经济做出了巨大贡献。

三、构建新发展格局的战略目标

中共中央构建新发展格局的决策是在新冠疫情全球大流行后做出

---

[1] 首届中国国际进口博览会于2018年11月在上海成功举行，这是世界上第一个以进口为主题的国家级展览会。
[2]《辉煌70年》编写组编：《辉煌70年——新中国经济社会发展成就（1949—2019）》，中国统计出版社2019年版，第170页。

的，但这绝不是为应对新冠疫情冲击导致世界经济下行的短期选择，而是有着深远意义的战略目标，是基于中国自身发展阶段和发展条件，充分考虑经济全球化和外部环境变化而做出的以调整完善中国经济发展战略和发展路径的抉择。

（一）构建新发展格局在于调整完善中国经济发展战略和发展路径，形成经济发展新动能

中国自参与国际大循环后的较长时间内，一个重要取向是发展外向型经济，实施鼓励出口创汇政策。其中的缘由主要包含两方面：一是中国作为工业化后发国家，在推进工业化快速发展中存在资本短缺问题，需要发展外向型经济，以实现创汇，为改变技术设备落后状况创造条件；二是中国仍处于低收入发展阶段，尽管居民收入实现较大幅度增长，但低于国民经济的增长速度，需求增长速度相对较低，需要出口的强劲拉动。受经济增长路径依赖的影响，2006年时，中国外贸依存度高达67%[1]。

随着中国经济的发展、居民收入水平的提高和扩大内需政策的实施，经济增长内需潜力释放，市场和资源两头在外的发展路径逐步改变。对于中国这样一个大国，过高的外贸依存度不可持续，必然要求对这一发展战略和发展路径进行调整。2005年10月，中共十六届五中全会审议通过的《中共中央关于制定国民经济和社会发展第十一个五年规划的建议》提出："要进一步扩大国内需求，调整投资和消费的关系，增强消费对经济增长的拉动作用。"[2] 2006年3月，十届全国人大四次会议批准的《中华人民共和国国民经济和社会发展第十一个

---

[1] 习近平：《构建新发展格局 实现互利共赢——在亚太经合组织工商领导人对话会上的主旨演讲》，《人民日报》2020年11月20日。
[2]《十六大以来重要文献选编》（中），中央文献出版社2011年版，第1063—1064页。

五年规划纲要》提出:"立足扩大国内需求推动发展,把扩大国内需求特别是消费需求作为基本立足点,促使经济增长由主要依靠投资和出口拉动向消费与投资、内需与外需协调拉动转变。"[1]自2008年爆发国际金融危机起,中国经济开始向以国内大循环为主过渡,经常项目顺差同国内生产总值的比率由2007年的9.9%降至2019年的不足1%,国内需求对经济增长的贡献率有7个年份超过100%;[2]外贸依存度由2006年的67%降为2019年的近32%。[3]中国把发展立足点放在国内,更多依靠国内市场是能够实现经济新发展预期的。中国有14亿人口,人均国内生产总值突破1万美元,不仅如此,按照中共十九届五中全会关于发展战略的安排,到2035年人均国内生产总值将提升至中等发达国家水平,中等收入群体也将显著扩大。由此,中国必然是全世界最大和最有潜力的消费市场,可以为发展提供巨大空间。换言之,中国进入新发展阶段,构建新发展格局,以扩大内需战略为基点,畅通国内循环。这样一种发展战略和发展路径的调整完善,有利于新发展动能的形成。

(二)构建新发展格局在于塑造中国国际经济合作与竞争新优势

改革开放初期,中国以劳动力众多且价格低廉的优势参与国际大循环。在已有技术积累和消化吸收国外先进技术的基础上,中国致力于创新发展,由跟跑发展为并跑,在一些领域还处于领跑地位。世界知识产权组织发布的全球创新指数报告显示,中国创新能力在世界的

---

[1]《中华人民共和国国民经济和社会发展第十一个五年规划纲要》,《中华人民共和国全国人民代表大会常务委员会公报》2006年第3期。
[2] 习近平:《在经济社会领域专家座谈会上的讲话》,《人民日报》2020年8月25日。
[3] 习近平:《构建新发展格局 实现互利共赢——在亚太经合组织工商领导人对话会上的主旨演讲》,《人民日报》2020年11月20日。

综合排名，由 2012 年的第 34 位上升到 2020 年的第 14 位，是前 30 位中唯一一个中等收入的经济体。[1]构建新发展格局，就是要在已有优势的基础上，推动形成宏大顺畅的国内经济循环，更好地吸引全球资源要素，既满足国内需求，又有助于提升中国产业技术水平，塑造中国国际经济合作与竞争的新优势，实现高水平的自立自强。

（三）构建新发展格局在于更好地适应国际形势变化

当今世界正经历百年未有之大变局。2008 年国际金融危机爆发后，世界经济陷入持续低迷，全球市场收缩，国际经济大循环动能弱化。2020 年新冠疫情全球大流行，全球产业链、供应链遭受冲击，世界经济深度衰退。在如此接连危机的态势下，西方主要国家单边主义、保护主义、霸凌行径上升，经济全球化遭遇逆流，世界经济中的风险和不确定性加剧。中国面对国际经济循环变化带来的新矛盾新挑战，统筹发展和安全，顺势而为，改变过高的对外依存度，建立自主、可控、相对独立的工业体系，既努力打通国际大循环，又进一步畅通国内大循环，进而提升经济发展的自主性、可持续性，增强韧性，以应对外部环境变化而立于不败之地。

（四）构建新发展格局在于更好满足人民日益增长的美好生活需要

中国参与国际产业分工之初，"三来一补"的高质量产品很大一部分用于满足国外需求，以获取外汇收入。中国居民生活水平随着经济发展而提升，但存在供给与消费水平提升不匹配的问题，导致一段时间内居民消费大量外移，最典型的是曾发生中国居民在日本抢购智能马桶盖现象。扩大内需和畅通国内大循环是基于国情和发展水平的政策的出发点和落脚点。以扩大内需战略为基点，畅通国内经济循环，

---

[1]《世界知识产权组织发布〈2020 年全球创新指数报告〉中国排名 14》，王葳译，《互联网天地》2020 年第 10 期，第 60 页。

是对以人民为中心的发展思想的切实践行。坚持扩大内需这个战略基点加快构建新发展格局，着力推动高质量发展和深化供给侧结构性改革，形成需求牵引供给、供给创造需求的更高水平动态平衡，有利于不断满足人民对美好生活的向往。

综上所述，构建新发展格局明确了中国经济现代化的路径选择。这一中国经济发展战略和发展路径的调整完善，是事关全局的系统性、深层次变革，将形成经济发展新动能，塑造中国国际经济合作与竞争新优势，实现高水平自立自强，进而更坚实地把握住百年未有之大变局提供的战略机遇，促进全面推进社会主义现代化国家建设奋斗目标的实现。

第二部分 改革转型

创办经济特区的战略智慧和历史地位[*]

习近平总书记指出:"长期以来,在党中央坚强领导和全国大力支持下,各经济特区解放思想、改革创新,勇担使命、砥砺奋进,在建设中国特色社会主义伟大进程中谱写了勇立潮头、开拓进取的壮丽篇章,为全国改革开放和社会主义现代化建设作出了重大贡献。"[1]经济特区在改革开放的伟大历史进程中,承担的国家战略任务,由改革开放的试验探路者,演进为中国特色社会主义先行示范区,在中国改革开放和社会主义现代化国家建设进程中具有重要历史地位。创办经济特区成功实践所呈现出的勃勃生机和实现的历史性跨越发展,不仅向世界展示了中国改革开放的磅礴伟力,也展示了中国特色社会主义的光明前景,对改革开放是坚持和发展中国特色社会主义的必由之路,决定当代中国命运的关键一招,决定实现"两个一百年"奋斗目标、实现中华民族伟大复兴的关键一招作出了最为生动的注释。

---

[*] 本文曾发表于《中国井冈山干部学院学报》2021年第5期,系马克思主义理论研究和建设工程重大项目、国家社科基金重大项目"中华人民共和国史(简明读本)"(项目编号:2020MZD004)的阶段性研究成果。

[1] 习近平:《论中国共产党历史》,中央文献出版社2021年版,第288页。

一、以建设经济特区的方式为改革发展探路是马克思主义中国化的创举

中国作为工业化后发国家，尽管到20世纪70年代后期已建立起独立的比较完整的工业体系和国民经济体系，但与发达国家相比，仍有较大差距。如何赶上时代发展步伐，彰显社会主义制度优势，成为进入改革开放时期中国共产党面临的重大课题。

随着国际紧张局势趋向缓和，中国共产党抓住时机坚定地走出去。1977年至1978年，中国派出政府代表团分别赴日本、欧洲一些国家，以及港澳地区进行考察，学习借鉴这些国家及地区经济建设和管理的先进方法。邓小平在听取谷牧带队的代表团出访前汇报时指出："资本主义的先进的经验、好的经验我们应当把它学回来。"[1]党的十一届三中全会开启的改革开放，是对中国特色社会主义道路的探索完善，也是一种革命，[2]要突破根深蒂固的固有认识、传统思维的束缚，其复杂性、艰巨性不言而喻。[3]鉴于此，以邓小平同志为代表的中国共产党人选择先在一个较小范围内进行大胆试验的改革开放路径。邓小平在党的十一届三中全会上指出："我们要学会用经济方法管理经济。自己不懂就要向懂行的人学习，向外国的先进管理方法学习。不仅新引进的企业要按人家的先进方法去办，原有企业的改造也要采用先进的方法。在全国的统一方案拿出来以前，可以先从局部做起，从一个地区、一个行业做起，逐步推开。中央各部门要允许和鼓励它们进行这种试验。

---

[1] 中共中央文献研究室、中央电视台编著：《大型电视文献纪录片〈邓小平〉》，中央文献出版社1997年版，第191页。

[2] 《邓小平文选》第3卷，人民出版社1993年版，第81—82页。

[3] 曾宪斌：《"蛇口风波"答问录》，《人民日报》1988年8月6日。

试验中间会出现各种矛盾，我们要及时发现和克服这些矛盾。这样我们才能进步得比较快。"[1]

在党的十一届三中全会作出改革开放伟大决策的精神鼓舞下，以建设经济特区的方式为改革开放探路的方案很快形成并付诸实施。1979年1月31日，中共中央、国务院决定在广东蛇口建立全国第一个对外开放工业区——蛇口工业区。4月8日，习仲勋在中央工作会议上提出，希望中央能根据广东紧靠港澳、华侨众多的特点，给点权，让广东先走一步，放手干，在深圳、珠海、汕头建立出口加工区。邓小平赞同这一设想，还指出："还是叫特区好，陕甘宁开始就叫特区嘛！中央没有钱，可以给些政策，你们自己去搞，杀出一条血路来。"[2] 7月15日，中共中央、国务院批转广东省委、福建省委报告，决定试办深圳、珠海、汕头和厦门出口特区，在这四个地区对外经济活动中实行特殊政策和灵活措施。1980年5月16日，中共中央、国务院批转《广东、福建两省会议纪要》，将"特区"明确为"经济特区"。8月2日，国务院提请全国人民代表大会常务委员会审议《广东省经济特区条例》的议案，提出为了发展对外经济合作和技术交流，扩大出口贸易，促进社会主义现代化建设，参考世界上一些发展中国家举办出口加工区的经验，准备在广东省的深圳、珠海、汕头和福建省的厦门设置经济特区。[3] 8月26日，五届全国人大常委会第十五次会议批准《广东省经济特区条例》，完成了设置经济特区立法程序。1980年下半年，深圳、珠海、汕头、厦门4个经济特区相继开发建设。1988年4月，

---

[1]《邓小平文选》第2卷，人民出版社1994年版，第150页。
[2]《邓小平年谱（1975—1997）》（上），中央文献出版社2004年版，第510页。
[3]《国务院提请全国人民代表大会常务委员会审议〈广东省经济特区条例〉的议案》，《中华人民共和国国务院公报》1980年第13号，1980年11月15日。

中央又批准建立海南经济特区。

经济特区建设取得较显著成效和提供的经验，增强了中国共产党和全国人民进一步推进改革开放的信心，到1984年改革开放迈出了更大步伐。一方面，在坚持办好经济特区的同时，中央决定开放大连、秦皇岛、天津、烟台、青岛、连云港、南通、上海、宁波、温州、福州、广州、湛江、北海14个沿海港口城市，扩大了中国对外经济关系窗口与内外经济技术交流的枢纽。另一方面，中共十二届三中全会审议通过十一届三中全会起第一个以经济体制改革为主题的文件——《中共中央关于经济体制改革的决定》，由此全面启动了经济体制改革。

在改革开放初期，以邓小平同志为主要代表的中国共产党人，不是闭门造车设计出一个所谓完善的方案，迅速在全国实施，而是从实际出发，选择了封闭在极小范围的经济特区内大胆探路大胆试错的做法，摸着石头过河，扎实推进，这既避免了全国颠覆性风险的发生，也避免了传统观念、传统思维下姓"社"姓"资"认识对推进改革开放试验的干扰，让经济特区能够更加解放思想，心无旁骛地大胆闯、大胆改，这是中国共产党领导创办经济特区改革发展能够实现一个又一个突破的重要经验。

二、在制度上先行先试为中国特色社会主义经济发展道路探路

中国按照马克思主义经典作家关于经济制度的设想，并借鉴第一个社会主义国家苏联的成功实践，建立起单一公有制和高度集中的计划经济体制，保障了国家工业化战略顺利实施，在快速建立起独立的比较完整的工业体系和国民经济体系中发挥了不可或缺的作用，但也存在经济发展缺乏活力问题。在社会主义改造完成之际，针对经济发展活力不足问题，对社会主义经济体制的完善进行了积极探索，包括

陈云在党的八大上发言时提出关于计划生产与自由生产、国家或集体经营与个体经营、国家市场与自由市场的"三个主体、三个补充"的新经济体制构想。受当时对社会主义经济制度认识的局限，长期坚守单一公有制经济和高度集中的计划经济体制，经济发展缺乏活力问题日益突出。加之受"文化大革命"冲击，中国经济与一些发达国家的差距拉大。邓小平在党的十一届三中全会上指出："如果现在再不实行改革，我们的现代化事业和社会主义事业就会被葬送。"[1]

经济特区无论是利用外资和引进先进技术，还是进行制度探索，都是很大的试验，是书本上没有的。[2]经济特区解放思想，从实际出发，"冒天下之大不韪"推进制度创新，是改革开放的宝贵经验。邓小平南方谈话指出："深圳的重要经验就是敢闯。没有一点闯的精神，没有一点'冒'的精神，没有一股气呀、劲呀，就走不出一条好路，走不出一条新路，就干不出新的事业。不冒点风险，办什么事情都有百分之百的把握，万无一失，谁敢说这样的话？一开始就自以为是，认为百分之百正确，没那么回事，我就从来没有那么认为。每年领导层都要总结经验，对的就坚持，不对的赶快改，新问题出来抓紧解决。"[3]

中国共产党领导创办经济特区开启了敢为人先的社会主义国家实行资源配置市场化改革试验。改革开放初期建立的经济特区，不同于改革开放前在高度集中的计划经济体制下为保障实施国家重大工业项目所需资源而设立与中央直接对接、政企合一的安达（大庆）、攀枝花等行政特区。改革开放初期，中央对经济特区的建设，不给钱，只给放活政策，让经济特区自己闯。中共中央、国务院批转的《广东、福

---

[1]《邓小平文选》第2卷，人民出版社1994年版，第150页。
[2]《邓小平文选》第3卷，人民出版社1993年版，第130页。
[3]《邓小平文选》第3卷，人民出版社1993年版，第372页。

建两省会议纪要》指出，中央决定对广东、福建两省在对外经济活动中实行特殊政策和灵活措施是改革经济体制的一种试验。这一纪要提出，试办经济特区，积极吸收侨资、外资，引进国外先进技术和管理经验；经济特区必须采取既积极又慎重的方针，逐步实施；特区的管理，在坚持四项基本原则和不损害主权条件下，可以采取与内地不同的体制和政策；特区主要实行市场调节。[1]这就明确表示，经济特区要用市场调节方式发展经济，所试验的经济制度要对长期实行的高度集中的计划经济体制进行突破。

经济特区在全国率先探索实行了一系列富有激励和活力的制度。深圳在产权制度上，率先创办第一家股份制中外合资企业、第一家企业办股份制银行、第一家股份制保险公司；在土地市场化配置上，敲响新中国土地拍卖"第一槌"；在人事制度上，率先冻结原有级别、工资等级，实行聘用制；在分配制度上，在蛇口顺岸式码头建设过程中，探索实行定额超产奖励制度，即超过定额每多运一车泥奖励四分钱，这一打破长期实际存在的平均主义分配办法，极大地调动了工人们的积极性，"基本工资 + 绩效奖金"分配方式很快在全国实行；在投资管理上，以更大的力度下放权限[2]；在发展资本市场上，创建证券交易所。汕头发挥全国著名侨乡优势，探索以侨引侨、以侨引外、以外引外，40年间累计引进外商投资企业5000多家，实际利用外资93.8亿美元，近九成为侨资。在当今看来，这些制度不过是市场经济应有的制度，但回到当时的历史场景，是长期被视为走资本主义道路的做法，是不能越的"雷池"。

---

[1] 王振川主编：《中国改革开放新时期年鉴（1980年）》，中国民主法制出版社2015年版，第414页。
[2]《邓小平文选》第3卷，人民出版社1993年版，第51页。

经济特区实现资源配置由计划调节到市场调节的突围，破解了改革开放前走不出高度集中的计划经济体制下"一管就死，一放就乱"的怪圈，是中国特色社会主义市场经济理论形成的实践基础。经济特区创办12年之际，基于改革开放的成功实践，1992年邓小平南方谈话作出重大理论判断，即"计划多一点还是市场多一点，不是社会主义与资本主义的本质区别。计划经济不等于社会主义，资本主义也有计划；市场经济不等于资本主义，社会主义也有市场。计划和市场都是经济手段"[1]。这突破了社会主义只能搞计划经济的认识束缚，为开辟前所未有的中国特色社会主义市场经济发展道路清除了理论障碍。40年间，深圳首创1000多项改革举措，[2]实现由经济体制改革到全面深化改革的历史性跨越。

进入新时代，经济特区的功能定位由探路者向先行示范区演进。以习近平同志为核心的党中央赋予深圳"朝着建设中国特色社会主义先行示范区的方向前行，努力创建社会主义现代化强国的城市范例"的重大使命。2019年8月9日，中共中央、国务院印发《关于支持深圳建设中国特色社会主义先行示范区的意见》，赋予深圳高质量发展高地、法治城市示范、城市文明典范、民生幸福标杆、可持续发展先锋的战略定位。"特区中的特区"前海，近五年间每年平均诞生超过3万家企业，累计推出制度创新成果超过300项[3]，成为新一轮改革开放的先行者。珠海在人才引进、生态环境保护、城市建设管理等领域先行先试。汕头以华侨试验区、高新区和综合保税区积聚创新发展动

---

[1]《邓小平文选》第3卷，人民出版社1993年版，第373页。
[2] 习近平：《论中国共产党历史》，中央文献出版社2021年版，第289页。
[3] 张超文、王攀、李佳鹏、孙韶华：《从改革开放"探路者"到新时代"示范区"——深圳特区40年巨变折射中国道路优越性》，《经济参考报》2020年8月25日。

能。厦门在国有企业改革、开放市场、投融资体制、社会治理等领域创造多个全国第一；按照时任福建省省长习近平同志在厦门调研时关于加快跨岛发展的指示，以开放促改革促发展，着力打造产城融合新典范。[1]

三、经济特区创造发展奇迹深化了改革解放和发展生产力的认识

经济特区能够一路走来，是因为在党的十一届三中全会确定的解放思想、实事求是的思想路线下，按照社会主义解放和发展生产力的本质要求闯出发展新路。从经济特区一开始取名出口加工区看得出，创办经济特区的重要目标是发展生产力。在面对经济特区制度试验争论甚至非议时，以"三个有利于"作为判断改革是非的标准。邓小平南方谈话指出："改革开放迈不开步子，不敢闯，说来说去就是怕资本主义的东西多了，走了资本主义道路。要害是姓'资'还是姓'社'的问题。判断的标准，应该主要看是否有利于发展社会主义社会的生产力，是否有利于增强社会主义国家的综合国力，是否有利于提高人民的生活水平。"[2]进入新时代，开启全面深化改革进程。习近平在党的十八届三中全会上指出，"只要有利于解放和发展社会生产力，只要有利于推动经济社会持续健康发展，只要有利于实现好、维护好、发展好最广大人民根本利益，只要有利于巩固党的执政基础和执政地位，就要大胆试、大胆闯，就要坚决破、坚决改"[3]。

---

[1] 薛志伟：《山海花园美而强——厦门经济特区建立40周年发展纪实》，《经济日报》2020年9月1日。
[2]《邓小平文选》第3卷，人民出版社1993年版，第372页。
[3]《习近平关于全面深化改革论述摘编》，中央文献出版社2014年版，第142页。

经济特区实行的搞活政策和制度试验，极大地解放和发展了生产力，创造了发展奇迹。创办经济特区前，深圳的生产生活水平远远落后于香港。仅居民收入而言，深圳罗芳村农民年收入134元，河对岸的香港罗芳村人均收入高达1.3万港元，[1]如此巨大差距下经常发生内地居民非法越境进入香港的"逃港"事件。40年后，这种现象发生了巨大变化。起步之际依赖于香港的深圳经济特区，地区生产总值由1980年的2.7亿元增加到2019年的2.7万亿元，年平均增速高达20.7%，经济总量于2017年超过香港，2019年居亚洲城市第五位。[2]珠海地区生产总值从1979年的2.09亿元增加到2019年的3435.89亿元。[3]汕头地区生产总值2019年为1980年的97.4倍。[4]厦门地区生产总值由1980年的6.5亿元增加到2019年的5995亿元。[5]海南经济特区30年间，地区生产总值由1987年的57.28亿元，增加到2017年的4462.5亿元，增加76.9倍。[6]

经济特区不仅实现了自身发展，还成为国家新的增长极，在很多方面为国家经济发展做出了重要贡献。仅深圳的财政贡献而言，全口径财政收入由1980年的不足1亿元，增至2019年的9424亿元，40

---

[1] 胡谋、田俊荣：《开路先锋再出发——写在深圳经济特区建立三十周年之际》，《人民日报海外版》2010年8月26日。

[2] 习近平：《论中国共产党历史》，中央文献出版社2021年版，第288页。

[3] 喻剑：《从边陲小镇到魅力之城——珠海经济特区建立40周年发展纪实》，《经济日报》2020年8月30日。

[4] 庞彩霞、郑杨：《"粤东明珠"更璀璨——汕头经济特区建立40周年发展纪实》，《经济日报》2020年8月31日。

[5] 《经济特区40年：大力推进改革开放 闯出自身特色之路》，中央广播电视总台央视网，http://news.cnr.cn/native/gd/20200827/t20200827_525229993.shtml。

[6] 习近平：《在庆祝海南建省办经济特区30周年大会上的讲话》，《今日海南》2018年第4期，第4—8页。

年间累计上划中央财政收入5.3万亿元。[1]

经济特区改革试验极大解放和发展生产力的成功，促进了对改革解放生产力认识的深化。邓小平南方谈话指出："革命是解放生产力，改革也是解放生产力"，"社会主义基本制度确立以后，还要从根本上改变束缚生产力发展的经济体制，建立起充满生机和活力的社会主义经济体制，促进生产力的发展，这是改革，所以改革也是解放生产力。过去，只讲在社会主义条件下发展生产力，没有讲还要通过改革解放生产力，不完全。应该把解放生产力和发展生产力两个讲全了"。[2]

经济特区在制度试验促进发展过程中，喊出影响深远的"时间就是金钱，效率就是生命""空谈误国，实干兴邦"的时代声音，使解放和发展生产力的改革开放更加深入人心。这些理念和经济特区改革试验解放和发展生产力的成效，为把认识统一到邓小平南方谈话关于社会主义本质的论断——"社会主义的本质，是解放生产力，发展生产力，消灭剥削，消除两极分化，最终达到共同富裕"提供了实践基础。经济特区的实践表明，按照社会主义本质要求推进改革，是把握改革开放前进方向的基本遵循。只有这样，才能更加明确改革方向，才能更加解放思想、实事求是地大胆往前闯，为改革开放突破种种禁区提供强大动力。

四、经济特区创新发展为构建新发展格局奠定了基础

经济特区建设启动时是一个引进国外先进技术的窗口、学习国际

---

[1] 王伟中：《始终牢记党中央创办经济特区的战略意图 以先行示范区担当作为再创新的更大奇迹》，《人民日报》2020年8月26日。
[2] 《邓小平文选》第3卷，人民出版社1993年版，第370页。

先进管理方法的窗口、对外政策和扩大对外影响的窗口。[1]邓小平指出："社会主义要赢得与资本主义相比较的优势，就必须大胆吸收和借鉴人类社会创造的一切文明成果，吸收和借鉴当今世界各国包括资本主义发达国家的一切反映现代社会化生产规律的先进经营方式、管理方法。"[2]

经济特区敢于拼搏，在"三来一补"产业还在蓬勃发展时，没有满足于发展"三来一补"，也没有满足于依赖在当时能丰厚获利的出口"外贸通"，而是打破路径依赖，闯出了创新发展之路。深圳把创新作为引领发展的第一动力，构建起企业为主体、市场为导向、产学研深度融合的技术创新体系。深圳90%的高新科技成果在企业产生，90%的专利由企业研发，90%的高端人才在企业工作，90%的研发资金靠企业投入，90%的重大项目由企业承担。深圳构建起基础研究、技术攻关、成果产业化、科技金融、人才支撑的全过程创新生态链，2019年全社会研发投入占地区生产总值的比重达4.2%，比全国的2.2%高2个百分点；建成各类创新载体2584家，集聚各类人才600万人，培育国家级高新技术企业1.7万家，一批创新型领军企业崛起，每万人发明专利拥有量达到全国平均水平的8倍，通过专利合作条约（PCT）国际专利申请量连续16年居全国首位。[3]深圳随着自主创新发展内生能力的快速提升，突破了被动承接国际产业转移的"三来一补"产业分工，向自主创新发展突围，走出了"血汗工厂"的发展阶段，成为基于企业为主体的自主创新发展和产业转型升级高地、全国高新技术

---

[1]《邓小平文选》第3卷，人民出版社1993年版，第51—52页。

[2]《邓小平文选》第3卷，人民出版社1993年版，第373页。

[3] 王伟中：《始终牢记党中央创办经济特区的战略意图 以先行示范区担当作为再创新的更大奇迹》，《人民日报》2020年8月26日。

产业发展的一面旗帜、世界上最具创新力的城市之一。联合国知识产权署 2017 年发布的全球创新指数报告显示，深圳—香港地区跃居全球"最佳科技集群"第二位。珠海 1992 年 3 月在全国开"百万重奖科技人才"先河，促进科学发展空间不断拓展。厦门规模以上高新技术产业占全市规模以上工业产值超过七成，成为高素质的创新创业之城、高颜值的生态花园之城。

2020 年 10 月，习近平在党的十九届五中全会上强调，"新发展格局决不是封闭的国内循环，而是开放的国内国际双循环"[1]。经济特区的创新发展成为促进国内国际双循环发展的重要力量。一方面，促进技术创新由跟跑向并跑、领跑转变，形成国际合作和竞争新优势，成长出华为、中兴、腾讯等具有较强国际竞争力的自主创新企业和涌现出大批成长性强的中小科技型企业，促进由"引进来"向"引进来"和"走出去"并重转变。深圳积极利用国际国内两个市场、两种资源，积极吸引全球投资，外贸进出口总额由 1980 年的 0.18 亿美元跃升为 2019 年的 4315 亿美元，年均增长 26.1%，[2]实现由进出口贸易为主到全方位高水平对外开放的历史性跨越，为形成以国内大循环为主体、国内国际双循环相互促进的新发展格局奠定了基础。另一方面，经过持续创新发展，深圳经济特区从启动时的引进国外先进技术和学习国际先进管理方法的窗口，发展成为引领科技发展的"全球引擎"、展示中国形象的"最佳窗口"，示范引领向开放的国内国际双循环转变。汕头着力构建集经济、文化、教育、人才、金融于一体的高端示范区，推动海外华侨华人深度参与祖国建设。

---

[1] 习近平：《关于〈中共中央关于制定国民经济和社会发展第十四个五年规划和二〇三五年远景目标的建议〉的说明》，《人民日报》2020 年 11 月 4 日。
[2] 习近平：《论中国共产党历史》，中央文献出版社 2021 年版，第 289 页。

五、余论

创办经济特区彰显了中国共产党的使命担当和战略智慧。改革开放会有巨大风险。党的十一届三中全会后的一段时期，在政治方面，既有改革开放要突破当时对社会主义理论认识束缚的风险，又有改革开放可能遭受资本主义冲击乃至被"和平演变"的风险；在经济发展方面，既有具体的改革开放举措不符合国情和发展规律进而失败的风险，又有改革开放后可能遭受强势的西方国家霸凌控制而深陷弱势窘境风险。以建设经济特区的方式为改革开放探路和冲出重重围阻，既让试错风险可控，又可在成功后发挥显著的示范引领作用和增强推进改革开放的信心，这是中国共产党不断推进马克思主义中国化、推进中国特色社会主义事业实现历史性变革和取得历史性成就的重要经验之一。经济特区改革发展的成功，彰显了中国特色社会主义的制度优势。在中国共产党坚强领导下，经济特区披荆斩棘，走过敢于冒险、崇尚创新、追求成功、宽容失败的40多年，蓬勃发展，由默默无闻的边陲之地，发展成为充满魅力、动力、活力和创新力的国际化创新型城市。经济特区的改革发展，从以人民为中心和走共同富裕道路出发，探索形成市场配置资源的体制机制，促进经济社会协调发展聚集人才，形成能够保障公平竞争的社会环境，经济社会发展充满活力，劳动、资本、土地、知识、技术、管理、数据等要素的活力竞相迸发，创造财富的源泉充分涌流。随着经济的发展，人民生活水平实现飞跃。按常住人口1253万人计算，2018年深圳人均国内生产总值达19.33万元，约为全国平均水平的3倍，比1979年的606元增长了318倍。[1] 2019年全市居民人均可支配收入

---

[1] 张超文、王攀、李佳鹏、孙韶华：《从改革开放"探路者"到新时代"示范区"——深圳特区40年巨变折射中国道路优越性》，《经济参考报》2020年8月25日。

6.25万元,比1985年增长31.6倍。[1] 2019年全市民生领域支出占财政支出的比重达66%,用于打造优质均等的公共服务和社会保障体系,实现全民医保、养老保险全覆盖,居民平均预期寿命高达81.45岁[2],人民群众获得感幸福感安全感增强,实现由解决温饱到高质量全面小康的历史性跨越。珠海在经济社会发展中植入、培育、弘扬中国特色社会主义先进文化,探索出一条与"先污染后治理"发展模式不同的生态优先发展道路,获联合国"国际改善居住环境最佳范例奖"。经济特区实现跨越发展奇迹是发挥中国特色社会主义制度优势的结果。

创办经济特区的成功实践,积累了一系列宝贵经验。习近平在深圳经济特区建立40周年庆祝大会上的讲话中指出:"深圳等经济特区四十年改革开放实践,创造了伟大奇迹,积累了宝贵经验,深化了我们对中国特色社会主义经济特区建设规律的认识。一是必须坚持党对经济特区建设的领导,始终保持经济特区建设正确方向。二是必须坚持和完善中国特色社会主义制度,通过改革实践推动中国特色社会主义制度更加成熟更加定型。三是必须坚持发展是硬道理,坚持敢闯敢试、敢为人先,以思想破冰引领改革突围。四是必须坚持全方位对外开放,不断提高'引进来'的吸引力和'走出去'的竞争力。五是必须坚持创新是第一动力,在全球科技革命和产业变革中赢得主动权。六是必须坚持以人民为中心的发展思想,让改革发展成果更多更公平惠及人民群众。七是必须坚持科学立法、严格执法、公正司法、全民守法,使法治成为经济特区发展的重要保障。八是必须践行绿水青山就是金山银山的理念,实现经济社会和生态环境全面协调可持续发展。

---

[1] 习近平:《论中国共产党历史》,中央文献出版社2021年版,第289页。
[2] 王伟中:《始终牢记党中央创办经济特区的战略意图 以先行示范区担当作为再创新的更大奇迹》,《人民日报》2020年8月26日。

九是必须全面准确贯彻'一国两制'基本方针，促进内地与香港、澳门融合发展、相互促进。十是必须坚持在全国一盘棋中更好发挥经济特区辐射带动作用，为全国发展作出贡献。"[1]

经济特区改革发展的成功，坚定了改革开放必须坚持正确的方向、立场和原则。中国共产党领导创办经济特区40余年的改革实践，不是对社会主义制度改弦更张，而是对如何完善社会主义制度进行探索。邓小平南方谈话指出："对办特区，从一开始就有不同意见，担心是不是搞资本主义。深圳的建设成就，明确回答了那些有这样那样担心的人。特区姓'社'不姓'资'。从深圳的情况看，公有制是主体，外商投资只占四分之一，就是外资部分，我们还可以从税收、劳务等方面得到益处嘛！多搞点'三资'企业，不要怕。只要我们头脑清醒，就不怕。我们有优势，有国营大中型企业，有乡镇企业，更重要的是政权在我们手里。有的人认为，多一分外资，就多一分资本主义，'三资'企业多了，就是资本主义的东西多了，就是发展了资本主义。这些人连基本常识都没有。我国现阶段的'三资'企业，按照现行的法规政策，外商总是要赚一些钱。但是，国家还要拿回税收，工人还要拿回工资，我们还可以学习技术和管理，还可以得到信息、打开市场。因此，'三资'企业受到我国整个政治、经济条件的制约，是社会主义经济的有益补充，归根到底是有利于社会主义的。"[2] 2012年12月，习近平在广东考察时指出："我们的改革开放是有方向、有立场、有原则的。我们当然要高举改革旗帜，但我们的改革是在中国特色道路上不断前进的改革，既不走封闭僵化的老路，也不走改旗易帜的邪路。"[3]

---

[1] 习近平：《论中国共产党历史》，中央文献出版社2021年版，第290—291页。
[2] 《邓小平文选》第3卷，人民出版社1993年版，第372—373页。
[3] 《习近平关于全面深化改革论述摘编》，中央文献出版社2014年版，第14页。

经济特区40余年的巨变,充分证明中国特色社会主义道路能够走得通、走得快、走得好,为坚定中国特色社会主义道路自信、理论自信、制度自信、文化自信提供了坚实的实践支撑。

经济特区承担的国家任务,由改革开放的探路者向中国特色社会主义先行示范区的历史性转变,是中国特色社会主义理论由探索形成向不断创新发展的必然。改革开放伊始,中国共产党面对改革开放的巨大风险,迎难而上,开始在深圳等经济特区进行封闭试验,为改革开放探路。在中国共产党坚强领导下,经济特区成功走出了市场配置资源的发展路径,为突破计划姓"社"和市场姓"资"的认识束缚,进而成功走出中国特色社会主义市场经济发展道路探了路和提供了实践支撑。随着中国特色社会主义理论的探索形成和创新发展,经济特区不再是创办初期只能在极为狭小范围孤军深入闯出一条赶上时代步伐的实现路径,而是以习近平新时代中国特色社会主义思想为指引,立足新发展阶段、贯彻新发展理念、构建新发展格局,建设中国特色社会主义先行示范区,创新全面建成社会主义现代化强国的实现路径。

家庭承包经营激活农村经济[*]

党的十一届三中全会作出改革开放伟大决策，重新确立解放思想、实事求是的思想路线，基于改革开放前在集体经济建立包括包工包产到组在内的多种"包字头"责任制的实践，突破责任制不能以户为单位的禁区，把家庭承包经营引入集体经济，形成以家庭承包为基础、统分结合的双层经营体制，丰富和发展了马克思主义农业合作经济理论。

一、农村集体经济引入家庭承包经营丰富和发展了马克思主义农业合作经济理论

马克思主义把发展合作经济作为走社会主义道路的一种选择。1866 年，马克思在《临时中央委员会就若干问题给代表的指示》中指出："我们认为，合作运动是改造以阶级对抗为基础的现代社会的各种力量之一。这个运动的重大功绩在于：它用事实证明了那种专制的、产生赤贫现象的、使劳动附属于资本的现代制度将被共和的、带来繁荣的、自由平等的生产者联合的制度所代替的可能性。"[1]

---

[*] 本文曾发表于《中国党政干部论坛》2021 年第 5 期。
[1]《马克思恩格斯全集》第 16 卷，人民出版社 1964 年版，第 219 页。

马克思主义一开始就把发展农业合作经济作为破解小农陷入资本主义困境，以改善农民状况，进而把农民吸引到革命方面的发展道路选择。1874年，马克思在《巴枯宁〈国家制度和无政府状态〉一书摘要》中指出，"应当促进土地的私有制向集体所有制过渡，让农民自己通过经济的道路来实现这种过渡"，而"不能像在巴枯宁的革命进军中那样用简单地把大地产分给农民以扩大小块地产的办法来巩固小块土地所有制"。[1]1894年，恩格斯在《法德农民问题》中又进一步指出，"我们对于小农的任务，首先是把他们的私人生产和私人占有变为合作社的生产和占有，不是采取暴力，而是通过示范和为此提供社会帮助"，"把自己的土地结合为一个大田庄，共同出力耕种，并按入股土地、预付资金和所出劳力的比例分配收入"。恩格斯还从假设方面进一步指出，"如果我们许下的诺言使人产生哪怕一点点印象，以为我们是要长期保全小块土地所有制，那就不仅对于党而且对于小农本身也是最糟糕不过的帮倒忙。这就简直是把农民解放的道路封闭起来"，"恰恰相反。我们党的义务是随时随地向农民解释：他们的处境在资本主义还统治着的时候是绝对没有希望的"。[2]1923年，列宁在口述的《论合作社》中指出，"使农民感到简便易行和容易接受的方法过渡到新制度"[3]，这是指从流通合作社入手，将农民引向生产合作。

无论是马克思、恩格斯对农业合作经济的构想，还是苏联、中国等社会主义国家发展农业合作经济的实践，尽管在土地等生产资料公有制是国有还是集体所有上有不同主张和实践，但在合作生产上是一致的。

---

[1]《马克思恩格斯选集》第3卷，人民出版社1995年版，第287页。
[2]《马克思恩格斯选集》第4卷，人民出版社1995年版，第498—499、499、501页。
[3]《列宁选集》第4卷，人民出版社2012年版，第768页。

从长时段考察实践和理论发展看，马克思、恩格斯在论述农业生产合作时，没有提出合作社可以实行家庭承包经营，这是受所处历史发展阶段的条件限制和理论发展进程的限制。马克思、恩格斯提出发展农业合作经济，论述的是无产阶级夺取政权后，如何避免小块私有土地下劳动附属于资本，进而改善农民状况和带来繁荣的可能性。在这样的发展阶段，即社会主义生产合作社还缺乏充分实践的历史条件下，主要构想农民发展的道路选择问题，难以预见农业生产合作实践中方方面面的问题，也难以论述社会主义农业生产合作社所有权与承包经营权分离的理论问题。在如此历史发展阶段和理论发展进程中，仅指明走农业生产合作道路，就足以表明马克思、恩格斯对于解决农民问题的历史性重大贡献。

党的十一届三中全会后，中国共产党尊重农民首创精神，总结推广农民在实践中创造的包括包工包产到组到户等多种"包字头"责任制，并从理论上进行了概括。

第一，明确集体经济实行家庭承包经营的社会主义性质。家庭承包经营是集体经济实行家庭承包经营的简称。家庭承包经营又有包产到户和包干到户等形式，因而改革开放初期形成了"以家庭联产承包为主的责任制"这一统称。无论是包产到户，还是包干到户，都坚持土地集体所有不变，都是集体经济下的家庭承包经营，与土地私有制为基础的农户经营不同。包产到户和包干到户在分配方式上有差别。前者是集体根据家庭承包额完成情况进行奖励或处罚，后者则是对家庭承包经营的收获实行交足集体承包额等后剩余全归农户，用农民自己的通俗语言表述，就是"交够国家的，留足集体的，剩下全是自己的"。正是基于集体所有下的经营方式及相对应分配方式的这些调整，1982年1月1日中共中央在批转的《全国农村工作会议纪要》（简称

1982年中央一号文件）中，作出包括包产到户、包干到户在内的多种"包字头"责任制姓"社"的重大判断，即"目前实行的各种责任制，包括小段包工定额计酬，专业承包联产计酬，联产到劳，包产到户、到组，包干到户、到组，等等，都是社会主义集体经济的生产责任制"。

第二，明确集体经济实行集体经营和家庭承包经营统分结合是马克思主义农业合作化理论的新发展。1983年1月2日中共中央印发的《当前农村经济政策的若干问题》（简称1983年中央一号文件）指出："党的十一届三中全会以来，我国农村发生了许多重大变化。其中，影响最深远的是，普遍实行了多种形式的农业生产责任制，而联产承包制又越来越成为主要形式。联产承包制采取了统一经营与分散经营相结合的原则，使集体优越性和个人积极性同时得到发挥。这一制度的进一步完善和发展，必将使农业社会主义合作化的具体道路更加符合我国的实际。这是在党的领导下我国农民的伟大创造，是马克思主义农业合作化理论在我国实践中的新发展。"

第三，明确集体经济实行家庭承包经营是农业"两个飞跃"中的第一个飞跃。邓小平于1990年3月3日提出农业"两个飞跃"论断："中国社会主义农业的改革和发展，从长远的观点看，要有两个飞跃。第一个飞跃，是废除人民公社，实行家庭联产承包为主的责任制。这是一个很大的前进，要长期坚持不变。第二个飞跃，是适应科学种田和生产社会化的需要，发展适度规模经营，发展集体经济。这是又一个很大的前进，当然这是很长的过程。"[1]这里作出实行家庭联产承包为主的责任制是"一个很大的前进"的第一个飞跃，从适应科学种田

---

[1]《邓小平文选》第3卷，人民出版社1993年版，第355页。

和生产社会化需要出发发展适度规模经营、发展集体经济是"又一个很大的前进"的第二个飞跃的重大判断,内含了发展农业合作经济要以生产力的发展为出发点和落脚点的导向。

基于实践发展作出上述三个方面的理论判断,丰富和发展了马克思主义农业合作经济理论,为包产到户、包干到户成为国家层面的正式制度和合作经济的健康发展提供了理论指引。

二、把家庭承包经营引入集体经济是因为有多种"包字头"责任制实践的历史基础

20世纪70年代末,农民在改革中实行家庭承包经营,这与集体经济组织自建立起即开始探索多种包字头责任制的实践基础相关。

农业生产合作社自建立起,如何改进劳动管理的命题就提出来了,国家层面也明确了建立生产责任制的方向。1955年11月9日,一届全国人大常委会第二十四次会议通过《农业生产合作社示范章程草案》,其中第四十条规定逐步地实行生产的责任制;第五十五条规定把劳动报酬上的按件制同劳动组织上的责任制结合起来,农业生产合作社应推行包工制;第五十六条规定农业生产合作社应尽可能从实行耕作段落的和季节的包工制(小包工),逐步过渡到常年包工制(大包工),根据完成情况予以奖罚。有些农业生产合作社在实践中突破示范章程规定,让作业组包工包产,有的作业组还悄悄实行社员户包工包产。1956年4月初,时任国务院副总理、中央农村工作部部长邓子恢在全国农村工作部长会议上指出:"包工包产势在必行!高级社没有包工包产不行,无论如何不行!"4月29日,《人民日报》发表《生产组和社员都应该包工包产》一文,介绍了安徽省芜湖地区一些合作社包工包产到组和四川省江津地区一些合作社包工包产到户的做法;指

出包产到组、到每一个社员,能够使社员更关心农业生产合作社的生产发展,以巩固急剧变革中建立起的社会主义合作制度。1957年春耕后,农业生产合作社形成了产包到队、工包到组、田间管理包到户等制度。1957年9月14日,中共中央发出《关于做好农业合作社生产管理工作的指示》,指出工包到组、田间管理包到户是建立生产责任制的一种有效办法;必须切实建立集体的和个人的生产责任制,普遍推行包工、包产、包财务的"三包制度",对超产给予提成奖励和对减产扣分,简称"三包一奖"。

改革开放前,尽管国家提出实行可到作业组的多种"包字头"责任制,却不允许包产到户。浙江省永嘉县受《人民日报》发表的《生产组和社员都应该包工包产》的启发,在燎原社试验包产到户成功后,1956年6月县委决定在全县推广,全县255个社实行包产到户。两个月后,温州地区占农户15%的1000多个社实行包产到户。广西环江对居住分散的社实行包产量、包工、包成本到户"三包到户"。包产到户在1957年6月开始的反右派运动中遭到批判,只有偏僻的合作社暗自保留下来。在20世纪50年代末和60年代初,包产到户又先后两次兴起,且规模一次比一次大。

十一届三中全会后实行家庭承包经营改革的成功突破,既有多种"包字头"责任制实践的基础,也有中央领导人支持的基础。在20世纪60年代初包产到户第三次兴起之际,邓子恢支持包产到户,刘少奇、陈云、邓小平等以不同方式表示支持。1962年邓小平从有利于生产力发展出发,表达了对包产到户的支持。他指出:"生产关系究竟以什么形式为最好,恐怕要采取这样一种态度,就是哪种形式在哪个地方能够比较容易比较快地恢复和发展农业生产,就采取哪种形式;群众愿意采取哪种形式,就应该采取哪种形式,不合法的使它合法起来。"[1]然而,当时主流观点认定包产到户是"单干"和对集体经济的否定,是走资本主义道路,因而三次兴起都遭受批判和被取缔。换言之,改革开放初期集体经济引入家庭承包经营,不是农民突发奇想,而是因为已有包括包产到户等多种"包字头"责任制实践的历史基础。

尽管改革开放前有实行多种"包字头"责任制的历史基础,但改革开放初期国家允许实行家庭承包经营的成功突破,并非一帆风顺,而是发生过激烈的走"阳关道"与"独木桥"之争,是经过艰辛努力才实现的。之所以能够突破责任制不能到户的禁区,至关重要的原因有两个方面:一方面是在十一届三中全会重新确立的解放思想、实事求是的思想路线下,以是否有利于解放和发展生产力作为改革取向。另外,还有一个很少有所提及的隐含的重要因素,那就是随着工业化的发展,工业自身积累能力增强,通过集体单一统一经营、统一分配来避免农业部门剩余转移到工业部门难度过大的需求减弱,即有了放活而实行家庭承包经营的物质条件。这些都是国家允许包产到户、包干到户在全国范围实行的不可或缺的因素。

三、集体经济引入家庭承包经营激活农村经济

以家庭承包经营为基础、统分结合的双层经营体制是中国共产党农村政策的重要基石。集体经济引入家庭承包经营,形成以家庭承包经营为基础、统分结合的双层经营体制,其显著的制度绩效在于激活了农村经济。

第一,集体经济引入家庭承包经营,解决了集体经济长期存在的平均主义分配问题。自全国建立单一高级农业生产合作社起,取消了

---

[1]《邓小平文选》第1卷,人民出版社1994年版,第323页。

初级农业生产合作社土地、耕畜、农具入股并分红制度，实行单一按劳分配。在实际操作上，集体劳动下的按劳分配，以出工时间计工分，再按社员所得工分核算分配，其中的平均主义分配问题没有得到解决，严重影响社员的积极性。社员在不能用脚投票（退社）的情况下，以出工不出力"磨洋工"的方式，表达对平均主义分配方式的抵制。不安于"搭便车"的农民，在多种责任制形式中选择包产到户、包干到户，解决了集体劳动存在的平均主义分配问题。农民在多种责任制形式中，偏好包产到户、包干到户，是因以家庭为单位承包经营，家庭组织成员生产的监督成本低。在包产到户和包干到户上，又因为操作更简捷和对农民激励更充分，使农民又偏向选择包干到户。由于农民积极性调动起来，改革开放前形成的生产力快速释放，在20世纪80年代前期全国农产品产量实现持续快速增长。

第二，集体经济引入家庭承包经营，重塑了农户经营主体，形成集体经营和家庭承包经营共同发展体制。一方面，集体经济引入家庭承包经营，在实际上形成了生产资料家庭所有制，促进了农户资本积累，加之允许农民在一定数量范围雇工经营、从事个体经营、购买汽车和拖拉机从事运输业等，以及放活农产品流通和农业剩余劳动力可经商务工，使农户日益成为独立的市场主体。这就拓展了农民的发展空间，农村多种经营在搞活政策下随之快速发展起来。另一方面，改革开放初期，在集体统筹和积累机制下发展起来的集体乡镇企业（1984年4月前称社队企业），又抓住了国家搞活政策的机遇，与非集体乡镇企业共同发展，实现了乡镇企业的异军突起。换言之，基于以家庭承包经营为基础、统分结合的双层经营体制的一系列搞活农村政策的实施，促进中国探索形成农村工业化、城镇化、农业现代化并进发展路径，也为公有制为主体、多种所有制经济共同发展奠定了基础。

农村集体经济引入家庭承包经营这一改革的成功突破，为国家整个经济体制改革探了路、积累了经验、提供了物质支撑，增强了中国共产党推进整个经济改革的信心，这是十二届三中全会审议通过《中共中央关于经济体制改革的决定》的历史逻辑之一。

1982年中央一号文件在明确中国农业必须坚持社会主义集体化道路的同时，还明确了两个"长期不变"，即土地等基本生产资料公有制长期不变和集体经济建立生产责任制长期不变。在1989年政治风波后的一段时间，有人又置疑家庭承包经营的社会主义性质，因而要不要坚持家庭承包经营制度成为一个必须明确的问题。1991年11月十三届八中全会对这一问题给予肯定，并把"以家庭联产承包为主的责任制、统分结合的双层经营体制"明确为"我国乡村集体经济组织的一项基本制度"。1998年十五届三中全会又将"以家庭联产承包为主的责任制、统分结合的双层经营体制"正名为"以家庭承包经营为基础、统分结合的双层经营体制"，使其名副其实。这些都更加明确了其在农村政策中的基石地位。

"以家庭承包经营为基础、统分结合的双层经营体制"是一个整体，两个层次的经营都要健康发展。包干到户激活了农村经济，有着不可磨灭的历史地位。然而，这一制度也有局限性，在社会化服务还没有充分发育起来前，小规模农户生产经营遇到与大市场对接难的问题，在较长时期内困扰着家庭经营的发展。同时，农民在包产到户和包干到户中选择后者，之后在农村税费改革中取消村提留和乡统筹，集体对家庭承包经营的剩余索取权缺失。加之一段时期的实践过程中，偏重家庭承包经营而忽视集体经营，集体乡镇企业改制进一步弱化了集体积累能力。诸方面因素叠加，集体统筹发展能力弱化，出现较多"空壳村"现象。

进入新时代，以习近平同志为核心的党中央以共享发展理念引领集体经营和家庭承包经营共同发展，在家庭承包经营方面实行所有权、承包权、经营权分置改革，在集体统一经营方面实行集体经济股份合作制改革及"三变"（即资源变资产、资金变股金、农民变股东）改革，大力促进集体经济发展壮大。在脱贫攻坚中，促进集体经济发展，并将其作为判断是否脱贫的重要条件之一。同时，基于大国小农的国情，采取完善社会化服务体系等诸多措施，促进小农户和现代农业发展有机衔接。完善以家庭承包经营为基础、统分结合的双层经营体制，促进集体经营和家庭承包经营共同发展，全面推进乡村振兴步伐才会更加稳健。

农业税费改革的重大意义与宝贵经验[*]

农业税是国家向从事农业生产、有农业收入的单位和个人征收农业税、农业特产税、牧业税和屠宰税的统称。农业税是中国进入工业化中期前特定经济社会发展阶段的产物。中国共产党在进入工业化中期发展阶段后,主动发起调整国民收入分配的农村税费改革,从2006年1月1日起废止《中华人民共和国农业税条例》,在全国范围内彻底取消农业税。这项对国家与农民经济关系的重大改革,意义深远,从根本上解决了农民负担重的问题,还促进了以上层建筑变革为核心的农村综合改革,促进了政府机构精简和职能转变,实现了城乡税制统一,促进公共财政覆盖农村政策的启动,进而构建起新的农村公共服务政策体系。

农业税:功能之变

农业税是历史延续下来的古老税种,在中国有两千多年的历史。中国共产党在新中国成立初期,仍然选择实行农业税,是因为中国仍

---

[*] 本文曾发表于《人民论坛》2021年第11月上期。

处于农业社会，农业仍然是国民经济的主体。1952年，第一产业增加值在整个国内生产总值中的占比高达50.5%。在这种产业结构下，农业税必然是国家的重要税源。

但是，中国共产党实行征收农业税政策，所要实现的功能，与历史上的功能有着本质不同。在古代农业社会，以农维生，以农维政，封建统治者征收农业税以享乐和维系国家机器运行为目的。中国封建社会的农业税，取之于民，用之于封建统治阶级，服务于封建统治阶级利益最大化。中国共产党征收农业税要实现的功能，与封建社会征收农业税用之于和服务于封建统治阶级完全不同，是坚持以人民为中心的发展思想，取之于民、用之于民和服务于民。

在新民主主义革命时期，中国共产党向农民征税，用于民族独立和人民解放。中国共产党与农民同呼吸共命运，领导农民进行革命，满足农民拥有一份耕地的夙愿，这就把解放农民和赢得农民统一起来。农民则历史性地选择中国共产党的领导，积极参加到革命队伍中，踊跃参军，积极提供支撑革命所需的粮、钱、物等，积极承担战勤，为革命作出了巨大贡献。在抗日战争时期，毛泽东同志非常明确地阐明了中国共产党的"仁政"观。他指出："有些同志不顾战争的需要，单纯地强调政府应施'仁政'，这是错误的观点。因为抗日战争如果不胜利，所谓'仁政'不过是施在日本帝国主义身上，于人民是不相干的。反过来，人民负担虽然一时有些重，但是战胜了政府和军队的难关，支持了抗日战争，打败了敌人，人民就有好日子过，这个才是革命政府的大仁政。""另外的错误观点，就是不顾人民困难，只顾政府和军队的需要，竭泽而渔，诛求无已。这是国民党的思想，我们决不能承袭。"[1]中

---

[1]《毛泽东选集》第3卷，人民出版社1991年版，第894页。

国共产党以"大仁政"为取向征收农业税和使用农业税，建立、发展和巩固了工农联盟，成功地走出了农村包围城市的革命道路。新中国成立后，中国共产党征收农业税，是用之于社会主义现代化建设，把增强国家综合国力和人民过上幸福生活统一起来。中国共产党坚持实行"大仁政"，集中财力促进工业化这个先导产业的发展，使国家综合国力大幅度提升，其显著标志是成功研制出"两弹一星"，是1971年中国在联合国合法席位得到恢复的基础；到20世纪70年代末，中国建立起独立的比较完整的工业体系和国民经济体系。这些都为中华民族迎来富起来的历史性飞跃奠定了基础，是以人民为中心的发展思想的本质体现。简言之，中国共产党从农民那里征收农业税，用于民族独立、人民解放和国家现代化建设，这是实现为人民谋幸福和为民族谋发展的必要之举。

中国共产党实行征收农业税政策，是基于所处特定的生产力水平——由农业社会向工业社会发展的经济社会发展阶段，从为中国人民谋幸福、为中华民族谋复兴角度出发，统筹全局与局部、长远与当下而作出的选择。中国共产党正是坚持实行"大仁政"，用好农业税等，发挥了用之于和服务于人民的功能。

农村税费改革的时间节点：进入工业化中期历史逻辑的必然

世纪之交，中国共产党果断作出推进农村税费改革，开启农业税政策的历史之变。实行了两千多年的农业税，为什么在21世纪初这个时间节点被取消？这是中国进入工业化中期发展阶段历史逻辑的必然。

第一，进入工业化中期阶段后，农业税这个传统税种已完成历史使命。世纪之交，中国国民经济不再以农业为主，农业在国民经济中所占份额已经很低，农业税收在整个国家税收中的份额也很低。1952

年至 2000 年，第一产业增加值在国内生产总值中的占比由 50.5% 下降至 14.7%，而包括工业在内的第二产业增加值的占比由 20.8% 提高到 45.5%，第三产业增加值的占比由 28.7% 提高到 39.8%。随着产业结构的变化，到 2000 年，农业各税在全国税收中的占比仅 3.7%，到了无足轻重之地位，已完成其使命。

第二，实行农村税费改革，旨在实现公平税负。在进入工业化中期的经济社会发展阶段后，继续征收农业税，不利于公平税负的实现。2000 年，全国农民人均可支配收入每月为 190.2 元，按劳动力计算，绝大多数农民达不到当时个人所得税起征点月收入 800 元的水平。进入工业化中期后，废除农业税，实行城乡统一税制，是实现公平税负的必然选择。

第三，进入工业化中期阶段后，征收农业税得不偿失。在市场经济条件下，征收农业税成本较高。到 2000 年，全国农业各税总计 465.31 亿元。据农业问题研究专家曾业松估算，全国农村税费征收成本约 200 亿元，不仅如此，还损害党与农民群众的关系。[1]

第四，以工农城乡关系"两个趋向"理论为依据。胡锦涛同志在党的十六届四中全会上指出："综观一些工业化国家发展历程，在工业化初始阶段，农业支持工业、为工业提供积累是带有普遍性的趋向；但在工业化达到相当程度以后，工业反哺农业、城市支持农村，实现工业与农业、城市与农村协调发展，也是带有普遍性的趋向。"[2]基于这一理论判断和进入工业化中期发展阶段，中央作出中国总体上到了以工促农、以城带乡的发展阶段的判断，实行农村税费改革也是落实党的十五届三中全会提出对"三农"实行"多予少取"的重要举措之一。

---

[1] 田永胜：《中国之重——32 位权威人士解读"三农"问题》，光明日报出版社 2005 年版，第 58 页。

[2] 《胡锦涛文选》第 2 卷，人民出版社 2016 年版，第 247 页。

第五，随着经济的发展，加之经过 1994 年分税制改革，中央财政状况好转，有较强的财政实力对农业实行直接补贴，因而取消农业税也有较强的财力支撑。

推进农村税费改革，是进入工业化中期阶段后中国共产党"大仁政"前后周期成功转换的标志之一。实行工农产品价格"剪刀差"和征收农业税政策是改革开放前"大仁政"下的选择。经过几十年的努力，在"大仁政"下，中国实现了工业化发展的政策目标。在世纪之交，鉴于中国已进入工业化中期，中国共产党将农业养育工业，转变为工业反哺农业，这就实现了"大仁政"前后周期的成功转换。

农村税费改革的推进：促进农民负担由治标到治本的转变

由征收农业税到取消农业税，这一税制变革及配套的农村综合改革的实施，促进了农民负担由治标到治本的转变。

在征收农业税的政策下，中国共产党致力于减轻农民负担。在解放战争快速胜利推进过程中，针对农民支持战争的负担有必要增加的问题，又避免不至于过重现象的发生，对农业税制进行改革，并规范战勤负担，从而调动起农民参加革命军队和支援革命战争的极大热情。在社会主义建设进程中，国家通过制定和施行《中华人民共和国农业税条例》(1958 年)、《关于制止向农民乱派款、乱收费的通知》(1985 年)、《关于切实减轻农民负担的通知》(1990 年)等政策文件，在减轻农民负担上发挥了积极作用，但仍属于治标性措施。

农村税费涉及一个复杂的系统。农村税费改革前，在农村建设事业费用由农民承担的政策下，村级组织、乡镇政府机构、有关涉农事业机构运转和发挥职能，农村基础设施建设、社会事业发展等，或多或少靠农村税费支撑。这也决定了农村税费改革前，针对农民减负的政策只能治标，不能治本。

从2000年启动的农村税费改革，到2006年1月1日起废除农业税，以及与之配套的农村综合改革，实现了农民负担由治标到治本的历史性之变。农村税费改革的实施，取消了面向"三农"的各种收费，包括取消、免收或降低标准的全国性及中央部门涉农收费项目150多项，取消农村"三提五统"、农村教育集资等收费项目，堵死了搭征收农业税便车向农民收取其他费用的渠道。取消农业税、农业特产税、牧业税和屠宰税四税，直接减轻农民税费负担约1250亿元，人均减负约140元，加上制止各种摊派、集资、乱罚款等，实际减少农民负担总额为1600亿元。[1]对于中国共产党取消农业税的历史之变，广大农民喜出望外，感受最为深刻。

农村税费改革成功推进的经验：承接制度改革成本和构建新的公共服务政策体系

农村税费支撑着农村各项事业发展，这就决定了农村税费改革需要国家财政承接相应支出，并构建新的公共服务政策体系，以消除农村税费改革后涉农部门、基层组织运行和发挥职能所需资金短缺的问题，并形成更有利于农村经济社会发展的政策支持体系。农村税费改革的成功推进，除中国到了工业化中期发展阶段这个最基本的宏观经济条件外，还由于基于这个条件调整财政支出政策，实行公共财政覆盖农村制度，及时解决了改革中遇到的问题。具体而言，主要从以下四个方面加以破解。

一是先行试点，测试改革压力，及时发现和解决改革中遇到的问

---

[1]《十七大以来重要文献选编》（中），中央文献出版社2011年版，第101页。

题。对于历史上延续下来的农业税,普遍认为这是农民应尽义务,而且这一认识根深蒂固。加之,取消村级提留和乡级统筹费用,以及其他多种费用,在短时期内会影响相关机构运行和工作的正常开展。在这种情况下,有的在执行过程中难免自觉性不够,对农村税费改革能否全面推行会持怀疑和观望态度。中央考虑到这些因素,一方面坚定改革农村税费的决心和信心,明确改革的最终目标是取消农业税和其他费用;另一方面进行试点,在试点中发现问题和完善政策,以消除对改革的疑虑,增强改革的自觉。

二是渐进减轻农业税负担,逐步适应农业税费减少的压力。在2000年中共中央、国务院印发的《关于进行农村税费改革试点工作的通知》中明确,农业税实行差别税率,最高不超过7%,同时允许征收比例最高不超过农业税正税20%的农业税附加,此外农民不再承担其他任何收费。到2004年,开始减免农业税,中央明确在5年内取消农业税,要求当年农业税税率总体上降低1个百分点。到2005年,才加快降低农业税税率的步伐,明确鼓励有条件的省区市自主进行免征农业税试点,全面取消牧业税。自2006年1月1日起,在全国范围内取消农业税。这种梯度减轻农民税费负担政策的实施,给了有关涉农部门、乡镇政府机构、村级组织一个适应期,以采取相应措施消化承接税费改革后经费来源减少的压力。

三是国家担当,支付税费制度改革成本。2000年中共中央、国务院印发的《关于进行农村税费改革试点工作的通知》中明确规定,省、市财政要加大对财政困难和贫困地区县、乡财政的转移支付力度,保障基层政府履行职能所需支出。之后出台《关于进一步做好农村税费改革试点工作的通知》(2001年)、《关于全面推进农村税费改革试点工作的意见》(2003年)等文件,对税费改革相关事宜给予更多指导。2006年国务院印发的《关于做好农村综合改革工作有关问题的通知》中明确，取消农业税后，中央财政将继续安排专项转移支付资金，对地方减少的收入给予适当补助，省级财政和有条件的市（地）、县（市）也要加大转移支付力度。针对农村税费改革后多数地方县乡财力紧张、农村基层政府和村级组织运转困难、农村公益事业发展缺乏资金问题，中央、省（区、市）及一部分地（市）级财政增加对农村基层的转移支付。从实践看，农村各项事业没有因为税费改革而暂缓推进，相反，在国家财政新增基础设施建设和社会事业发展费用向农村倾斜的情况下，还实现了快速发展。

四是实施综合配套改革，着力建立精干高效的农村行政管理体制和运行机制、覆盖城乡的公共财政制度、政府保障的农村义务教育体制，以巩固农村税费改革和促进农村各项事业发展。中央启动农村税费改革时，就厘清了农村税费改革涉及的方方面面，出台《关于进行农村税费改革试点工作的通知》（2000年）、《关于进一步做好农村税费改革试点工作的通知》（2001年）、《关于做好农村综合改革工作有关问题的通知》（2006年）、《中共中央 国务院关于积极发展现代农业扎实推进社会主义新农村建设的若干意见》（2007年）等文件，明确系统推进思路，在试点方案中明确了配套改革措施。

农村税费改革及与之相配套推进的农村综合改革，是影响深远的重大制度变革，具有重要历史地位：一是终结了两千多年延续下来的"皇粮国税"制度，实现了城乡税制统一和税负公平，从根本上减轻了农民负担，成功走出了"黄宗羲定律"。农村干群矛盾有效缓解，农村社会朝着和谐进步方向发展。二是改变了以前农村基础设施建设和社会事业发展主要通过向农民筹资筹劳的格局，促进了覆盖城乡公共财政制度的全面启动，强化了政府对农村义务教育、公共卫生、基础设施建设等方面的责任，形成了新的农村公共品和公共服务政策体系。三是农村税费减免的实现，降低了农业生产经营成本，也提高了中国农产品在国际市场上的竞争力，提高了农业效益和促进了农民增收，乃至促进内需的扩大和整个国民经济的发展。四是促进了上层建筑改革。农村税费改革促进了乡镇机构和人员精简、乡镇政府职能转变。农村税费改革后，基层政府的主要职能开始转变，由收取税费向更好提供公共品和公共服务转变，向为各类市场主体提供良好政策环境转变。这不仅把乡村基层干部从向农民催收粮款的繁重事务中解脱出来，而且农村基层政府和村级组织可以把更多精力投至社会治理和公共服务领域。

乡村改革发展的四次演进[*]

关于乡村改革发展历程的研究成果很多，有亲历者对乡村改革发展历程的回顾，如杜润生主编的《中国农村改革决策纪事》（中央文献出版社 1999 年版），《杜润生自述：中国农村体制变革重大决策纪实》（人民出版社 2005 年版），何康的《中国农业的改革与发展》（中国展望出版社 1988 年版），陈锡文、赵阳、罗丹的《中国农村改革 30 年回顾与展望》（人民出版社 2008 年版），余国耀的《求实集》（经济日报出版社 1996 年版）；有重要时间节点学者对乡村改革发展史的整体研究，如关锐捷主编的《中国农村改革二十年》（河北科学技术出版社 1998 年版），宋洪远主编的《中国农村改革三十年》（中国农业出版社 2008 年版），郑有贵、李成贵主编的《一号文件与中国农村改革》（安徽人民出版社 2008 年版），张晓山、李周主编的《中国农村改革 30 年研究》（经济管理出版社 2008 年版），孔祥智主编的《崛起与超越——中国农村改革的过程及机理分析》（中国人民大学出版社 2008 年版），韩俊主编的《中国经济改革 30 年·农村经济卷》（重庆大学出版社

---

[*] 本文曾发表于《宁夏社会科学》2018 年第 5 期，系国家社科基金重大委托项目"改革开放历史经验研究"（项目编号：2015MZD009）的阶段性成果。

2008年版），韩俊等的《中国农村改革（2002—2012）：促进三农发展的制度创新》（上海远东出版社2012年版），王盛开的《农村改革三十年：政策取向与利益诉求——改革开放以来中国共产党农村政策的历史考察与反思》（中国社会科学出版社2008年版）；有乡村改革发展专题史研究，如温铁军的《中国农村基本经济制度研究——"三农"问题的世纪反思》（中国经济出版社2000年版）。总体而言，改革开放以来，乡村改革发展史研究的特征是，突破了就"三农"论"三农"的视域，把乡村改革发展历史的研究纳入国家整个经济社会发展史考察。尽管如此，对乡村改革发展演变阶段及其特征的研究，有的侧重梳理历史始末及其逻辑，有的集中阐析乡村制度变迁与发展关系，还缺乏长时段对乡村经济社会改革发展与国家整个经济社会协同视域的研究。本文尝试把乡村改革经济社会发展史纳入国家整个经济社会发展史，通过协同发展视角的考察，对乡村改革发展的阶段性演进加以阐析。

一、1978—1984年乡村改革发展向重塑生产经营主体和实现农产品全面快速增长突围

20世纪70年代末至80年代初是乡村改革破冰期，重点是向缺乏活力的生产经营主体和以粮食为主的乡村产业结构突围。在解放思想、实事求是的思想路线下，以搞活为政策取向，尊重农民的首创精神，重塑生产经营主体，促进多种经营发展，形成新的乡村治理结构和发展路径。

1.冲破姓"资"姓"社"的桎梏，重塑充满生机和活力的农户经济。1962年9月中共八届十中全会通过的《农村人民公社工作条例修正草案》，规定农村人民公社实行"三级所有，队为基础"体制，从此延续至改革开放前。在清一色的人民公社中，以生产队为基本单元，实行

集体所有、统一经营、集中劳动、按工分分配。在生产队内部的分配上，成员与成员之间存在一定程度吃"大锅饭"的现象，农民在集体行动中的劳动投入得不到充分回报，他们的积极性也就没有充分调动起来。一些干部领导能力弱或管理经验不足的生产队，农民在集体劳动中存在出工不出力的"磨洋工"现象，加之自然条件、基础设施等生产条件差的原因，陷入吃粮靠返销、生产靠贷款、生活靠救济（简称"三靠"）的困境。"三靠"生产队之一的小岗村，1978年底首创了大包干（又称包干到户）。在中共十一届三中全会确立解放思想、实事求是的思想路线下，经历激烈的姓"社"姓"资"争论[1]，1982年中央一号文件《中共中央批转〈全国农村工作会议纪要〉》明确了"目前实行的各种责任制，包括小段包工定额计酬，专业承包联产计酬，联产到劳，包产到户、到组，包干到户、到组"都是社会主义集体经济的生产责任制[2]，即终于将包产到户和包干到户等多种责任制明确为姓"社"，由此家庭承包经营等多种责任制在全国普遍推广。包干到户实行交够国家的、留足集体的、剩下都是自己的分配方式，由于操作简便，深受农民欢迎，全国主要实行这一经营方式。在实行包干到户重塑起的农户经济，与社会主义改造前土地私有下的农户经济不同：一是，改革开放以来的农户经济，它是在坚持发展集体经济下，对集体的土地实行家庭承包经营。二是，在实行家庭承包经营的同时，还强调要坚持集体统一经营，形成以家庭承包为基础、统分结合的双层

---

[1] 吴象：《阳关道与独木桥——试谈包产到户的由来、利弊、性质和前景》，《人民日报》1980年11月5日，第2版；吴象：《阳关道与独木桥的大争论》，《经济世界》1998年第11期，第4—9页。
[2] 中共中央文献研究室、国务院发展研究中心编：《新时期农业和农村工作重要文献选编》，中央文献出版社1992年版，第116—117页。

经营体制。三是，家庭承包经营是农业的第一个飞跃，还要通过这一飞跃，为发展集体经济的第二个飞跃创造条件。四是，在实行家庭承包经营的基础上，促进多种形式的联合。在首次将包干到户明确为姓"社"的1982年中央一号文件就提出，要注意适应生产发展的需要，组织必要的协作和联合。既要倡导在生产队内个人与个人、个人与集体的协作和联合，也要允许跨社队、跨地区的协作和联合[1]。实践表明，实行包干到户后形成的充满生机和活力的生产经营主体，构建起乡村改革发展的新路径和新机制。

2. 突破政社合一，实行政社分设。改革开放前的人民公社实行政社合一体制。1980年4月，四川省广汉县向阳乡在全国率先把公社管理委员会的牌子换成了乡政府的牌子，拉开了政社分开改革的序幕。1982年12月五届全国人大五次会议审议通过的《中华人民共和国宪法》(简称1982年宪法)，规定要"改变人民公社政社合一的体制，设立乡政府，人民公社只是农村集体经济的一种组织形式"。自1983年10月中共中央、国务院发出《关于实行政社分开建立乡政府的通知》起，政社分开工作稳步推进，到1985年基本完成，由此乡村进入政社分开的新阶段。

3. 突破自上而下的行政管理方式，创建民主选举、民主决策、民主管理、民主监督的村民委员会。实行家庭承包经营后，一些地方的农民各顾各，社队基层组织涣散，甚至陷于瘫痪、半瘫痪状态，许多事情没有人负责，乱砍滥伐树林、民事纠纷等现象大量发生。为解决这些问题，广西壮族自治区宜山县于1981年在全国率先成立村民委员会，村集体事务实行群众自我管理和自我办理。在总结各地经验的

---

[1] 中共中央文献研究室、国务院发展研究中心编：《新时期农业和农村工作重要文献选编》，中央文献出版社1992年版，第128页。

基础上，将村民委员会写入 1982 年宪法，确立了村民委员会的法律地位。根据 1983 年 10 月中共中央、国务院《关于实行政社分开建立乡政府的通知》，在全国开始组建村民委员会。村民委员会的组建，将此前对村级的行政管理改为村民自治，实现了村级治理方式的历史性转变。

4. 突破农村即农业的产业政策逻辑，在发展多种经营的政策取向下，农民在全面发展农林牧副渔业的同时，还踏遍千山万水闯市场、吃尽千辛万苦办企业、说尽千言万语拉客户、历经千难万险谋发展（简称"四千四万"精神），实现社队工业的快速发展。社队工业的发展，缘于 1958 年毛泽东对人民公社实行工农商学兵结合的社会结构设想[1]，但由于改革开放前国家将工业主要集中在城市，在农村只限于发展小煤矿、小钢铁厂、小化肥厂、小水泥厂和小机械厂（简称"五小工业"），而且还受到各种条件限制，实际上没有很好发展起来，到 1978 年社队企业总收入 431.4 亿元，为人民公社三级经济总收入的 29.7%。中共十一届三中全会原则通过的《中共中央关于加快农业发展若干问题的决定（草案）》，提出"社队企业要有一个大发展"，中共中央、国务院于 1984 年 3 月转发农牧渔业部和部党组《关于开创社队企业新局面的报告》，将社队企业改称乡镇企业，提出要"充分利用农村的剩余劳动时间，逐步改变八亿人搞饭吃的局面"，突破了以往社队企业就地取材、就地生产和就地销售（简称"三就地"）的限制，明确乡镇企业由原来的社办、队办两个轮子一起转（即发展），向乡办、村办、联户办、户办的四个轮子一起转。在改革开放的条件下，社队企业由于机制灵活，农民不怕辛劳，改革前留下的社队企业的草根"春风吹又生"。

---

[1]《人民日报》1958 年 8 月 13 日，第 1 版。

在搞活经济的政策取向下，除重塑起生产经营主体外，还放开乡村集贸市场，加之实行中共十一届三中全会制定的提高农产品收购价格、降低农用工业品价格、减少农产品征购范围和基数等政策，农民的积极性得以充分调动，使改革开放前形成的生产力迅速释放，促进了农业的连年丰收和农民收入的高速增长。1978年到1984年，全国粮食产量由30476.5万吨增加到40730.5万吨，农民人均纯收入由133.6元增加到355.3元，年均增长15.6%。有了这样的基础，农民生活水平快速提高，很多农民的茅草房开始换成了砖瓦房，耐用品增加，农民文化生活日益丰富。

二、1985—2002年乡村改革发展向经济社会结构重构扩展

中共十二届三中全会明确社会主义经济是在公有制基础上的有计划的商品经济，并审议通过《中共中央关于经济体制改革的决定》，以此为标志，中国经济体制改革由以农村为重点进入到全面推进阶段。1985年起全面启动农产品统派购制度改革，开启了农民主要面向市场生产经营的新阶段，这被称为农村继第一步实行家庭承包经营后的第二步改革。基于农产品连年增产解除了供给严重短缺压力，甚至出现局部地区粮食难卖现象这样一种农产品供需状况，在市场机制下，农村一二三产业全面发展的结构调整步伐进一步加快。在这样的经济体制和经济发展态势下，乡村改革发展向经济社会结构重构扩展，乡村改革发展路径实现新的拓宽。

1. 在市场化改革进程中，面对家庭承包经营对产前、产中、产后多种服务的需求，开启农业社会化服务的发展路径。自实行家庭承包经营起，为农户生产经营提供服务的问题就提出来了，中央及时采取了一系列措施。1983年中央一号文件《中共中央关于印发〈当前农村

经济政策的若干问题〉的通知》，指出各项生产的产前产后的社会化服务已逐渐成为广大农业生产者的迫切需要；提出要处理好统与分的关系，社队要随着生产发展的需要，办好社员要求统一办的事情，为农户服务，集体向农户提供服务应向产前和产后延伸。1991年，国务院发出关于加强农业社会化服务体系建设的通知，明确了加强农业社会化服务体系建设中的有关问题。改革开放以来，农业社会化服务发展呈现一些特点，主要有：（1）家庭经营的服务需求成为新的商机，除原有的供销社、信用社、集体经济组织，在市场机制下还发育出多元化服务组织。（2）在计划经济向市场经济转型进程中，特别是计划经济下的生产资料计划采购和产品计划销售变成了市场购销，农民家庭经营所需要的服务多样化，主要通过市场获得。（3）农业服务组织的发展主要是在市场机制下实现的。

2. 面对家庭小规模生产经营与大市场对接难的问题，探索形成产加销、贸工农一体化的农业产业化经营。农业产业化经营由基层创造，但也并不是基层的突发奇想，而是沿着制度变迁的路径依赖。家庭承包经营的实行与市场化改革的推进，使家庭小规模生产经营与大市场对接发生困难，突出表现在，农民生产经营规模较小，船小好调头，根据市场行情发展生产，导致行情好时一哄而上，行情不好时一哄而下，这使市场波动加大，农民在剧烈市场波动中处于不利地位而遭受严重损失。同时，在中央促进联合和加强对农业提供产供销服务的指向下，一些农产品加工企业，尤其是农产品外贸型企业，实行订单生产，即通过与农民签订购销协议，与农民形成相对稳定的购销合作，企业可以获得数量和质量相对稳定的农产品，农民也不愁生产的农产品卖不出去，还有较稳定的收入预期。这样一种"公司+农户"模式的农业产业化经营，很快得到中央的认可，加以推广，促进了家庭小规模生产经营与大市场对接难问题的解决。"公司+农户"模式也存在缺陷，主要表现在，由于公司与农户是两个利益主体，相互之间存在博弈，公司与农户的位势有明显的强弱之差，以致农民不能充分分享发展成果。

3. 乡镇企业的异军突起，探索形成农村工业化路径。20世纪80年代中期，乡镇企业发展的政策环境发生了重大变化。一是，1984年3月中共中央、国务院转发农牧渔业部和部党组《关于开创社队企业新局面的报告》，特别是中共十二届三中全会通过《中共中央关于经济体制改革的决定》，不仅由于按照有计划的商品经济推进改革而有了更有利的经济体制保障，还使乡镇企业得到一系列政策支持。二是，在推进经济体制改革过程中，国有企业和城市经济快速发展，对还处于为国有企业进行配套生产或提供居民日常消费品的乡镇企业起到了快速拉动作用。三是，1985年改革农产品统派购制度，乡镇企业可以通过市场获得所需的农产品原料，也有利于乡镇企业发展农产品加工业。一系列改革和支持政策的实施，促进了乡镇企业的快速发展。到1988年，全国乡镇企业总数1888万个，从业人员9495万人，总产值6496亿元；1985—1988年乡镇企业年增长率，企业数为52.8%、从业人数为20.8%、总收入为58.4%。1987年6月12日，邓小平将乡镇企业的快速发展，赞誉为异军突起，还指出这是农村改革中完全没有预料到的最大收获[1]。乡镇企业的发展，探索出中国特色的农村工业化路径。在形成乡镇企业多种发展模式后，发生了以集体为主的"苏南模式"和以私营为主的"温州模式"的模式之争。在20世纪90年代建立现代企业制度过程中，乡镇企业属于小型企业，改成股份制企业，少数

---

[1]《邓小平文选》第3卷，人民出版社1993年版，第238页。

保留了集体股,绝大多数没有保留集体股,完全民营化,这一方面调动了经营者(在股份制改革中也成为主要的所有者)的积极性,一方面也弱化了集体经济的实力及发展基础。

4.调整城市化布局,探索形成农村城镇化路径。改革开放前,在优先发展重化工业的战略下,城市吸收农业人口的能力弱,发展速度较缓慢。改革开放初期,费孝通将小城镇视为大问题[1]。随着农村工业化和商品经济的发展,乡镇商品交换功能增强,一些农民从农业领域分离出来,到集镇从事服务业,加之允许少量在小城镇有固定收入来源的人转为非农业人口,即在农村乡镇户籍上开口子,农村城镇化步伐加快,探索出中国特色农村城镇化路径,避免了农村人口挤向大城市的弊端。

这一时期,尽管乡村改革拓宽了发展路径,但市场机制下乡村的弱质性和弱势地位问题开始显现,加之国有企业通过改革增加活力、"两个大局"战略思想的指引(即沿海地区要加快对外开放,使这个拥有两亿人口的广大地带较快地先发展起来,从而带动内地更好地发展,这是一个事关大局的问题。内地要顾全这个大局。反过来,发展到一定的时候,又要求沿海拿出更多力量来帮助内地发展,这也是个大局[2])等,资源向非农转移,加之城乡二元财政下乡村建设的困境、农民负担重等问题,乡村边缘化和发展明显滞后于城镇。这一时期,还可划分为几个小的阶段性。1985—1988年,粮、棉、油、糖等大宗农产品生产大幅度下滑,其他农产品快速增长,乡村企业异军突起,乡村产业结构快速变化;1989—1991年,在国民经济治理整顿中,农产品产量增长,但

---

[1]《江苏省小城镇研究课题组》编写:《小城镇 大问题——江苏省小城镇研究论文选》,江苏人民出版社1984年版,第1—40页。
[2]《邓小平文选》第3卷,人民出版社1993年版,第277—278页。

农民增产不增收，农民人均纯收入年增长仅1.9%；1992—2002年，乡村边缘化，农村劳动力快速非农化和流向东部沿海城市、大中城市，农村资金流向非农领域，城乡差距较大，"三农"问题凸显。这些表明，在市场经济下，由于乡村的弱质性和处于弱势地位，其发展需要政府的支持。

三、2003—2012年乡村改革发展向城乡一体化和社会主义新农村建设延伸

世纪之交，中国经济社会结构呈现重大的历史性特征，那就是经过半个世纪的现代化建设，进入到工业化中期，进入到中等收入国家行列，这为破解"三农"问题提供了新的重要条件。在科学发展观指导下，从全面建设小康社会的战略任务出发，触动到了为实施工业化战略而选择的城乡分治、农业养育工业政策，开始转为实行城乡一体化和工业养育农业的政策。工业、城市支持农业、乡村这样一种新的政策取向，形成了乡村改革发展新的政策逻辑，这一重大变化，开启了从工农、城乡关系层面促进乡村改革发展的路径。

1. 用重中之重的工作布局推动"三农"问题的解决。新中国成立起至世纪之交，中共中央、国务院高度重视"三农"工作，采取了一系列措施破解"三农"问题，突出体现在有十次中共中央全会以解决"三农"问题为主要议题，1982—1986年连续把当年中共中央的一号文件的主题锁定在解决"三农"问题。应当说，这期间中共中央、国务院对解决好"三农"问题高度重视。中共十六大起，在工作布局上，把解决好"三农"问题作为全党和政府工作的重中之重。中华人民共和国成立起至世纪之交和十六大起的两个时期相比，解决"三农"问题的政策取向和工作布局的逻辑发生重大变化。在政策逻辑上，前一时期，即便是在改革开放后的很长时期内，强调"农业是国民经济的

基础",仍然是从经济层面考虑的,仍然是要农业支持工业、农村支持城市。因此,在这样的产业政策逻辑下,一旦农业生产形势好转,就转向重视工业,总体上仍是在工作布局和政策安排上实行工业优先。在工作分工上,明确地方各级党委中必须有常委分管"三农"工作,改变了此前只在政府中有分管"三农"工作的状况。在政策安排上,2004年起连年出台以解决"三农"问题为主题的中央一号文件,2008年中共十七届三中全会还以解决"三农"为主题。在这样的组织领导工作布局和新的政策取向下,对解决好"三农"问题的高度重视,不仅仅是从经济层面考虑,还从社会发展层面考虑,向更加积极地建设社会主义新农村转变。

2. 通过促进农业自组织发展增强农业发展能力。实施家庭承包经营后,在家庭小规模生产经营面临诸多困难时,农民开始了自我组织的新的组织化。改革初期,由于城镇化进程不快,农民就地"两栖"劳作,商品经济活跃,但仍然是小规模商品生产,农民出售农产品难的问题只是局部现象,还不突出,对于组织起来合作生产经营的需求不强烈。随着中共十二届三中全会关于全面推进经济体制改革决定的实施和工业化、城镇化的快速发展,农业商品生产的规模逐步扩大,家庭小规模生产经营对于社会化服务的需要开始增加,但由于在合作经济上"一朝被蛇咬,十年怕井绳"的阴影下,促进农业组织化发展的政策和法律制度安排没有及时跟进,农业组织化缓慢。进入21世纪,从解决家庭小规模生产经营困难出发,2006年出台《中华人民共和国农民专业合作社法》,促进农业组织化快速发展。到2018年2月底,全国依法登记的农民专业合作社达204.4万家。改革开放以来与20世纪50年代的农业组织化有重大区别:(1)在合作上,都有需求,但合作内容有些变化。前一时期是在生产力水平极低的条件下,主要解决家庭生产工具不足的问题，还有服务国家工业化的需要。后一时期则是在社会生产力水平提高后，即前一时期家庭生产工具不足问题解决之后，解决家庭小规模生产经营与大市场对接难的问题，以及提高农业发展能力和竞争力的问题。（2）在组织化的方式上，前一时期明确遵循自愿，但在实践中，主要通过自上而下的行政方式推进；后一时期，政府引导合作，在市场机制下发展农民的自组织，自愿原则得到遵循。（3）在组织化的形式上，前一时期单一化，实行集体所有、集体统一经营、集中劳动、按工分分配；后一时期是基于土地集体所有下的家庭承包经营，合作形式多样化，也根据发展的需要，初期合作相对松散，随着生产经营的发展和农民合作意识的增强，合作内容逐步扩展，由开始提供技术信息服务到现今的多方面服务，并逐步向紧密合作型发展。21世纪起农民自组织的发展，增强了农业的发展能力和竞争力，也在促进农业现代化和农民增收上作出了贡献。

3. 把统筹城乡发展、城乡一体化改革、社会主义新农村建设统一起来。一段时期内，一提到新农村建设，就从20世纪30年代的新村运动找源头，到韩国学习新村运动的经验。社会主义新农村，无论当时是否使用这样一个概念，自中华人民共和国成立起就开始进行了。如果仅仅停留在当时是否使用这一概念，来判断中华人民共和国成立后是否进行过社会主义新农村建设，这实际上是把社会主义新农村建设狭义化，也把中华人民共和国成立以来的社会主义新农村建设的历史割裂了。2005年中共十六届五中全会明确提出建设社会主义新农村，有特定的历史场景：一是现实，即针对改革开放以来，在工业化、城镇化快速推进中农村边缘化现象，导致城乡差距较大和"三农"问题凸显，并对国家整个经济社会的进一步发展构成约束；二是理论，即中共十六大以来形成重中之重工作布局后，作出"两个趋向"

的重大论断。胡锦涛在 2004 年 9 月召开的中共十六届四中全会上指出："综观一些工业化国家发展历程，在工业化初始阶段，农业支持工业、为工业提供积累是带有普遍性的趋向；但在工业化达到相当程度以后，工业反哺农业、城市支持农村，实现工业与农业、城市与农村协调发展，也是带有普遍性的趋向。"[1]中共十六届五中全会提出并实施的建设社会主义新农村，与之前的社会主义新农村建设有不同之处：一是，新农村建设与农业发展关系的定位不同。之前，实际上有"先生产，后生活"（这一提法在农业上没有明确过，但在工业建设上则明确了这样一个政策取向）这样一个原政策，乡村建设是随着农业生产的发展而改善。毛泽东提出农业十七条并扩展为四十条的《一九五六年到一九六七年全国农业发展纲要》，主题是规划农业发展，但不限于此，对新农村建设也做了规划。1960 年 4 月二届全国人大二次会议通过的《关于为提前实现全国农业发展纲要而奋斗的决议》，更是直接指出 1956 年到 1957 年全国农业发展纲要是高速度发展中国社会主义农业和建设社会主义新农村的伟大纲领[2]。从这一纲要的主题、内容及二届全国人大二次会议通过的上述决议，以及长期的实践中，贯穿了农业发展先行并带动新农村建设这样一种政策逻辑关系。中共十六届五中全会提出推进社会主义新农村建设，包括了乡村建设的各个方面，把农业作为其内容之一，进而构建起与此前完全不同的农业发展与新农村建设的政策逻辑关系。二是，新农村建设的目标层次不同。此前的社会主义新农村建设目标，是与当时的生产力水平一致的，侧重解决物质层面的问题，最开始是解决温饱问题，也有诸如群众通俗形象的"楼上楼下，电灯电话"等表述。中共十六届五中全会是在全国人

[1]《胡锦涛文选》第 2 卷，人民出版社 2016 年版，第 247 页。
[2]《人民日报》1960 年 4 月 11 日，第 2 版。

民生活总体上达到小康水平后,提出按照"生产发展、生活宽裕、乡风文明、村容整洁、管理民主"的要求推进社会主义新农村建设,包括经济社会各个方面,而且要实现的目标水平更高。三是,支持政策取向不同。之前,在农业养育工业、农村支持城市的政策取向下推进社会主义新农村建设。在城乡二元财政政策下,新农村建设所需资金主要靠农民自己解决。中共十六大后,基于已进入工业化中期和中等收入国家行列,开启了农业养育工业向工业反哺农业、乡村支持城市向城市支持乡村的转变,并通过实施公共财政覆盖城乡政策,使新农村建设得到国家财政支持的保障。

正因为中共十六届五中全会以来是在更高起点上实施社会主义新农村建设,并与统筹城乡发展、城乡一体化改革统一起来,加之各地统筹规划新农村建设的推进,工业化、城镇化快速推进中的农村边缘化现象得到扼制,农业基础地位得以夯实,实现粮食连年增产,农民收入增长缓慢问题得以扭转(2010年农民人均纯收入增速转为高于城镇居民人均可支配收入增速),农村基础设施、村容村貌、农村社会事业、农村社会保障等方面取得了重大进展,朝着"广大农民学有所教、劳有所得、病有所医、老有所养、住有所居"的方向发展。

四、2013年至今乡村改革发展向新发展理念下的乡村振兴提升

中共十八大以来,为实现全面建成小康社会的战略目标,针对长期实施赶超发展实现高速增长(1979—2012年中国国内生产总值年增长9.8%)积累的资源过度消耗、经济质量不高、结构性矛盾等问题,作出了中国经济发展进入新常态的重大论断,提出推进供给侧结构性改革,促进由数量型向高质量转型。中共十九大明确中国特色社会主义进入新时代,把习近平新时代中国特色社会主义思想确立为党的指

导思想，提出实施乡村振兴战略。新发展理念下提出和实施乡村振兴战略，拓展了乡村改革发展的空间。

1. 实施乡村振兴战略，建立健全城乡融合发展体制机制和政策体系，加快推进农业农村现代化。中共十九大提出实施乡村振兴战略，与以往促进乡村发展有所不同：一是，重塑城乡关系，不同于以往长期的"以城带乡"思路，不仅推进城乡一体化，还向城乡融合发展递进，要求建立健全城乡融合发展的体制机制和政策体系，改变乡村人才、资金等生产要素向城市单向流动的格局，让农村能够留住和吸引人才，推动形成三次产业融合、城乡融合的新型关系。二是，对乡村发展予以了新的历史定位。随着经济社会的发展，也为适应人民生活水平提高的要求，在中共十六届五中全会提出按照"生产发展、生活宽裕、乡风文明、村容整洁、管理民主"推进社会主义新农村建设的基础上，中共十九大提出了新发展理念下按照"产业兴旺、生态宜居、乡风文明、治理有效、生活富裕"实施乡村振兴战略的更高目标要求，使乡村能够呈现各美其美、美美与共风貌，成为人居、产业、就业、文化、生态等有机统一的宜居和发展之地，也就改变了以往以城市作为中心而农村从属于城市的发展定位。三是，明确了中国特色社会主义新时代乡村改革发展的新方案，那就是乡村振兴要走城乡融合发展之路、走共同富裕之路、走质量兴农之路、走乡村绿色发展之路、走乡村文化兴盛之路、走乡村善治之路、走中国特色减贫之路，这构成了中国特色社会主义乡村振兴的内涵和路径[1]。

2. 落实新发展理念，拓展乡村发展空间。在总结改革开放以来经验的基础上，也基于中国经济进入新常态的重大判断，中共十八届五

---

[1] 人民日报评论员：《走中国特色社会主义乡村振兴道路——二论贯彻落实中央农村工作会议精神》，《人民日报》2018年1月1日，第2版。

中全会提出创新、协调、绿色、开放、共享发展理念,这对于乡村改革发展具有重大而深远的指导意义。新发展理念的提出和落实,使乡村的内涵更加丰富,乡村发展的空间得以拓展。一是,统筹推进经济、政治、文化、社会、生态建设,乡村不再单纯追求物质生产和国内生产总值的增长,拓展了乡村发展内涵,使乡村价值提升到与经济社会发展阶段相适应,将促进乡村转型升级。例如,乡村文化传承发展、生态文明建设与产业发展融合,使提供物质产品与精神产品统一于一体,使乡村功能的内涵发生了质的提升。二是,在共享发展理念下,促进合作经济和集体经济的发展。其中,促进集体产权制度改革,鼓励村民变成社区股份合作社、专业合作社、公司的股东,形成增加农民财产性收益的机制,将夯实共享发展的所有制基础。三是,实施脱贫攻坚,共同迈进全面小康社会。五年间,全国贫困人口减少6800多万,易地扶贫搬迁830万人,贫困发生率由10.2%下降为3.1%。

3. 推进供给侧结构性改革,促进乡村产业转型升级。中共十八大以来的供给侧结构性改革,与此前的历次乡村产业结构调整不同。改革初期促进农村多种经营发展,改变了农村单一发展农业的产业结构,农村二三产业迅速发展,而在农业内部,也改变了以粮食为主的产业结构。20世纪90年代,开始按照高产、优质、高效(当时简称"三高"农业)调整结构。90年代后期,随着农业的发展,作出了农业发展进入新阶段的判断[1],相应也提出了农业结构的战略性调整。随着城乡居民生活水平的提高,特别是对农产品生态和安全的需求日益强烈,在"三高"的基础上,又增加了生态和安全,即朝着高产、优质、高效、生态、安全等方向发展。简言之,此前的乡村产业结构调整,主

---

[1] 农业部软科学委员会课题组编:《中国农业发展新阶段》,中国农业出版社2000年版,第3—15页。

要是产业结构、产品结构、质量结构。此次供给侧结构性改革,是在经济发展进入新常态后,从产业组织制度、产业形态等全方位着力,既要促进产业结构、品种结构和质量结构的改善,还通过促进一二三产业融合发展,促进由产业低端向产业高端延伸、由价值链低端向价值链高端延伸。

综上所述,无论是中华人民共和国成立起至改革开放前,还是改革开放以来的40年,中国的乡村发展都不是孤立的,都是与国家整个经济社会发展联系在一起的,两者呈互动关系,国家经济社会的发展决定了乡村发展路径和政策选择。1978年以来,随着改革的不断深化和经济社会发展,这种协同互动的内涵不断拓展,由1978—1984年重塑生产经营主体和实现农产品全面快速增长的突围,到1985—2002年乡村经济社会结构重构,到2003—2012年向城乡一体化和社会主义新农村建设延伸,2013年至今则提升为新发展理念下的乡村振兴。这样一个渐进拓展的改革发展历程,构成了乡村经济社会改革发展与国家整个经济社会改革发展协同互促的结构图谱。

第三部分 脱贫攻坚

深度贫困地区为何脱贫难

——深度贫困地区经济发展的几个障碍*

经历了改革开放 40 年的持续扶贫,特别是党的十八大以来的五年,全国贫困发生率快速下降了 7.1 个百分点,取得了突出的成绩。但同时,我们也不能忽视,目前尚有一些深度贫困地区没有脱贫。这一现象的根源何在?是否存在难以走出的"贫困陷阱"?这其中既有历史因素,也有众所周知的深度贫困地区自然环境差、经济基础薄弱、贫困程度较深等原因,还有深度贫困地区经济社会发展到新的水平并进入高质量脱贫阶段出现的新问题和新挑战。厘清这些问题,清醒认识到扶贫工作的新挑战和艰巨性,有利于我们实施更有针对性的扶贫策略,真正做到精准施策。

深度贫困地区产业转型升级缓慢,发展不充分

深度贫困地区,如西藏、四省藏区、南疆四地州、四川凉山州、云南怒江州、甘肃临夏州,以及贫困发生率超过 18% 的贫困县和贫困

---

* 本文曾发表于《人民论坛》2018 年第 11 月中期,系国家社科基金重大委托项目"改革开放历史经验研究"(项目编号:2015MZD009)的阶段性成果。

发生率超过 20% 的贫困村，如今究竟是什么样的贫困状态？改革开放以来，特别是党的十八大以来，深度贫困地区脱贫攻坚取得了显著成效：深山沟里的路通了，与外部交流交往便捷了，生产生活条件极其恶劣之地的贫困户在实施易地扶贫搬迁之后，生产生活条件有了较大改善。随着脱贫攻坚的不断推进，新的问题也随之而来：如今深度贫困地区的主要问题，已不再是温饱问题，而是产业转型升级发展缓慢等突出问题。

党的十九大报告提出实施乡村振兴战略，其中首先要实现的就是产业兴旺。长久以来，深度贫困地区面临产业难兴的问题。在改革开放初期的农村工业化进程中，深度贫困地区因地处偏僻这一地缘劣势，失去了通过工业化实现脱贫致富的机会。如今，在经济向高质量发展的进程中，深度贫困地区产业发展面临两个方面的难题。

一是产业转型升级难。深度贫困地区能否脱贫，主要取决于能否因地制宜地实现产业转型升级。当前，全国已进入一二三产业融合发展的新阶段，而深度贫困地区仍然以较为单一的农业为主，产业基础较薄弱，新产业发展缓慢，新业态发育不充分。即便是已经发展起来的新产业，也仍旧处于产业链和价值链的低端。

二是资源价值转变成现实经济价值难。随着人民群众对绿色生态和乡村文化的消费需求日益增长，乡村不仅主要提供农产品，还要日益发挥出生态、文化等多种功能。由此，发展高价值原生态农产品、乡村休闲体验、康养、民俗文化旅游等产业的机会日益增加。乡村资源价值的提升，为乡村振兴提供了新的机遇。远离工业的深度贫困地区，保留了传统文化村落，原始的自然生态几乎没有遭到破坏。这些深度贫困地区工业化发展的先天缺陷，现在看来反而成为其后发优势。不少贫困村借助自然优势，大力发展具有地域特色的乡村文化，并将其开发成为休闲体验之地、生态民俗旅游之地、康养之地，因地制宜地谱写"绿水青山就是金山银山"的篇章。然而，由于缺乏充足的资本和开拓市场的人才，目前仍有一些深度贫困地区难以有效将优势资源转化为经济价值，更难以惠及贫困人口。

深度贫困地区内生发展能力提升慢，发展不平衡

习近平总书记在十九大报告中提出"坚决打赢脱贫攻坚战"，作出"脱真贫、真脱贫"的动员和部署。深度贫困地区和贫困人口能不能真脱贫，根本上取决于其内生发展能力是否能够得到有效提升。深度贫困地区内生发展能力较弱，而且提升难度较大，与其历史上长久积累的因素不无关系。如自然条件恶劣、地处偏僻、历史上就较为贫困，以及文化素质、科技素质和经营能力差，等等。

针对深度贫困地区和贫困人口内生发展能力弱等问题，党和国家在加大扶持力度的同时，也在不断改进扶贫方法，由"输血"转为"造血"，由大水漫灌转为精准施策，使深度贫困地区的内生发展能力有所提升。尽管如此，集中连片的特困地区、民族地区、边疆地区等深度贫困地区内生发展能力弱的问题仍然较为突出。这些地区长期单家独户，组织化程度低，缺乏发展大规模商品生产的历练，竞争力、抗风险能力较弱。即便有外部企业参与产业扶贫，将其纳入产业链，深度贫困地区仍然以提供原料为主。在这样一个被带动发展的过程中，深度贫困地区内生发展能力的提升还不能适应脱贫，乃至由脱贫向乡村振兴转变的要求。不仅如此，在马太效应和循环积累因果效应的影响下，深度贫困地区的大学生等人才一旦外出就业、外出创业，就很少有人愿意主动回乡参与建设。人才的缺乏，也是深度贫困地区内生发展能力难以提升的重要原因。

此外，深度贫困地区内部发展不平衡的现象也十分值得我们关注。在脱贫攻坚政策的引导下，十八大以来的五年，全国贫困人口减少了 6800 多万，其中一部分人成为致富带头人。先富与后富，可能有两种发展态势：一种是先富者通过"党支部 + 合作社 + 农户"的方式，建立发展成果共享机制，能够实实在在地带领贫困人口脱贫致富。还有一种可能，就是一些个人先富起来，但与其合作的贫困户还不能充分享有共同发展的成果，由此可能导致贫困人口发展空间缩小的现象。

由深度贫困地区内生发展能力弱而带来的发展不平衡问题是相当不易破解的，甚至不排除有使发展不平衡问题扩大的可能性，这也成为我国脱贫攻坚过程中面对的一大严峻挑战。

一些深度贫困地区产业扶贫在资源利用、发展成果分享、项目建设等方面存在隐患

2017 年 10 月，习近平总书记在十九届中共中央政治局常委同中外记者见面时指出："我们将举全党全国之力，坚决完成脱贫攻坚任务，确保兑现我们的承诺。"在党中央的坚强领导下，社会力量积极参与脱贫攻坚，形成了全社会扶贫的局面，书写了人类反贫困历史奇迹并提供了中国经验。

这一过程是尊重市场经济规律的过程。外部企业在深度贫困地区实施产业扶贫，把深度贫困地区的产业纳入其产业链，使双方都能从中获益：企业拥有了优质产品生产基地，深度贫困地区的产业发展则具备了一定的基础，很多贫困人口由此脱贫致富。尽管如此，一些地方在产业扶贫发展到一定阶段后，依然可能衍生出新的问题。

其一，资源利用不合理。当前，一些作为产业扶贫骨干力量的企业，有的注重眼前利益，过度开发资源，导致贫困地区的生态环境遭到破坏；有的注重局部利益，如在深山沟中建水塘、水库时，如果缺乏全流域统筹，就很可能引发下游居民用水困难和人身财产安全等问题；有的利用传统文化村落发展旅游业，但由于缺乏统筹规划，一些地方出现了低水平、同质化的恶性竞争现象，造成重复建设和资源浪费，不利于深度贫困地区和贫困人口实现有效增收。

其二，发展成果分享不充分。在新的发展理念指引下，深度贫困地区在促进发展成果共享方面采取了多样化的措施，如发展合作社和鼓励农民以土地承包经营权入股等。然而，有的企业与贫困地区的贫困者并没有形成利益共同体，仍然是两个独立的利益体，因而容易导致发展成果分享得不充分。

其三，产业扶贫项目合作建设机制不完善。党和国家果敢担当起脱贫攻坚的重任，惠及了广大贫困地区及贫困人口。但在具体实践中，一些产业扶贫项目建设的实施方案也或多或少存在着缺陷，可能形成新的隐患。例如，一些地方政府为尽快促进深度贫困地区产业发展、实现脱贫，引入外地较成功的农业产业化龙头企业，利用贫困户的贫困贷款入股企业，建加工厂，在建期间按一定股息给贫困户分红，项目建好投产后让贫困户退股。这种做法虽然有利于解决产业扶贫项目建设资金不足的问题，有助于较快实现产业扶贫的目标，但也存在隐患：如果因为市场变化，加工厂不能投入运营，那么贫困户就会因还贷而债务缠身，从而陷入更加贫困的境地；如果顺利投产，让贫困户退股，那么在承担投资风险后，贫困户仍旧处于产业链和价值链的低端，虽能在一定程度上摆脱贫困，却不利于进一步致富和促进乡村振兴。

集体经济发展缓慢，促进乡村发展的机制不够健全

2016年3月，习近平总书记在贵州召开部分省区市党委主要负责同志座谈会时强调："消除贫困、改善民生、实现共同富裕，是社会主义的本质要求，是我们党的重要使命。"从实践看，能否脱真贫、真脱贫，把党的脱贫致富和促进全体人民共同富裕的政策落到实处，关键在于能否增强农村党组织的凝聚力，增强社区集体积累和统筹发展的能力。

一直以来，各地在促进深度贫困地区集体经济的发展上采取了不少措施，很多地方把集体经济的发展情况作为衡量是否脱贫的重要指标。尽管如此，深度贫困地区集体经济的发展依然较为缓慢。如果这一组织制度发展问题得不到破解，深度贫困地区跨越发展的机制就难以形成，促进经济社会协调发展的机制也难以健全。

经济社会协调发展难。由脱贫向乡村振兴跨越，不仅要产业兴旺，而且要促进乡村经济社会协调发展。虽然国家在乡村道路、社会事业等方面给予倾斜，快速改善了深度贫困地区的面貌，但深度贫困地区仍然与乡村振兴的要求有一定差距。各地在扶贫攻坚中探索出"党支部＋合作社＋农户"的产业扶贫模式，有效促进了产业发展，也带动了成员脱贫致富。但作为成员之间的互利性经营主体，合作社一般不会也难以承担起乡村社区建设的任务。在集体经济不能发展壮大的情况下，深度贫困地区社区集体积累和统筹能力就会相对薄弱，对国家财政支持的强依赖问题也不易解决。

社会治理存在一定的隐患。有的深度贫困地区，因为集体经济没有发展起来、党组织缺乏凝聚力、基层组织功能弱化而存在社会治理的隐患，难以在维护社会稳定中发挥好"防火墙"的作用，或将影响经济发展和脱贫致富的实现。

脱贫攻坚伟大实践
孕育中国特色反贫困理论[*]

伟大实践孕育理论创新。在全国脱贫攻坚总结表彰大会上,习近平总书记系统论述了脱贫攻坚实践中形成的中国特色反贫困理论,即"七个坚持":坚持党的领导,为脱贫攻坚提供坚强政治和组织保证;坚持以人民为中心的发展思想,坚定不移走共同富裕道路;坚持发挥我国社会主义制度能够集中力量办大事的政治优势,形成脱贫攻坚的共同意志、共同行动;坚持精准扶贫方略,用发展的办法消除贫困根源;坚持调动广大贫困群众积极性、主动性、创造性,激发脱贫内生动力;坚持弘扬和衷共济、团结互助美德,营造全社会扶危济困的浓厚氛围;坚持求真务实、较真碰硬,做到真扶贫、扶真贫、脱真贫。中国特色反贫困理论深刻揭示了脱贫攻坚取得全面胜利的制胜之道,具有很强的思想性、指导性、针对性。

坚持党的领导

脱贫攻坚必须坚持党的领导,是中国特色反贫困理论对马克思主

---

[*] 本文曾发表于《红旗文稿》2021年第7期。

义反贫困理论的丰富和发展。习近平总书记强调："越是进行脱贫攻坚战，越是要加强和改善党的领导。脱贫攻坚战考验着我们的精神状态、干事能力、工作作风，既要运筹帷幄，也要冲锋陷阵。各级党委和政府必须坚定信心、勇于担当，把脱贫职责扛在肩上，把脱贫任务抓在手上，拿出'敢教日月换新天'的气概，鼓起'不破楼兰终不还'的劲头，攻坚克难，乘势前进。""各级领导干部要从巩固党执政的阶级基础和群众基础、从保持同人民群众的血肉联系的高度出发，保持顽强的工作作风和拼劲，满腔热情做好脱贫攻坚工作。"

党的坚强领导为脱贫攻坚提供了根本的政治和组织保证，是脱贫攻坚的"定盘星"。习近平总书记指出："必须坚持发挥各级党委总揽全局、协调各方的作用，落实脱贫攻坚一把手负责制，省市县乡村五级书记一起抓，为脱贫攻坚提供坚强政治保证。"各级党组织和广大共产党员坚决响应党中央号召，尽锐出战，不负人民，以热血赴使命、以行动践诺言，在脱贫攻坚这个没有硝烟的战场上呕心沥血、建功立业。

坚持以人民为中心的发展思想

摆脱贫困，是中国人民孜孜以求的梦想，是实现中华民族伟大复兴中国梦的重要内容。中国特色反贫困理论明确脱贫攻坚必须坚持以人民为中心的发展思想，坚定不移走共同富裕道路，回答了脱贫攻坚的价值和目标取向问题。

坚持以人民为中心的发展思想，强调消除贫困、改善民生，是中国共产党坚持全心全意为人民服务根本宗旨的重要体现。1986年3月28日，邓小平会见外宾时指出："我们的政策是让一部分人、一部分地区先富起来，以带动和帮助落后的地区，先进地区帮助落后地区是一个义务。"1999年6月9日，江泽民在中央扶贫开发工作会议上指出："农村贫困群众最盼望、最着急的就是吃饱穿暖，进而过上比较富裕的日子。帮助贫困群众实现这个愿望，是党的为人民服务宗旨的最实际的体现。"2011年11月29日，胡锦涛在中央扶贫工作会议上指出："把稳定解决扶贫对象温饱、尽快实现脱贫致富作为首要任务。"习近平总书记最牵挂的是困难群众。2018年11月1日，习近平总书记在致改革开放与中国扶贫国际论坛的贺信中指出，我们将坚持以人民为中心的发展思想，确保到2020年消除绝对贫困。他强调："我们要牢记人民对美好生活的向往就是我们的奋斗目标，坚持以人民为中心的发展思想。""小康不小康，关键看老乡，关键看贫困老乡能不能脱贫"，"决不能落下一个贫困地区、一个贫困群众"。习近平总书记的重要论述，生动地明确了坚持以人民为中心促进全体人民共同富裕取向的目标体系和政策体系，厘清了决胜全面建成小康社会要抓的重点、要补的短板、要强的弱项的工作布局。

进入新时代，针对发展不平衡不充分的实际，特别是还有几千万贫困人口问题，习近平总书记指出："消除贫困、改善民生、逐步实现共同富裕，是社会主义的本质要求，是我们党的重要使命。""贫穷不是社会主义。如果贫困地区长期贫困，面貌长期得不到改变，群众生活长期得不到明显提高，那就没有体现我国社会主义制度的优越性，那也不是社会主义。"这些重要论述丰富和发展了社会主义本质要求的内涵，增强了脱贫攻坚的自觉和使命担当。坚持以人民为中心的发展思想，坚定不移走共同富裕道路，把群众满意度作为衡量脱贫成效的重要尺度，集中力量解决贫困群众基本民生需求，使脱贫攻坚的阳光照耀到了每一个角落。脱贫攻坚取得全面胜利，标志着党在团结带领人民创造美好生活、实现共同富裕的道路上又迈出了坚实的一大步。

坚持发挥我国社会主义制度能够集中力量办大事的政治优势

脱贫攻坚要充分发挥我国社会主义制度能够集中力量办大事的政治优势，形成脱贫攻坚的共同意志、共同行动，回答了脱贫攻坚如何聚集力量的问题。

在容易脱贫的地区和人口已经解决得差不多的情况下，脱贫攻坚进入啃硬骨头、攻坚拔寨的冲刺期，要解决的是贫困程度更深、减贫成本更高、脱贫难度更大的贫困人口，采用常规思路和办法，按部就班地干，难以按期完成脱贫任务。2015年6月18日，习近平总书记在部分省区市扶贫攻坚与"十三五"时期经济社会发展座谈会上指出，坚持党的领导，发挥社会主义制度可以集中力量办大事的优势，这是我们的最大政治优势。

脱贫攻坚要形成共同意志、共同行动。在习近平新时代中国特色社会主义思想指引下，发挥我国社会主义制度能够集中力量办大事的政治优势，广泛动员全党全国各族人民以及社会各方面力量共同向贫困宣战，举国同心，合力攻坚，党政军民学劲往一处使，东西南北中拧成一股绳。千千万万的扶贫善举彰显了社会大爱，汇聚起排山倒海的磅礴力量，解决了许多长期想解决而没有解决的攻坚难题，彰显了社会主义制度的伟力。

坚持精准扶贫方略

中国特色反贫困理论明确坚持精准扶贫方略，用发展的办法消除贫困根源，回答了脱贫攻坚需要什么样的科学路径和持久动力的问题。

脱贫攻坚，贵在精准，重在精准。2015年11月，习近平总书记在中央扶贫开发工作会议上全面论述了精准扶贫方略，强调要做到"六个精准"，即扶持对象精准、项目安排精准、资金使用精准、措施到户精准、因村派人精准、脱贫成效精准。随着"精准扶贫"理念的贯彻，坚持对扶贫对象实行精细化管理、对扶贫资源实行精确化配置、对扶贫对象实行精准化扶持，建立了全国建档立卡信息系统，确保扶贫资源真正用在扶贫对象上、真正用在贫困地区；打出了一套政策组合拳，因村因户因人施策，因贫困原因施策，因贫困类型施策，对症下药、精准滴灌、靶向治疗，真正发挥拔穷根的作用；下足绣花功夫，扶贫扶到点上、扶到根上、扶到家庭，防止平均数掩盖大多数。精准扶贫方略是扶贫理念和方式的创新，明确了脱贫攻坚的科学路径，回答了扶持谁、谁来扶、怎么扶、如何退等问题。

用发展的办法消除贫困根源。习近平总书记指出，要紧紧扭住发展这个促使贫困地区脱贫致富的第一要务。坚持开发式扶贫方针，坚持把发展作为解决贫困的根本途径，改善发展条件，增强发展能力，实现由"输血式"扶贫向"造血式"帮扶转变，让发展成为消除贫困最有效的办法、创造幸福生活最稳定的途径。

精准扶贫方略为世界减贫事业提供了重要经验。2018年，第73届联合国大会将"精准扶贫"等理念写入关于消除农村贫困问题的决议。联合国秘书长古特雷斯表示，精准扶贫方略是帮助贫困人口、实现2030年可持续发展议程设定的宏伟目标的唯一途径，中国的经验可以为其他发展中国家提供有益借鉴。

坚持调动广大贫困群众积极性、主动性、创造性

脱贫攻坚取得全面胜利，靠的是广大贫困群众激发了奋发向上的精气神，艰苦奋斗、苦干实干、用自己的双手创造幸福生活的精神。中国特色反贫困理论明确坚持调动广大贫困群众积极性、主动性、创造性，激发脱贫内生动力，回答了脱贫主体是谁和如何使脱贫具有可持续的内生动力的问题。

脱贫必须摆脱思想意识上的贫困，激发脱贫主体的内生动力。习近平总书记强调，"扶贫先要扶志，要从思想上淡化'贫困意识'"。"摆脱贫困首要并不是摆脱物质的贫困，而是摆脱意识和思路的贫困。"把人民群众对美好生活的向往转化成脱贫攻坚的强大动能，贫困群众的精神世界得到充实和升华，信心更坚、脑子更活、心气更足，发生了从内而外的深刻改变。

习近平总书记反复强调，要注重扶贫同扶志、扶智相结合。中国特色反贫困理论把人的全面发展作为根本目标，强调不仅仅要解决贫困群众的物质生存问题，更重要的是要提升精神文明，促进人的全面发展，从而赋予贫困治理超越温饱目标和面向美好生活的新内涵。

坚持弘扬和衷共济、团结互助美德

"人心齐，泰山移。"创造农村贫困人口全部脱贫这一彪炳史册的人间奇迹，靠的是全党全国各族人民的团结奋斗。在这场前所未有的脱贫攻坚战中，激发了全社会向上向善的正能量，合力拔穷根、携手奔小康，彰显了中国人民万众一心、同甘共苦的团结伟力。中国特色反贫困理论明确坚持弘扬和衷共济、团结互助美德，营造全社会扶危济困的浓厚氛围，回答了如何充分发挥我国国家制度和国家治理体系的显著优势，弘扬美德、凝聚社会大爱，广泛动员全社会积极参与扶贫善举，众志成城实现脱贫攻坚目标。

推动全社会践行社会主义核心价值观，传承中华民族守望相助、和衷共济、扶贫济困的传统美德，引导社会各界关爱贫困群众、关心减贫事业、投身脱贫行动。2014年，首个扶贫日之际，习近平总书记作出重要批示指出，我国将每年10月17日设立为"扶贫日"，并于今年第一个扶贫日之际表彰社会扶贫先进集体和先进个人，进一步部署社会扶贫工作，对于弘扬中华民族扶贫济困的传统美德，培育和践行社会主义核心价值观，动员社会各方面力量共同向贫困宣战，继续打好脱贫攻坚战，具有重要意义。

推动东西部地区协作实现互利双赢、共同发展。2016年7月20日，习近平总书记在东西部扶贫协作座谈会上指出，新形势下，东西部扶贫协作和对口支援要注意由"输血式"向"造血式"转变，实现互利双赢、共同发展。东西部扶贫协作和对口支援，是推动区域协调发展、协同发展、共同发展的大战略，是加强区域合作、优化产业布局、拓展对内对外开放新空间的大布局，是实现先富帮后富、最终实现共同富裕目标的大举措。

坚持求真务实、较真碰硬

中国特色反贫困理论明确坚持求真务实、较真碰硬，做到真扶贫、扶真贫、脱真贫，回答了脱贫攻坚要以什么样的作风加以实现的问题。

突出实的导向，着力真扶贫、扶真贫、真脱贫。习近平总书记在谈到对贫困地区调研的目的时指出，我到这些地方调研的目的只有一个，就是看真贫、扶真贫、真扶贫。习近平总书记强调："做好扶贫开发工作，尤其要拿出踏石留印、抓铁有痕的劲头，发扬钉钉子精神，锲而不舍、驰而不息抓下去。"

实行最严格的考核评估。习近平总书记指出，要建立年度脱贫攻坚报告和督查制度，加强督查问责，把导向立起来，让规矩严起来。"对省级党委和政府脱贫攻坚工作成效进行考核，是倒逼各地抓好落实的重要手段。考核不能走过场，不能一团和气。考核不严格，对问题不较真，等于鼓励敷衍了事、弄虚作假。"

中国特色反贫困理论是在立足我国国情、把握减贫规律而成功走出中国特色减贫道路中形成的，系统回答了脱贫攻坚的政治和组织保证、价值和目标取向、力量和制度支撑、路径和动力持久、主体和内力激发、美德和力量凝聚、务实和求真作风等一系列重大问题，深刻揭示了脱贫攻坚取得全面胜利的制胜之道。中国特色反贫困理论是我国脱贫攻坚伟大实践的理论结晶，是马克思主义反贫困理论中国化的最新成果，是习近平新时代中国特色社会主义思想的重要组成部分，必须长期坚持并不断发展。

由脱贫向振兴转变的实现路径及制度选择[*]

中共十九大提出实施乡村振兴战略,深度贫困地区迎来了由脱贫向振兴转变的新机遇。习近平总书记同采访十九大的中外记者见面时指出:"全面建成小康社会,一个不能少;共同富裕路上,一个不能掉队。我们将举全党全国之力,坚决完成脱贫攻坚任务,确保兑现我们的承诺。"[1]在实现2020年扶贫攻坚任务后三年的关键时刻,应按照十九大提出的为实现人民对美好生活的向往继续奋斗的要求,以更长远的发展眼光,利用好国家扶贫政策,特别是利用好国家财政扶贫资金,作出与之对应的制度选择,形成能够促进跨越发展的机制性优势,突破深度贫困地区处于劣势地位的贫困陷阱,振兴乡村,实现由脱贫向发达富裕的重大历史性转变。这不是另起炉灶,而是以扶贫攻坚为契机和基础,通过对已形成机制的完善,增强深度贫困地区农村的内生发展能力,促进乡村发展层次的提升。近年来,宁夏回族自治区固原市在扶贫攻坚实践中,探索出"党支部+合作社+农户"的促进产

---

[*] 本文曾发表于《宁夏社会科学》2018年第1期,系国家社科基金重大委托项目"改革开放历史经验研究"(项目编号:2015MZD009)的阶段性成果。
[1]《人民日报》2017年10月26日,第2版。

业发展并带动就业的精准扶贫模式,其经验在当地推广,促进扶贫攻坚取得重大进展,如期完成脱贫攻坚目标值得期待。未来一个时期内,促进乡村振兴,实现由脱贫向发达富裕的历史性重大转变,应破解如何抓住脱贫攻坚的政策机遇撬动农村集体经济发展、如何基于"党支部+合作社+农户"模式健全能够实现共享发展成果的合作社机制、如何构建农村经济社会协调发展机制等重大实践和理论课题。

一、基于扶贫资金的国家财政性质探索农村集体经济发展的路径

深度贫困地区的农村集体经济时逢重新启动发展的政策机遇。从调研看,基层还没有认识到深度贫困地区农村集体经济的启动发展正处于难得的政策机遇期,而是较多地认为集体经济的发展存在缺乏资金、人才等诸方面的约束,当地也没有发展集体经济的成功典型可供学习借鉴,因而对集体经济的发展存在置疑。这是惯性思维所致。破解发展集体经济在认识上的置疑和实践中的困境,应基于国家财政扶贫资金的性质、农村土地集体所有的性质等,作出与之相对应的制度选择,开启贫困地区农村集体经济发展的新路径。

1.开启农村集体经济发展新路径是国家实施扶贫政策应实现的目标。深度贫困地区进入农村集体经济发展的政策机遇期,之所以作出这一判断,是因为国家在扶贫攻坚中,给予了大量的财政资金、信贷资金支持,这是非贫困地区不具有的政策条件。以宁夏回族自治区固原市为例,2016年,全市向150个脱贫销号村整合投入各类资金24亿元,每村平均1600万元;2017年,市委、市政府紧盯全市200个贫困村9.6万贫困人口脱贫的目标,投入项目建设的财政资金又高于上年的水平。

第一，基于国家财政扶贫资金的性质，将国家财政支持项目建设资金转为集体股金，以引导和促进集体经济的发展壮大。国家扶贫资金，有财政直接投入的项目建设资金，有财政贴息信贷扶贫资金。国家财政对土地、水利等农业基础设施建设项目直接投入的金额大，如国家支持原州区彭堡镇姚磨村土地、水利等农业基础设施建设项目资金平均每亩两三千元。即便是信贷扶贫资金，国家也不仅明确了较大的额度，还给予财政贴息支持。基于国家财政扶贫资金的性质，固原市委组织部在探索形成"党支部＋合作社＋农民"模式后，还尝试通过开展"感恩党，富百姓"主题活动，教育和引导致富带头人增强党性和回馈社会。这是把党的扶贫政策实施、增强党员党性、道义约束与扶贫攻坚结合起来的实践创新。对国家财政扶贫资金所形成的财产，现今在产权制度上有缺失之处，还不能充分体现国家财政扶贫资金的性质。在"党支部＋合作社＋农民"模式及开展"感恩党，富百姓"主题活动的同时，还需要作出能够体现国家财政扶贫资金性质的制度选择，这也需要从实践和理论上进行探索。可将国家财政扶贫项目建设资金转为集体经济组织的股金，或将其所形成的财产明确为集体的股权。这一制度安排可以保障国家财政扶贫资金不被私有化，形成集体经济组织成员共享发展成果的股权保障，能够体现国家财政扶贫资金性质，更好地发挥感恩主题活动与强化集体权益的制度叠加作用，有利于促进农村公有制经济的发展，也为振兴乡村，实现由脱贫向发达富裕方向发展夯实所有制基础。若不从制度上加以完善，国家财政扶贫资金在贫困地区的投入，还有可能助推私有化，不仅有悖于国家财政扶贫资金的性质，丧失发展农村集体经济的难得机遇，还会在农村形成新的两极分化和新的相对贫困问题，这是国家实施财政扶贫政策不应当有的结果。

第二，根据农村土地集体所有的性质，深度贫困地区应利用好国家实施财政扶贫政策，探索与之相对应的保障集体在土地增值上的权益实现形式。在农村集体经济组织实行双层经营体制初期，集体所有权被虚置，此后的长时间内没有实质性改变，这是集体经济弱化的重要原因。之所以强调深度贫困地区强化集体的土地权益，除了成员的承包权、经营权缘于农村土地集体所有，还由于国家围绕扶贫在开发土地上投入了大量财政资金，使土质及其价值提升，近年来企业、合作社产业的快速发展就是基于这一因素实现的。鉴于此，在国家财政扶贫资金支持下，更应纠正原来虚化集体土地权益的做法，因地制宜地探索保障集体权益的多种实现形式。其中，应优先推广土地信用合作，即农民把承包的土地，在自己不愿意耕种时，将其存到村集体创办的土地信用合作社，获取收益。土地信用合作社对于农民存入的土地，可直接经营，可与一些企业合作经营，也可转包、出租、入股经营，所得收入，除向存地者分配外，还可积累起来发展集体经济和公益事业。这是一种集体权益和成员权益都能得到保障的组织制度创新，而且由于集体流转土地可以增强谈判能力，进而能分享到土地增值的收益，是实现共享发展成果的有效形式。固原市彭阳县已在实践中试验推广这样一种土地经营权流转的组织化模式。另外，农民以土地承包权入股企业或合作社，或发展土地股份合作社，也要明确相应的集体权益。通过先行将国家投入土地、水利等农业基础设施的财政扶贫资金所形成的财产，明确由集体所有，可为探索土地流转中兼顾集体与成员两方面权益的实现路径积累经验。

2.践行共享发展理念，保障集体经济中各利益体的权益。从调研看，深度贫困地区的集体经济实力较弱。例如，近两年，固原市彭阳县积极探索多种形式发展农村集体经济，尽管如此，在全县的156个行政村中，109个村（占全部行政村的70%）有集体经济收入，还有47个村无集体经济收入。其中，2016年集体经济收入在0.5万元及以下的45个，占29%；0.5万元以上至1万元的11个，占7%；1万元以上至5万元的42个，占27%，5万元以上的11个（最高的冯庄乡茨湾村年收入也只有6.5万元），占7%。固原市重视发展农村集体经济，采取了诸多措施，如以实施扶贫政策为契机，2016年，全市为162个村注入资金3720万元，作为发展壮大集体经济启动资金，因地制宜发展农村集体经济。政府有关部门与村集体结对子，如宁夏回族自治区教育厅给予西吉县震湖乡河滩村40万元扶持资金，成立产权归集体所有的万只蛋鸡养殖专业合作社。

　　破解农村集体经济发展难的问题，除上述认识突破和制度安排外，还需要从以往计划经济下形成的发展思维中解脱出来，作出适应社会主义市场经济的集体经济组织制度选择。针对现阶段集体经济发展中遇到的难点问题，需要重点处理好集体经济组织中三类利益主体的权益。

　　第一，强化集体权益。由于集体经济双层经营体制中集体权益虚化与成员权益强化的偏废，以致集体经济弱化，由此也导致农民发展能力弱的问题难以得到很好解决，深度贫困地区的这一问题更为突出，这正是现今农业农村内生发展能力弱而其发展对政府强依赖的重要因素。强化集体权益，是基于宪法规定农村土地集体所有的题中应有之义，是对虚化集体权益的校正。除上述所提出的通过将国家财政支持项目建设的资金转变为集体股金、探索与国家财政扶贫政策相适应的集体土地增值实现形式等强化集体权益外，在盘活资产、整合资源等时也应当保障集体权益。在资本市场日益发展的情况下，还需要逐步推进集体经济组织由管资产到管资本的转变，并保障集体的权益和资产保值增值。

第二，强化成员在集体经济中的权益。实行家庭承包经营制度后，农民获得了土地承包经营权，成员在集体土地上的权益得到了保障。《中华人民共和国物权法》将承包经营权明确为用益物权，进一步强化了成员的土地承包经营权益。将农村集体土地的所有权、承包权、经营权分置，进一步保障了成员在土地征收、土地经营权流转、土地承包权入股上的权益。2016年12月26日，中共中央、国务院发出《关于稳步推进农村集体产权制度改革的意见》，推进集体经济的股份合作制改革，成员在集体经营性资产上的权益也得到了充分保障。需要强调的是，对于现有集体经营性资产，首先是保障集体经营性资产仍由集体所有和统一经营，量化到成员的仅仅是产权份额，不再是改革初期实行包干到户时把土地等农业生产资料承包到户经营，而是通过统一经营实现集体和成员的更好发展。对于集体统一经营收益的分配，可根据所处发展阶段加以动态把握，发展初期以向成员提供所需要的公共品为主，随着集体经济的发展和实力的增强，可逐步增加对成员的资金和多种福利分配的份额。

第三，保障集体经济经营者的权益。村党支部书记、村民委员会主任等村干部直接经营管理集体经济，较为适合小规模经营的起步初期。浙江一些农村通过民主选举实现村党支部书记与社区经济合作社理事长的耦合，固原市把致富带头人培养成支部书记和集体经济的带头人等，都是基于现实发展实际状况的选择。在认识上，需要走出集体经济必须由村党支部书记或村民委员会主任直接经营管理的误区。在集体经济发展到较强实力后，在实现由管资产向管资本的转变后，也可探索由聘请的职业经理人专门负责经营。为充分调动集体经济经营管理者的积极性，无论是村党支部书记、村民委员会主任，还是聘请的职业经理人负责集体经济的经营管理，都应根据经营绩效，给予相应的工资、奖励等报偿，甚至还可探索实行年薪制等多种形式，予以激励。

二、"党支部＋合作社＋农户"模式中的制度选择

中共十九大提出，"必须坚持以人民为中心的发展思想，不断促进人的全面发展、全体人民共同富裕"[1]。促进深度贫困地区乡村振兴，实现由脱贫向发达富裕的重大历史性转变，仅仅靠学习发达地区和发挥其后发优势是难以实现的，应当构建起能够促进跨越发展的机制性优势。其中，关键是要以共享发展理念为引领，构建共享发展促进发达富裕的机制。

固原市在脱贫攻坚实践中探索形成的"党支部＋合作社＋农户"模式，在构建共享发展机制上进行了有益的探索。从调研的合作社看，深度贫困地区合作社的组织构架已形成，但在实现抱团发展的互助合作机制方面，还需要进一步完善。深度贫困地区应以国家实施扶贫政策为契机，以能够实现共享发展成果促进共同富裕为制度创新的价值取向，创新性地构建能够促进共享发展进而发达富裕的合作社治理结构和合作机制，使"党支部＋合作社＋农户"模式日益完善和更好地发挥促进乡村振兴的作用。

1. 发挥党支部在促进合作社规范化从而实现抱团发展中的作用。如果合作社不按共享发展理念的要求健全全体成员受益的机制，甚至是实为公司，而冠以合作社的"红帽子"，就与20世纪90年代初期农业产业化经营起步时的"公司＋农户"模式没有质的区别。如此"合

---

[1]《中国共产党第十九次全国代表大会文件汇编》，人民出版社2017年版，第15—16页。

作社"，通过产业带动和就业带动，可以快速地解决农民脱贫问题，但也存在问题，那就是"合作社"可能成为领办人套取国家支持合作社财政资金、税收优惠等的工具，也可能成为强势的领办人损害弱势成员权益的工具。在深度贫困地区，尤其需要发挥党支部在促进合作社规范化发展中的作用。这是因为，近年来，深度贫困地区合作社的快速发展，一般不是完全依靠合作社自身积累，而是在受惠于国家对合作社投入财政资金实施项目建设支持、信贷支持、产业发展基金支持等扶贫政策下实现的。基于如此关键的发展因素，在政府各级农业部门加强对合作社指导的同时，还应作出相应的制度选择，更好地发挥党支部在合作社使用好国家财政扶贫资金的监督作用，并借此促进合作社规范化发展。党支部有责任保障国家扶贫政策更好地促进共享发展，应当也可以在"党支部+合作社+农户"模式的完善中发挥好作用。一是监督国家财政扶贫资金在合作社的使用。二是监督合作社的运行，特别是监督合作社财会制度和成员账户制度的建立，保障合作社的可分配盈余按农民专业合作社法规定的交易额和出资比例分配。无论合作社是否由党支部书记领办，党支部都应对合作社实施监督。对党支部书记领办的合作社，党支部应对合作社实施监督。对党支部组成人员以外的能人领办的合作社，党支部书记或参加合作社的党支部委员可在合作社监事会任职，履行党支部对合作社的监督责任。同时，党支部可与合作社实行文化共建，丰富合作社的文化生活，以促进成员合作意识的增强，发挥合作社文化的凝聚力作用。

2. 发挥国家扶贫政策在促进合作社成员利益共同体形成中的作用。国内外实践对合作社是具有顽强生命力的组织化发展模式给予了充分的验证。自英国先锋合作社的成功及所实施的罗虚代尔原则起，无论是资本主义制度下发育的合作社，还是社会主义制度下兴起的合作社，尽管社会制度环境不同，但都遵循互助合作的基本原则，这正是合作社的生命力所在。这突出地体现在两个方面：一方面，市场经济下，弱势群体需要通过互助合作，实现抱团发展。小规模的弱势个体，面对市场经济的汪洋大海及强大的竞争对手，只能通过互助合作，才有可能节约交易费用、增强市场谈判能力和提升发展能力，实现 1+1 > 2。另一方面，合作社之所以能够形成抱团发展，仅就利益机制而言，其凝聚力缘于能够实现共享发展的按交易额分配盈余这样一种分配方式。合作社对外实现盈利最大化或成本最小化，对内部成员则不以营利为目的，而是根据交易额分配可分配余额，这种通过二次分配更好地体现共享发展成果的原则，又被通俗地称为民受益原则。在资本稀缺和资本主导的经济条件下，尽管允许股金参与合作社盈余分配，但都限制在一定的份额内，以保障民受益原则不受冲击。《中华人民共和国农民专业合作社法》规定，按交易额分配部分在合作社的可分配盈余中的份额不低于 60%，而按出资额分配部分在可分配盈余中的份额不高于 40%。由此，合作社构建起的本是处于劣势地位的弱势群体的发展优势，正是合作社能够在资本主导经济的大环境下生存发展原因所在。在深度贫困地区，促进农民专业合作社全体成员形成利益共同体，既有国家对这些地区的合作社大力实施财政支持的政策机遇，也有农民专业合作社法规定国家财政支持合作社资金所形成的财产量化到成员的法律保障。落实农民专业合作社法关于国家财政支持合作社资金所形成的财产量化到成员的规定，使成员在生产经营合作的同时，还形成股权联接，并以此股金参与合作社的可分配盈余分配，有助于引导和促进成员更好地构建起共享发展机制。

3. 通过合作社股权结构的完善奠定共享发展的产权基础。合作社在坚持按交易额分配盈余的同时，应根据资本主导经济的大环境，探索用现金、扶贫贷款资金、土地承包经营权等多种方式入股，形成合作社与成员之间的股权连接，既解决合作社资金短缺和土地经营规模小等因素对其发展约束的问题，也改变少数出资大户控制和独享合作社盈余的问题，促进共享发展实现形式的完善。其中，还有一个做法需要调整，即一些深度贫困地区的合作社发展新项目时，贫困户用政府支持的贷款资金入股，在合作社项目建起来还贷后，则让成员退股，这种农户承担信贷风险而"合作社"独享盈余的不对称，既不公平，也会导致贫富差距拉大而相对贫困问题难以解决的隐患。

三、经济社会协调发展是实施乡村振兴战略的内在要求

中共十九大决定实施乡村振兴战略，并提出"按照产业兴旺、生态宜居、乡风文明、治理有效、生活富裕的总要求，建立健全城乡融合发展体制机制和政策体系，加快推进农业农村现代化"[1]。如果经济社会不能协调发展，仍然是空心村，实施乡村振兴战略的预期目标就不能实现。振兴乡村，实现由脱贫向发达富裕的重大历史性转变，在改善基础设施和发展农村社会事业的同时，还应构建起能够促进产业转型升级、美丽乡村建设、产城融合等经济社会协调发展的机制，促进资源向乡村聚集。

1. 促进产业转型升级，夯实振兴乡村实现发达富裕的产业基础。在深度贫困地区，受生产环境条件差等约束，产业的发展本来就是一个难题，因而实现产业发展既是脱贫的基础，也是振兴乡村实现由脱贫向发达富裕的重大历史性转变的基础。围绕产业的发展，固原市在扶贫攻坚的实践中，通过实施村级党组织和致富带头人的"两个带头

---

[1]《中国共产党第十九次全国代表大会文件汇编》，人民出版社2017年版，第25—26页。

人"工程，所形成的"党支部＋合作社＋农户"模式，把党的力量、群体的力量、市场的力量有机结合起来，既能发挥好党支部的领导作用，又尊重市场规律，走出了产业带动的精准扶贫新路子。所调研的原州区彭堡镇姚磨村、头营镇石羊村，西吉县吉强镇龙王坝村、震湖乡孟湾村和立眉村，通过"党支部＋合作社＋农户"模式，实现了产业的快速发展。例如，姚磨村与周边的吴磨、彭堡、惠德及瑞丰蔬菜产销专业合作社成立联合党总支，通过"党总支＋合作社＋基地＋农户"模式，带动群众发展蔬菜产业，建立了3个万亩冷凉蔬菜基地，带动12个村发展冷凉蔬菜产业。在此基础上，2016年姚磨村联合党总支跨村连片开发休闲观光农业。产业的发展，解决农村剩余劳动力3000多人，户均增收5000元以上。2016年7月18日，习近平总书记在姚磨村考察时，对实施党组织带头人和致富带头人"两个带头人"工程、帮助群众脱贫致富的做法给予肯定。振兴乡村，实现由脱贫向发达富裕的重大历史性转变，应着力促进产业链的延伸和融合发展，推进产业的转型升级。从调研情况看，深度贫困地区农村的产业，还处于由自给自足向大规模的商品生产转变的起步阶段。合作社的经济实力还很弱，还处于产业链的初端和价值链的低端，如由农业部确定的示范合作社——原州区头营镇富源肉牛养殖专业合作社，还处于提供技术和产品交易等服务的起步发展阶段。鉴于此，国家对深度贫困地区产业发展的支持，在进一步改善农业基础设施条件的同时，应把促进产业融合发展、提升产业质量和价值作为重点支持方向。

2.构建美丽乡村建设集体积累和统筹机制，促进资源向乡村聚集和乡村财富的增长。乡村振兴，关键取决于内因，即能否形成乡村建设集体积累和统筹机制，以增强乡村经济社会协调发展的内生能力。国内外实践表明，作为经营主体的专业合作社可以解决一家一户小生产与大市场对接等问题，但不愿意自己出资开展乡村基础设施建设和发展社会事业。振兴乡村，建设美丽乡村，需要构建与社会主义市场经济相适应的集体积累和统筹机制。固原市委、市政府认识到这一难题，就促进集体经济发展进行了有益的探索。当地干部深有体会地说，集体经济的发展难度太大。对于这样一个待破解的重大课题，应以利用好国家财政扶贫资金这一契机，构建起社区集体积累和统筹机制，撬动深度贫困地区农村集体经济的启动发展，破解乡村资源单向流向城市的问题，促进资源向乡村聚集，进而促进乡村振兴。

3. 构建产城融合发展机制，促进城镇化和城乡一体化发展。深度贫困地区的城镇化率较低，农民要不外出就业创业，要不在农村还是主要从事农业生产经营。从现阶段发展态势看，即便是合作社兴办初级加工项目，有的还分散在各合作社的生产基地，与20世纪80年代乡镇企业散落在各村相似。随着合作社产业链向初加工、深加工的延伸，乡村旅游业的发展，应积极推进产城融合发展，应充分发挥国家扶贫政策的作用，鼓励村集体经济组织利用扶贫产业发展基金等在城镇产业园区创办返乡农民工创业基地和发展产业融合项目。为此，还需要对产城融合发展进行规划，通过规划及配套政策，引导合作社、企业、农民到城镇产业园区兴办产业项目，实现产业聚集和人口集聚的协调发展，由此为促进产业的转型升级创造条件。

脱贫地区创新发展路径研究

——以5年过渡期支持政策为重点*

贫困地区和贫困户实现脱贫，意味着贫困治理进入新的发展起点，脱贫地区发展面临的问题发生变化。巩固拓展脱贫攻坚成果同乡村振兴有效衔接，要完整、准确、全面贯彻新发展理念，从根本宗旨、问题导向、忧患意识等方面把握新发展理念，坚持以人民为中心的发展思想，创新发展路径，着重以协调发展理念引领破解脱贫地区发展不平衡不充分问题，以创新发展理念指导增强脱贫地区内生发展动力问题，促进脱贫地区经济社会全面发展，进而全面推进脱贫地区乡村振兴。

以新发展理念为引领，基于脱贫地区新的发展目标及发展中所面临困难与问题的变化，用好从脱贫之日起五年过渡期主要帮扶政策总体保持稳定的机遇，因地制宜，对脱贫地区支持政策进行精准优化调整完善，将精准扶贫下的差异性支持逐步向普惠性支持过渡，实现由

---

* 本文曾发表于《人民论坛·学术前沿》2021年第7月上期，系中国社会科学院习近平新时代中国特色社会主义思想研究中心重点项目"巩固拓展脱贫攻坚成果同乡村振兴有效衔接研究"（项目编号：2022XYZD01）的阶段性成果。

集中资源消灭绝对贫困向全面推进乡村振兴过渡，以促进脱贫地区乡村经济社会全面发展能力的提升。其中，至关重要的是，要更加注重增强县域经济辐射带动乡村振兴能力的提升，更加注重促进集体经济发展壮大进而增强乡村经济社会全面发展能力，更加注重发挥党支部在保障共享发展政策目标实现中的作用。

更加注重增强县域经济辐射带动乡村振兴能力的提升

县域经济不强，乡村振兴进程缓慢；乡村产业振兴与县域内城乡融合不加快推进，脱贫攻坚成果巩固和乡村振兴能力提升将大受影响。在脱贫攻坚期间，贫困县在工作布局、财力支持等方面向"点"上的建档立卡户倾斜，集中资源帮助贫困户解决"两不愁三保障"难题。在"点"上的贫困户脱贫后，支持政策向普惠性过渡是必然选择。其中，普惠性支持政策的实现路径之一是发展壮大县域经济，促进县域内城乡融合发展，进而增强县域经济辐射带动乡村振兴能力的提升。

第一，解决约束县域经济发展壮大的瓶颈因素，增强县域资源聚集力和经济发展能力。脱贫县经济能否发展壮大，取决于脱贫地区资源聚集力能否增强。交通等基础设施水平偏低是束缚脱贫地区资源聚集力增强的一个重要瓶颈因素。当前，深度贫困地区已修建好通村通户的"天路"，类似基础设施的改善，一定程度上解决了农村交通不畅等问题，打开了农民生产生活的希望之门，但仅此还不够，总体而言，脱贫地区交通等基础设施水平仍不高，严重约束了其县域经济的进一步发展，主要表现在两方面。一是限制特色产业规模化发展。一些脱贫县在不通高铁、没有高速公路的情况下，其特色农产品运输时间长、成本高，致使其竞争力大受影响。在这种情况下，优质原生态特色农产品一般只能在当地销售，走不出"小打小闹"的发展格局。加之脱贫地区自然条件恶劣，产业发展基础极为脆弱，一场霜冻、一场大雨，都有可能让农民的劳作成果化为泡影，挫伤其农产品规模化生产的积极性。同时，不利于引入外地龙头企业参与特色产业开发，特色农业难以形成一定的发展规模。二是约束产业链的延伸和一二三产业融合发展。一些深度贫困地区，以绿水青山为底色的旅游资源极为丰富。以四川省凉山彝族自治州雷波县为例，当地有多彩的彝族文化，还有绵延135公里的金沙江峡谷风光，有高山湖泊——马湖，有盘旋逶迤的"天路"。近年来，该县积极促进农旅融合发展，取得了一些成效，但由于不通高铁、没有高速公路，游客数量少，发展还很不充分。当地某些企业家已开始提前谋划农旅融合发展、做前期基础性准备，就待交通基础设施进一步完善后实现大发展。当然，不同地区影响县域经济的因素有所不同，因此要因地制宜，找准过渡期需要优先解决的瓶颈因素。

第二，促进乡村产业振兴与县域内城乡融合发展，增强农民安居乐业的能力。在国家强大财政支持下，原贫困地区实现大规模易地扶贫搬迁。对贫困户建档立卡以来，全国易地扶贫搬迁的建档立卡户数量为207.7万户。能搬迁，还要能就业，这样安居乐业才有基础。易地扶贫搬迁后，政府面临较大数量的劳动力就业问题。如果这一问题不能得到很好解决，再加上经济发展滞缓而影响公共服务供给，则会引发诸多社会问题，因此应引起高度重视。在脱贫后的过渡期，应把增强就业能力作为贫困治理重要的政策目标导向，统筹促进县域经济发展壮大与乡村产业振兴、县域内城乡融合发展。

更加注重发挥农村集体经济促进经济社会全面发展的功能

脱贫地区农村经济社会全面发展的实现离不开集体经济的发展壮

大。发展壮大集体经济是党中央一以贯之的政策取向。然而，对农村集体经济在巩固拓展脱贫攻坚成果同乡村振兴有效衔接中的作用，理论界与实务界存在认识狭义化现象，突出表现是仅片面看到集体经济收入较少，因而认为集体经济的作用不大。在这样的认识误导下，发展壮大集体经济停留在一般性号召，满足于完成脱贫攻坚中规定的集体经济收入指标任务，满足于"搭乘"所引进龙头企业之"船"，跟随发展，不注重解决集体经济发展中遇到的困难，忽视对拓展集体经济发展路径的探索与创新。

农村集体经济在巩固拓展脱贫攻坚成果同乡村振兴有效衔接中的作用，不仅体现在集体经济收入和脱贫户从中获得的集体分红，更重要的是通过农村集体经济组织这一载体，促进脱贫乡村和农户自主发展能力的提升，促进乡村经济社会全面协调发展。其中，较为突出的作用表现在更好地联结龙头企业与农村产业发展和农民增收、统筹村域经济社会发展、保障国家财政支持资金所有形成资产不流失以及有效促进共同富裕等方面。

第一，促进龙头企业与农户有效联接，实现产业发展和农民增收。帮扶脱贫地区产业发展走的是普惠性支持路径。无论是过去的贫困地区，还是现在的脱贫地区，由于其普遍地处老少边穷地区，交通不便，产业技术水平不高，经营能力弱，开发新产业始终是其发展的一个难点。即便是有志参与脱贫地区产业开发的企业，在产业开发中也遇到诸多困境。其中一个难题是，如何与农户有效合作，以实现既满足企业进行产业开发中土地使用等的需求，又能让农民严格按新技术及其规程生产出高质量产品，同时能避免合作不稳定等经营风险。一些贫困地区在农村集体难以独立带动贫困户发展产业的情况下，将多方面的支持资金整合投资到村集体，村集体一方面将其入股龙头企业，另一方面发展股份合作经济，将其作为股份量化到农户。

通过农村集体经济组织这个纽带，把龙头企业与农户有效联结起来，形成龙头企业、集体、农民相互促进和共享发展成果的机制。首先，这有利于解决龙头企业开发产业项目的资金问题。脱贫地区所引进的龙头企业不仅要研发适应当地自然条件的新技术，还面临产业开发所需资金短缺的问题。农村集体经济组织利用多方面支持资金入股龙头企业可有效解决上述问题。其次，发挥农村集体经济组织与农民关系紧密，并能有效动员的优势，促进龙头企业与农户在建设生产基地上有效对接，既解决了小农户在生产技术、销售等方面遇到的问题，又减少了龙头企业与农户合作的不稳定风险，从而有利于实现可持续发展和持续增收。同时，通过集体与龙头企业、集体与农户的股权联接，有利于完善共享发展成果的利益联接机制，使其间合作更加紧密，也有利于增强合作的稳定性。再次，这样的合作过程是集体经济的股份合作制改造过程、集体资产保值增值过程、集体经济治理机制完善过程、集体经济发展壮大过程，既有利于农村集体经济组织统筹和积累机制的完善，也有利于其作用的更好发挥。简言之，农村集体经济组织在联结龙头企业与农户上起着枢纽作用，能有效减少产业链联接成本，有利于实现产业兴、农民富、企业发展、集体发展的统一。

第二，促进村域资源统筹配置，进而实现资源更充分利用和整体价值提升。脱贫村发挥集体统筹和积累作用，既有制度基础，也有政策机遇。制度基础是农村土地为集体所有，并实行统分结合的双层经营。政策机遇是有国家财政支持、对口地区和单位支持等资金。从脱贫攻坚实践看，党支部领导发展集体经济的村，都能以脱贫致富为目标，统筹利用国家财政、对口支援等多方面支持资金，统筹村域内产业发展规划及其资源配置，通过集体经济的带动作用，统筹山水林田湖草海沙冰系统治理并打造生态共同体，实行短、中、长见效产业结合，促进一二三产业融合发展。集体统筹资源开发利用，改变一家一户各自发展的格局，可以避免单一市场主体各自发展，资源开发利用不到位、浪费，环境破坏，以及偏重短期增收而不重视长远发展等问题，有利于实现资源的更充分利用和整体价值提升，进而拓展发展空间。例如，四川省凉山彝族自治州雷波县的甲谷村就是通过统筹资源开发利用，实施退耕还林，在产业发展上长短结合、种养结合，铺就生态发展底色，让绿水青山变成金山银山。以此为基础，该村在较短时间内实现了由贫困村向乡村振兴示范村的转变。

第三，促进乡村经济社会全面协调发展。乡村振兴不仅是产业兴旺和经济发展，还是经济、政治、文化、社会、生态的全面发展。农村集体经济组织有其他经济组织所不具有的功能，在党支部领导下，不仅可促进经济发展，还可促进社会发展，促进经济社会协调发展。在脱贫攻坚中，不少党支部基于集体统筹和积累机制，把实施扶贫项目与发展集体经济统筹起来，并以此为基础，扎实开展农村基础设施建设，实施环境整治，发展农村教育、医疗，培养本村本土人才，进而促进经济与社会协调发展，改善农民生产生活条件，提升农民人文素质，使农村形成崇尚新风、充满活力、和谐有序的新风尚，人心凝聚。基于集体经济的发展，党支部领导促进农村经济社会全面协调发展，这是中国乡村治理的特色和优势，是中国创造世所罕见的经济快速发展奇迹和社会长期稳定奇迹不可或缺的支撑因素之一。

促进农村集体经济由"搭船"发展转向"造船"发展。脱贫地区农村集体经济组织缺乏发展大规模商品经济的历史基础和经营能力，自主发展能力弱，带动农户发展能力弱，促进共同致富和乡村振兴的功能发挥不充分。脱贫地区在脱贫攻坚期间，在农村集体经济组织及农户一般难以用多方支持资金独立开发产业的情况下，必然选择将其入股到所引进的龙头企业。这种类似"搭船"发展的做法，促进了产业发展，也促进了脱贫。但是，无论是农民还是集体，在这种跟随发展方式中，自主发展能力往往很难得到充分发掘。在实现脱贫后，站在新的发展起点，全面推进乡村振兴，应在"搭船"发展过程中，实现自我积累和发展能力的提升，以此为基础，逐步向自己"造船"发展过渡。从实现这一发展目标出发，国家除尽快出台农村集体经济组织相关法律和实施相应支持政策外，还需要对已有政策进行优化，主要有以下四点。

第一，对有条件"造船"发展的村，在实施支持产业发展项目时，给予政策支持，着力促进其集体统筹资源开发利用和逐步积累滚雪球发展，逐步增强其集体经济的凝聚力和内生发展能力，并将其作为做实做强集体经济的范本。

第二，选派驻村干部时，除坚持原有高标准遴选外，还要有意识地从多方面遴选具有较强经营能力的人才，为集体经济发展提供经营人才支撑，以提升领导发展集体经济的能力。

第三，创新集体经济用人机制，以聘请职业经理方式，鼓励聘用回乡、下乡人才到农村集体经济组织创业。脱贫地区在优化帮村政策时，要针对农村集体经济组织经营人才严重缺乏的问题，打破完全由村干部直接经营集体经济的模式，探索实行职业经理聘用制度，广纳经营人才。同时，打破缺乏激励的吃"大锅饭"的用人机制，给予职业经理与能力和贡献相符的报酬，构建富有激励作用的新的集体经济用人机制，激励人才为发展壮大集体经济作贡献。

第四，探索强化党支部勇于担当发展壮大集体经济责任的支持政策。村党支部与集体经济存在"两张皮"现象，不少村党支部没有把发展集体经济作为发挥战斗堡垒作用的基础和重要抓手，而只是以参与方之一的身份，将集体资产入股到龙头企业、农民专业合作社中，"搭"龙头企业、农民专业合作社的"船"跟随发展。在优化帮村政策时，应探索实行支持村级基层党组织发展集体经济的政策，进而因地制宜探索形成村级基层党组织在乡村振兴主战场上发挥引擎作用的实现形式和机制。

更加注重发挥党支部保障共享发展政策目标更好实现的作用

发挥党支部领导农村集体经济发展和促进农民专业合作社更好实现互助互利发展政策目标的作用，应完善党支部领导的治理结构。党支部在巩固拓展脱贫攻坚成果同乡村振兴有效衔接中发挥战斗堡垒作用，不仅要倡导"党支部 + 合作社"模式，更要加强党支部对发展集体经济的领导。当前，有一个认识误区需要厘清，党支部领导发展集体经济与"党支部 + 合作社"其实是两种发展路径。一些地方把党支部领导发展集体经济混淆为"党支部 + 合作社"。把农村集体经济组织办成农民专业合作社，这是农村集体经济难以发展壮大的原因之一。农村集体经济组织不同于农民专业合作社，它以土地集体所有制为基础，实行以家庭承包经营为基础、统分统合的双层经营，在产权制度改革过程中实行股份合作改造后，有的被称作社区股份合作社或社区经济合作社。厘清认识误区，并将混淆二者的做法进行校正，既有利于形成党支部领导下农村集体经济发展壮大的治理机制，又有利于因地制宜实行"党支部 + 合作社"而更好地实现互助互利的政策目标。

厘清党支部领导发展集体经济与"党支部 + 合作社"的发展思路。在 21 世纪初，一些地方总结发挥党支部通过促进农民专业合作社发展而带领农民致富的实践经验，将其概括为"党支部 + 合作社 + 农户"

的农业组织化模式。此模式促进了农业发展和农民增收，因而很快被推广到全国。对于这种模式，一方面应当继续予以提倡，另一方面也应认识到党支部领导发展集体经济与"党支部＋合作社"是两种发展思路，不能将两者混淆。强调不能混淆，不是否定"党支部＋合作社＋农户"的农业组织化模式，而是应认清农村有集体经济组织和农民专业合作社等多种经济组织，因此两者是不同的发展思路。廓清认识既有利于分类精准施策，促进农村集体经济发展壮大，又有利于因地制宜，实行"党支部＋合作社"以促进合作经济的发展。

把党支部领导发展村集体经济混淆为"党支部＋合作社"，将集体经济组织办成农民专业合作社，会引发一些问题。一是不利于农村集体经济的发展壮大。一旦形成把村集体经济组织办成农民专业合作社的惯性思维，实际上就会忽视农村集体经济的发展。同时，用《中华人民共和国农民专业合作社法》规范有着不同于农民专业合作社运作特点的农村集体经济组织，不利于集体经济组织治理机制的完善，同时还会影响集体经济的发展壮大。二是不利于农村集体经济组织成员权益的保障。农村集体经济组织成员与农民专业合作社成员不同，农民专业合作社难以包括集体经济组织的全部成员，有的甚至只包括其中很小一部分。在这种情况下，将集体经济组织按专业合作社进行登记运行，会导致没有参加农民专业合作社的集体经济组织成员的权益被农民专业合作社成员分享，从而不利于其权益的保障。三是不利于乡村治理结构的完善。农村有集体经济组织和农民专业合作社等多种经济组织，若只实行"党支部＋合作社"模式，实际上存在党建工作的缺位。在集体经济组织成员覆盖全村社区的情况下，这种缺位将造成一些矛盾。四是不利于实现农业强、农村美、农民富的乡村振兴远景目标。全面推进乡村振兴，需要农村集体经济组织与农民专业合作社共同发展。同时,两者功能有一些差异,互为补充。农民专业合作社主要是解决小规模农户生产经营面临的难题,而农村集体经济组织不仅要保障集体资产的保值增值,还要保障农民的集体权益,通过集体统筹和积累增强内生发展能力,促进社区经济社会全面协调发展,进而实现脱贫地区产业兴旺、生态宜居、乡风文明、治理有效、生活富裕。如果把党支部领导发展集体经济混淆为"党支部 + 合作社",把农村集体经济组织办成农民专业合作社,将影响乡村经济社会全面协调发展能力的进一步提升。

一些地方农村单纯发展"党支部 + 合作社 + 农户"的农业组织化模式,将村集体经济组织也冠名和登记为"农民专业合作社",并实行"党支部 + 合作社"的做法。造成这种现象的原因,除了没有认识到农村集体经济组织与农民专业合作社有所区别外,还与现行法律体系有关,即现在只有农民专业合作社法,而农村集体经济组织法还在研究制定之中。(2017 年中央一号文件《中共中央 国务院关于深入推进农业供给侧结构性改革加快培育农业农村发展新动能的若干意见》提出,"抓紧研究制定农村集体经济组织相关法律,赋予农村集体经济组织法人资格"。)在现行法律体系下,一些地方为了解决农村集体经济组织经营中的一些问题,不得不将农村集体经济组织登记为农民专业合作社。因此,为了促进农村集体经济的发展壮大,应抓紧制定农村集体经济组织法。

完善党支部领导农村集体经济发展壮大的治理机制。进入新时代,以习近平同志为核心的党中央高度重视发展壮大农村集体经济,积极探索农村集体所有制有效实现形式,建立归属清晰、权能完整、流转顺畅、保护严格的农村集体产权制度,推进资源变资产、资金变股金、农民变股东等改革,特别是在脱贫攻坚中将扶贫资金整合到集体经济组织，使集体经济活力和实力增强。

更加坚定和更加鲜明地促进农村集体经济发展壮大，应构建和完善党支部领导农村集体经济发展壮大的治理机制。农村集体经济组织不同于农民专业合作社，它是农村集体事业的重要组成部分，关系农村社区经济社会事业发展和农民的利益，不能以"党支部+"的方式进行治理，更不应该以"党支部+合作社"替代党支部领导发展农村集体经济，而应该由党支部担负起促进集体经济发展的领导责任。一般通过民主方式选举村集体经济组织负责人，实现村党支部书记与村集体经济组织负责人的耦合，进而保障村党支部对农村集体经济组织的有效领导，也保障农村集体经济组织的市场主体地位。村党支部负责人与集体经济组织负责人耦合是中国特色的乡村治理结构。在加强党对发展村集体经济领导的同时，还要保障农民的主体地位，建立健全农村集体经济组织的成员大会、理事会、监事会。

完善"党支部+合作社"治理模式，更好实现党和国家发展合作社的政策目标。在家庭承包经营基础上，根据自愿互利原则发展起来的农民专业合作社，在解决小农户生产经营困难中发挥着重要的作用，是实现小农户和现代农业发展有机结合的重要路径之一。

"党支部+合作社"是基于中国国情的选择。农民专业合作社是独立的市场主体，应当独立经营。同时，也应当认识到农民专业合作社的特殊性。一是其仍处于发展初期，规模小，发展能力弱，需要国家对其给予政策支持。二是成员中有领办大户，还有众多生产经营规模较小的农户。有的合作社运作不规范，领办大户甚至暗箱操作，这就造成不仅全体成员不能充分共享发展成果，而且即便是国家支持合作社发展的资金也可能只由少数人分享。"党支部+合作社"与农民专业合作社的属性及现状相适应，因而行之有效，有助于更好地实现党和国家发展合作社的政策目标，因此在实践中应加以坚持。

倡导构建和完善"党支部＋合作社"的治理模式，一个重要目标就是要使国家支持农民专业合作社发展的政策能更充分地惠及合作社全体成员。"党支部＋合作社"的具体实现形式应从实际出发，可以由党支部组成人员领办合作社，也可以由党支部成员参加合作社理事会或监事会，还可以在合作社成立党支部，从而发挥党支部促进合作社规范发展的作用，引导、监督国家支持合作社发展的政策更充分地惠及全体成员，进而实现合作社互助合作、共同致富的目标。

综上所述，贯彻新发展理念，要精准优化政策，促进县域经济辐射带动乡村振兴能力的增强；促进集体经济发展壮大，促进有条件的农村集体经济由"搭船"发展转向"造船"发展，更好发挥集体经济促进乡村经济社会全面发展的作用；完善基层党组织参与集体经济组织、合作社治理结构，更好发挥党支部在促进共享发展政策目标实现中的作用。通过系统化措施的实施，形成脱贫地区普惠性支持与创新发展路径，这是巩固拓展脱贫攻坚成果同乡村振兴有效衔接的内在要求。

第四部分 乡村振兴

战略维度和实现路径：
中国共产党百年破解"三农"问题的考察*

习近平总书记指出："我们要坚持用大历史观来看待农业、农村、农民问题，只有深刻理解了'三农'问题，才能更好理解我们这个党、这个国家、这个民族。"[1]中国共产党百年来解决"三农"问题的历史，是中国共产党领导全国人民为实现中华民族伟大复兴不懈奋斗历史的重要组成部分。在这一历史演进过程中，尽管在不同时期遇到不同难题，但中国共产党始终坚守为中国人民谋幸福、为中华民族谋复兴的初心和使命，从中华民族伟大复兴战略全局出发，基于国情、农情探索为农民谋幸福的实现路径，这是能够接续破解一个又一个"三农"难题而实现历史性变革和取得历史性成就的原因。

---

* 本文曾发表于《中共中央党校（国家行政学院）学报》2021年第5期，系中国社会科学院马工程重大项目"中国共产党解决'三农'问题百年道路、伟大成就和基本经验研究"（项目编号：2021mgczd009）的阶段性成果。
[1]《坚持把解决好"三农"问题作为全党工作重中之重 促进农业高质高效乡村宜居宜业农民富裕富足》，《人民日报》2020年12月30日。

一、中国共产党解决"三农"问题的战略维度

中国共产党百年解决"三农"问题的历史,是以人民为中心而解放农民、发展农民的历史;是促进农业农村现代化发展,进而促进整个国家现代化发展的历史;是朝着中华民族伟大复兴目标不懈奋斗历史的重要组成部分。从大历史观和政治经济学视角分析,中国共产党之所以能够探索走出中国特色农村包围城市革命道路和中国特色社会主义"三农"发展道路,是因为坚守初心,从战略上统筹把握好相关联的农民维度、中华民族复兴维度、现代化维度、生产力维度、国际维度。

第一,农民维度。农业问题,农村问题,农民问题,三者不是孤立的,而是相互关联的,其中的核心是农民问题。中国共产党百年革命、建设、改革进程中,始终为农民谋幸福。在新民主主义革命进程中,中国共产党把农民作为革命的主力军,建立、发展和巩固工农联盟,最先是解决农民受压迫、受剥削问题,由领导农民参加农民协会和开展限田、限租、限息,到实行土地革命和建立民主政权,其中最形象、最有动员力的口号是"打土豪、分田地",使农民生存发展有了基本条件。在社会主义革命进程中,中国共产党在农村领导农民建立土地等生产资料集体所有制,避免了私有制下弱势农民容易失去生存发展依赖的土地而再度深陷贫困(有的国家的失地农民进入城市只能拥挤在贫民窟)。在社会主义建设进程中,中国共产党一如既往地为农民谋幸福。1957年,毛泽东在《关于正确处理人民内部矛盾的问题》中指出:"我国有五亿多农业人口,农民的情况如何,对于我国经济的发展和政权的巩固,关系极大。"[1]中国共产党以土地公有制为基石,

---

[1]《毛泽东文集》第7卷,人民出版社1999年版,第219页。

坚持农民主体地位，注重保障农民的物质利益和民主权益。在改革开放进程中，中国共产党充分尊重农民首创精神并将其与中央的顶层设计结合起来，这是农村改革能够顺利推进并取得显著成效的重要经验之一。简言之，百年来，中国共产党面对旧中国的制度约束，面对世界工业化、城镇化进程中普遍存在"三农"发展受弱质性困扰的情况，勇于担当使命、攻坚克难，解放农民和破解不同阶段的"三农"难题。

　　第二，中华民族复兴维度。中国共产党始终从中华民族伟大复兴的高度来解决"三农"问题，将解决好"三农"问题作为实现中华民族伟大复兴的基础和重要组成部分。在实现站起来的进程中，中国共产党深刻认识并发挥农民在新民主主义革命中的重要作用，以解放农民、建立和发展农村根据地为战略支点，在解放农民进程中走向全面胜利。早在1922年11月，在中共中央制定的《中国共产党对于目前实际问题之计划》中，基于国民经济以农业为主、农民在全国人口中占绝大多数的经济社会发展阶段，指出农民"自然是工人阶级最有力的友军"，"中国共产党若离开了农民，便很难成功一个大的群众党"。[1]中国共产党解放和发展农民，进而赢得农民对革命的支持，农民成为新民主主义革命主力军，才成功走出了中国特色农村包围城市革命道路，才迎来中华人民共和国成立、中国人民站起来的历史性时刻。在实现富起来的进程中，中国共产党深刻认识到解决好"三农"问题在国家经济社会发展中的作用。邓小平指出："中国社会是不是安定，中国经济能不能发展，首先要看农村能不能发展，农民生活是不是好起来。"[2]江泽民指出，"没有农村的全面进步，就不可能有我国社会的全

---

[1]《建党以来重要文献选编》第1册，中央文献出版社2011年版，第198页。
[2]《邓小平文选》第3卷，人民出版社1993年版，第77—78页。

面进步；没有农村的稳定，就不可能有我国整个社会的稳定；没有农民的小康，就不可能有全国人民的小康"[1]。胡锦涛指出："在我们这样一个农民占多数人口的国家里，农民是否安居乐业，对于社会和谐具有举足轻重的作用。广大农民日子过好了、素质提高了，广大农村形成安定祥和的局面了，和谐社会建设基础就会更加牢固。"[2]基于这些战略高度的认识，中国共产党着力推进农业农村现代化，推进社会主义新农村建设，以夯实"三农"基础。在迎来强起来的进程中，中国共产党从全面建设社会主义现代化国家出发，深刻论述了解决好"三农"问题的战略地位。习近平总书记指出，从中华民族伟大复兴战略全局看，民族要复兴，乡村必振兴。从世界百年未有之大变局看，稳住农业基本盘、守好"三农"基础是应变局、开新局的"压舱石"。构建新发展格局，把战略基点放在扩大内需上，农村有巨大空间，可以大有作为。[3]基于如此历史方位，中国共产党把全面推进乡村振兴作为实现中华民族伟大复兴的一项重大任务。

第三，现代化维度。不同于传统农业社会的"三农"问题，中国共产党面临的"三农"问题是与以工业化快速推进为特征的现代化联系在一起的，即是现代化进程中的问题。在这一进程中，中国共产党从整个国家现代化发展进行总体把握，统筹全局与局部、长远与当下，推动工业与农业、城镇与农村相互促进。一方面，中国共产党集中力量实施国家工业化战略，进而辐射带动整个国家现代化发展，为解决"三农"问题提供现代生产要素、就业等条件，以提升其发展能力和拓

---

[1]《江泽民文选》第1卷，人民出版社2006年版，第259页。
[2]《胡锦涛文选》第2卷，人民出版社2016年版，第287—288页。
[3]《坚持把解决好"三农"问题作为全党工作重中之重 促进农业高质高效乡村宜居宜业农民富裕富足》，《人民日报》2020年12月30日。

展发展空间。为此,在工业化初期实行农业支持工业,在进入工业化中期发展阶段反转调整为工业反哺农业,实现了"大仁政"前后周期的顺利转换。另一方面,中国共产党从工业与农业、城镇与农村协调发展出发,着力解决工业化、城镇化进程中"三农"发展受弱质性困扰问题,促进农业农村农民现代化,也为工业化发展提供了资金、农产品原料、市场等支撑。在20世纪50年代初至70年代末,中国共产党大力发展农村集体经济,并通过集体统筹和积累实现一定资金积累,在一定程度上解决了农业支持工业政策下农业农村发展面临的资金短缺问题。70年代末至世纪之交,中国共产党领导和推进乡镇企业大力发展,并用乡镇企业收益支持农业农村发展,即在农村内部先于整个国民经济实行工业反哺农业(当时称"以工补农"),加之一系列搞活政策的实施,农业农村农民现代化持续推进。在"两个趋向"理论判断下,中国已进入工业化中期发展阶段,在整个国民经济中实现农业支持工业向工业反哺农业的政策取向转变。进入新时代,中国共产党全面推进乡村振兴,促进形成一二三产业融合发展、城乡融合发展,促进工农互促、城乡互补、协调发展、共同繁荣的新型工农城乡关系,并采取措施补齐全面建成小康社会"三农"特别是贫困地区短板,农村同步迈进全面小康社会,并朝着农业高质高效、乡村宜居宜业、农民富裕富足目标迈进。促进工农互促、城乡互补、协调发展、共同繁荣,是中国共产党破解"三农"问题、实现历史性变革和取得历史性成就不可忽视的因素。

第四,生产力维度。中国共产党一直根据生产力水平制定"三农"政策。百年间,中国共产党面对的"三农"问题是动态变化的,在不同生产力发展阶段,"三农"政策也随之调整完善。工业和农业两个部门间剩余转移政策——农业支持工业或工业反哺农业,就是根据所处生产力发展阶段作出的选择。从国际经验看,在工业化初期,国家较为普遍地选择农业支持工业，而当进入到工业化中期发展阶段后，则将其调整为工业反哺农业。胡锦涛在党的十六届四中全会上将其概括为"两个趋向"。仅看到这一政策演变逻辑是不够的，还应当看到，工业和农业两个部门间剩余转移是一个大政策，有一系列与之相配套的子政策，进而构成一个大的政策体系。在农业支持工业政策体系中，较主要的子政策有三项：一是农产品统派购制度。制定和实施这一政策的起因，是当时农业生产力水平不高，农产品产出能力低，而快速推进工业化又大幅增加对农产品的需求，导致供给不足问题突出。选择这一政策，旨在保障农产品短缺状况下的有序供给。在后来的实践中，这一政策的实施，还起到保障低价收购工业化发展所需农产品原料的作用。二是农业生产合作化的组织化政策。制定和实施这一政策的初始起因，是为了解决传统农业生产力水平较低情况下农户缺少农具、耕畜等生产要素的问题。在后来的实践中，这一政策的实施，一方面，使剩余由农业部门向工业部门转移更为隐性化，低价统派购农产品也易于实现。正如陈云所指出的："向农业生产合作社进行统购统销的工作，也要容易得多，合理得多。"[1]另一方面，通过农村集体统筹和积累，实现农业支持工业下的农业农村发展资本积累。三是城乡二元户籍制度。制定和实施这一政策的起因，是作为后工业化国家，为追赶世界工业化进程，优先发展重工业，但由于其属于资金和技术密集型，吸纳劳动力的数量较少，实行城乡二元户籍管理则可限制农村劳动力过多进入城镇，避免增加工业化成本。这三个子政策制定的起因尽管各异，但在实际上都起到了有利于剩余产品由农业部门向工业部门转移的作用，因而在工业化初期阶段的实践中逐步固化。这一政策体系的

---

[1]《陈云文选》第2卷，人民出版社1995年版，第277页。

形成和固化，为国家工业化战略的顺利实施提供了资本积累和农产品原料供给等保障，是到20世纪70年代末的较短时期内中国能够建立起独立的比较完整的工业体系和国民经济体系的重要原因之一。随着国家工业化的发展，工业具有了较强的自我积累能力，加之国际紧张局势缓和，外国资本随之进入中国，因而从农业提取剩余支持的工业化发展紧迫性极大缓解，进而使自20世纪70年代末起逐步打破上述政策体系成为可能。特别是在世纪之交，中国进入工业化中期发展阶段，在生产力水平较大幅度提升的情况下，工业部门有能力将剩余转移到农业部门。换言之，经过几十年工业化的跨越发展，国家有了较强经济实力支持农业农村发展，因而在市场经济进程中实施城乡一体化、城乡融合发展、一二三产业融合发展成为可能。简言之，在长期实践基础上，中国共产党更加自觉地坚持以生产力为基点制定"三农"政策，把解放和发展生产力作为社会主义的本质要求，坚持以是否有利于解放和发展生产力作为政策制定的出发点之一。从生产力维度考察"三农"政策的制定和调整完善，是梳理中国共产党百年"三农"政策演变的钥匙。

第五，国际维度。中国共产党在独自解决中国的"三农"问题过程中，也注重考虑国际因素。中国共产党在成立初期，就认识到在帝国主义列强侵略下，外货输入对中国农业农村农民的冲击，并探索相应对策。中共三大通过的《农民问题决议案》指出，自从各帝国主义者以武力强制输入外货以来，一般日用品的价格增高率远超过农产品价格增高率[1]，从前的农民副业也全被摧残。这次大会通过的《中国共产

---

[1] 陈独秀在1923年7月发表的《中国农民问题》中，根据农商部统计资料，分析指出外货输入使"一般物价增高率远过于农产物价格增高率"，是当时农业衰退和农民经济地位日益下降以至破产的原因。《建党以来重要文献选编》第1册，中央文献出版社2011年版，第263页。

党党纲草案》指出，帝国主义列强在中国取得治外法权、协定关税等优越权利，支配了中国重要经济生活和政治生活；外货输入使农业生产力退步，农民等小生产者渐渐失掉土地等生产资料。"此时中国重要的工业机关，大部分都在列强或军阀官僚手里，很少在中国资产阶级手里；农民正面的敌人，更是列强与军阀官僚，故中国的无产阶级应当最先竭全力参加促进此国民革命，并唤醒农民，与之联合而督促苟且偷安的资产阶级，以引导革命到底；以革命的方法建立真正平民的民权，取得一切政治上的自由及完全的真正的民族独立。"鉴于此，将"取消帝国主义的列强与中国所订一切不平等的条约，实行保护税则，限制外国国家或个人在中国设立教会、学校、工厂及银行"作为包括18项"最小限度的党纲"的第一项。[1]新中国成立后，帝国主义在中国的特权被废除，中国共产党在解决"三农"问题上坚持考虑国际因素。面对国际风险，强调中国人要把饭碗端在自己手里，进一步促进农业现代化建设，以提高农产品自给能力。面对激烈的国际竞争，在加入世界贸易组织后运用好"绿箱""黄箱"等政策工具，以加大对农业的支持力度。同时，学习借鉴国际经验，如在农业社会主义改造过程中，借鉴但又不照搬苏联集体农庄的做法，没有模仿苏联实行土地国有，而是实行农村土地等生产资料集体所有，实现由土地等生产资料的私有制向公有制的重大制度变革。20世纪70年代末，借鉴南斯拉夫农工商综合经营经验，在小范围试行农业向产前、产后延伸，这是后来产加销、贸工农一体化经营（通称"农业产业化经营"）的先期实践。此外，中国共产党还吸取苏联从农民那里低价拿走太多农产品（即义务交售制）的教训，在统派购农产品时以一定额度为限（如在粮食上

---

[1]《建党以来重要文献选编》第1册，中央文献出版社2011年版，第248、251、253页。

实行"三定",即定产定购定销,且一定三年不变,后又进一步改为一定五年不变,这样在农业增产后集体就可以留下更多农产品,起到鼓励农民增产的作用);吸取资本主义教训,坚持土地公有制;等等。

二、中国共产党破解"三农"问题的实现路径和成就

以马克思主义为根本指导的中国共产党从成立起,就旗帜鲜明地将实现社会主义和共产主义明确为自己的奋斗目标。[1]党的一大通过的中国共产党第一个纲领明确指出,"革命军队必须与无产阶级一起推翻资本家阶级的政权","承认无产阶级专政,直到阶级斗争结束","消灭资本家私有制"。[2]中国共产党成立初期就关注农民及其生产生活的困境,寻找困境的成因,探索破解困境的路径。党的三大提出,"拥护工人农民的自身利益,是我们不能一刻疏忽的;对于工人农民之宣传与组织,是我们特殊的责任","我们的使命,是以国民革命来解放被压迫的中国民族"。[3]这次大会通过党的第一个以农民为主题的专项决议,即《关于农民问题的决议案》,在指出农民被鱼肉的基础上,明确提出要保护农民利益。该决议案指出,"自从各帝国主义者以武力强制输入外货以来,一般日用品的价格增高率远超过于农产价格增高率,从前的农民副业(如手工纺织等)也全被摧残。又自辛亥以后,军阀争地盘的战争连年不息,土匪遍于各地,再加以贪官污吏之横征暴敛(如预征钱粮额外需索等),地痞劣绅之鱼肉把持,以致农民生活愈加困难。因此种种压迫农民自然发生一种反抗的精神,各地农民之抗租

---

[1] 本书编写组:《中国共产党简史》,人民出版社、中共党史出版社2021年版,第14页。
[2]《建党以来重要文献选编》第1册,中央文献出版社2011年版,第1页。
[3]《建党以来重要文献选编》第1册,中央文献出版社2011年版,第277页。

抗税的暴动，即其明证，故我党第三次大会决议认为有结合小农佃户及雇工以反抗宰制中国的帝国主义者，打倒军阀及贪官污吏，反抗地痞劣绅，以保护农民之利益而促进国民革命运动之必要。"[1]其中清晰表明，中国共产党领导农民开展革命斗争，旨在绝大多数中国人民的解放，这是农民利益保障和发展的基础。

百年间，中国共产党基于农民维度、中华民族复兴维度、现代化维度、生产力维度、国际维度等，探索走出了中国特色农村包围城市革命道路和中国特色社会主义"三农"发展道路。其中，贯穿百年的主线是解放农民和促进共同富裕、在工业化进程中工农互促、在城镇化进程中城乡互促、以党的坚强领导和强化政策支持破解"三农"发展受弱质性困扰的问题。

第一，探索形成解放农民和促进共同富裕之路。马克思主义认为，私有制是贫困的根源，走向共同富裕要以公有制为基础。马克思基于对资本主义生产方式中"工人生产的财富越多，他的产品的力量和数量越大，他就越贫穷"[2]经济事实的分析，指出无产阶级贫困源于资本主义制度，要通过消灭资本主义制度消除贫困。恩格斯指出："工人阶级处境悲惨的原因不应当到这些小的弊病中去寻找，而应当到资本主义制度本身中去寻找。"[3]中国共产党认识到农民受压迫受剥削缘于封建地主阶级土地所有制，探索解决路径，从限田、限租，到耕者有其田，再到土地集体所有，以此为基础，探索形成基于农村基本经营制度、以共享发展的农业农村组织化促进共同富裕和现代化之路。

---

[1]《建党以来重要文献选编》第1册，中央文献出版社2011年版，第263页。
[2]《马克思恩格斯选集》第1卷，人民出版社1995年版，第40页。
[3]《马克思恩格斯文集》第1卷，人民出版社2009年版，第368页。

第二，探索形成工业化进程中工农互促的发展之路。马克思主义主张工农联盟和致力于缩小工农差别。中国共产党成立初期提出"农业是中国国民经济之基础"（1922年11月《中国共产党对于目前实际问题之计划》）、"农业是中国社会的经济基础"（1923年8月25日《中国社会主义青年团第二次全国代表大会关于农民运动决议案》）、发展巩固和工农联盟；新中国成立后提出正确处理工业与农业的关系（1956年毛泽东《论十大关系》），实行"以农业为基础、以工业为主导"的发展国民经济的总方针（1962年9月党的八届十中全会）[1]。进入中国特色社会主义新时代，基于工业与农业关联度提升和产业链的连接，探索形成产业链、价值链一体化联结的产业融合发展之路，促进了"三农"发展空间的拓展。

第三，探索形成城镇化进程中城乡互促的发展之路。马克思主义把消灭城乡差别作为发展目标。中国共产党从当时国民经济以农业为主、农村人口在全国总人口中占绝大多数等基本国情出发，放弃以城市为中心的革命道路的主张，成功走出农村包围城市、武装割据的中国特色革命道路；新中国成立后，致力于消除城乡差别，推进农业农村现代化建设；党的十一届三中全会后，大力推进农村城镇化，促进农民进城就业创业，推进社会主义新农村建设，实施乡村振兴战略。随着生产力水平的提高和实践发展，促进城乡融合发展，进而形成城乡相互促进和协调发展之路。

第四，探索形成党的坚强领导和强化政策支持之路。新中国成立前后两个时期的"三农"问题的成因是有差异的。前一时期是制度约束，中国共产党鉴此领导农民运动，引导农民参加革命，农民获得政

---

[1] 戚义明：《"以农业为基础、以工业为主导"方针的逐步形成和最终确立——基于〈毛泽东年谱（1949—1976）〉的考察》，《毛泽东研究》2016年第4期，第76—82页。

治翻身，获得土地而摆脱经济上的附庸地位。后一时期是在工业化、城镇化进程中，受农业农村发展能力弱于工业、城镇，中国共产党除发展工业、城镇带动"三农"发展外，还注重对"三农"的投入。如在农业支持工业的时期仍然对农业实行必需的支持。毛泽东在《论十大关系》中辩证地指出，重工业是投资的重点，也要"注重农业、轻工业，使粮食和轻工业原料更多些，积累更多些，投到重工业方面的资金将来也会更多些"。[1] 进入到工业化中期，即在国家经济实力增强后，实施工业对农业、城市对农村的支持，对"三农"的支持水平大幅提升，以解决工业化、城镇化进程中"三农"发展受弱质性困扰的问题，进而形成以国家强大经济实力支持"三农"发展之路。进入新时代，在实施乡村振兴战略进程中，以习近平同志为核心的党中央提出走中国特色社会主义乡村振兴道路，并明确了包括"重塑城乡关系，走城乡融合发展之路""巩固和完善农村基本经营制度，走共同富裕之路""深化农业供给侧结构性改革，走质量兴农之路""坚持人与自然和谐共生，走乡村绿色发展之路""传承发展提升农耕文明，走乡村文化兴盛之路""创新乡村治理体系，走乡村善治之路""打好精准脱贫攻坚战，走中国特色减贫之路"等在内的丰富内涵。[2]

百年间，中国共产党接续破解"三农"难题，"三农"发展实现历史性变革和取得历史性成就。1921—1949年，中国共产党面对农民受压迫和受剥削的问题，领导农民走革命道路，与帝国主义、封建主义、官僚资本主义斗争，在农村包围城市革命进程中实现翻身解放。1949—1952年，中国建立起中国共产党领导、人民当家作主的社会制度，在全国农村建立起乡（行政村）人民代表大会、乡（行政村）人

---

[1]《毛泽东文集》第7卷，人民出版社1999年版，第25页。
[2]《十九大以来重要文献选编》（上），中央文献出版社2019年版，第141—156页。

民政府实现农民当家作主，实行土地改革为农民当家作主奠定经济基础，扫除文盲提高农民文化素质，迅速恢复发展农业生产解决农民缺衣少吃问题，这些都使农民稳稳地立了起来。1953—1978 年，中国共产党在农业社会主义改造进程中，面对传统农业生产力水平下小规模农户在生产经营中基本生产要素不足的问题，把农民组织到生产合作中，建立起农村土地集体所有制，构建起农村集体统筹和积累机制，进而促进农业现代化建设和生产发展，促进农村文化、教育、医疗卫生事业发展，促进农村基础设施建设，这也为国家工业化提供了所需资金、农产品原料、工业品市场等，对国家工业化作出了重要贡献。1978—1992 年，中国共产党面对工业化快速推进下"三农"发展滞后这一重大结构性问题，基于已建立起独立的比较完整的工业体系和国民经济体系，实行搞活改革，以增强"三农"发展活力，进而促进"三农"发展。1992—2002 年，在建立社会主义市场经济体制进程中，中国共产党着力促进小农户生产与市场对接，推进"建立以家庭承包经营为基础，以农业社会化服务体系、农产品市场体系和国家对农业的支持保护体系为支撑，适应发展社会主义市场经济要求的农村经济体制"（简称"一个基础，三个支撑"）的改革，促进农业现代化、农村工业化、农村城镇化进一步发展。2002—2012 年，中国共产党面对市场经济中城乡差距扩大的问题，基于中国已进入工业化中期的发展阶段，以统筹城乡经济社会发展为方略，以城乡一体化发展为取向，推进社会主义新农村建设，扼制了城乡差距扩大趋势，2004 年起至 2012 年实现粮食生产"九连增"和农民收入"九连快"。2012—2021 年，在中国特色社会主义新时代，中国共产党探索走中国特色社会主义乡村振兴道路，面对农业是"四化同步"短腿、农村是全面建成小康社会短板[1]，发挥中国共产党领导和社会主义制度的政治优势，全国一盘棋，历史性地解决绝对贫困和区域性整体贫困问题，农村同步迈进全面小康社会，为实现农业高质高效、乡村宜居宜业、农民富裕富足的愿景奠定了坚实基础。百年间，中国"三农"发展实现历史性变革和取得历史性成就，是中国共产党领导全国人民接续奋斗迎来中华民族站起来、富起来、强起来的重要支撑和重要组成部分，是创造世所罕见的经济快速发展奇迹和社会长期稳定奇迹的基础和重要组成部分。

三、余论

百年间，中国共产党在解决"三农"问题道路探索中，实行了一系列政策演变。解决"三农"问题进程中政策的"变"与"不变"，有其历史逻辑，要历史地、辩证地认识。其中，不变的是中国共产党为农民谋幸福的初心和走共同富裕道路，变的只是实现初心和共同富裕的实现方式以及具体政策工具运用，而这种变化又是基于当时生产力水平及历史场景等因素的选择和调整。

中国共产党百年解决"三农"问题实现历史性变革和取得历史性成就，充分证明了只有中国共产党才能解决好"三农"问题。其中的原因很多，起主导作用的有：一是只有中国共产党才能真正做到以人民为中心，解放农民，确保农民的主体地位，充分尊重农民的首创精神，充分发挥农民在制度创新和农业农村发展中的作用。"三农"问题缘于其发展能力相对于工业、城市的弱质性，受此困扰，农业农村发展与工业、城镇发展相比有些滞缓。中国共产党对农民并没有忽视，而是将解决好"三农"问题摆在治国理政的突出位置，着力促进"三农"

---

[1]《习近平关于"三农"工作论述摘编》，中央文献出版社2019年版，第5页。

发展。二是只有中国共产党才能站在中华民族伟大复兴的高度，从实际出发，处理好全局与局部、长远与当前发展的关系，在现代化进程中推进不同生产力水平发展阶段"三农"问题的解决。三是只有在中国共产党领导下才能发挥社会主义制度的优势，以解决工业化、城镇化进程中"三农"发展受弱质性困扰的问题。其中，在中国共产党坚强领导下，充分发挥国家制度和国家治理体系所具有的能够"全国一盘棋，调动各方面积极性，集中力量办大事"的显著优势，上下同心，齐心协力攻坚克难，打赢脱贫攻坚战，补齐全面建成小康社会进程中贫困短板。

更为可贵的是，百年间，"三农"发展也陷入过困境，但中国共产党为农民谋幸福的初衷不改，因而能够以极大勇气正视困难，并在实践中日益成熟，不断推进马克思主义中国化，实现理论创新发展，增强驾驭"三农"工作的能力。这深刻地反映出，中国共产党百年解决"三农"问题实现历史性变革和取得历史性成就来之不易，所积累的经验极为珍贵。

新时代"三农"战略目标的历史性升级和发展优势提升[*]

中国共产党以强烈的使命担当和问题意识,科学回答时代之问。每一个时期有当期的主要问题。进入新时代,中国共产党要破解的"三农"问题是,促进亿万农民同全国人民一道迈进全面小康社会,全面推进乡村振兴,加快农业农村现代化,为全面建设社会主义现代化国家、向第二个百年奋斗目标进军奠定基础。乡村全面振兴和几亿农民同步迈向全面现代化[1]目标的明确,实现了"三农"发展战略目标的历史性演进。实现以农业高质高效、农村宜居宜业、农民富裕富足为重要量度的乡村全面振兴这一全面建设社会主义现代化国家中的历史性重大任务,不是一个轻轻松松就可以完成的,而是一个艰巨的历史性课题,因为工业化、城镇化进程中世界普遍存在"三农"发展受弱

---

[*] 本文曾发表于《中国井冈山干部学院学报》2022年第3期,系国家社会科学基金重点项目"中国共产党百年工农关系政策演变研究"(项目编号:21AZD101)、中国社会科学院马克思主义理论研究和建设工程重大项目"中国共产党解决'三农'问题百年道路、伟大成就和基本经验研究"(项目编号:2021mgczd009)的阶段性成果。

[1] 习近平:《坚持把解决好"三农"问题作为全党工作重中之重 举全党全社会之力推动乡村振兴》,《求是》2022年第7期。

质性困扰问题，也会在较长时期内延续。实现乡村全面振兴这一战略目标，实际上是对"三农"发展受弱质性困扰的破解，也是一种发展态势的反转，其中的难度和复杂性不言而喻，这既要有历史担当，也要有不畏艰难的巨大勇气、足够的历史耐心、解决难题的科学精神和智慧。

随着"三农"发展战略目标的历史性升级，随着打赢脱贫攻坚战的全面胜利和中华民族千百年的绝对贫困问题得到历史性解决，中国共产党"三农"工作重心历史性转向全面推进乡村振兴[1]。以习近平同志为核心的党中央，坚守为最广大农民群众谋幸福、为民族谋复兴的初心和使命担当，基于"三农"问题是关系国计民生的根本性问题的深刻认识，科学把握发展规律，把解决好"三农"问题摆在全党工作的重中之重，坚持以农业农村优先发展为总方针，以党的领导的政治优势、社会主义的制度优势、亿万农民的创造精神和国家强大的经济实力攻坚克难和厚植发展优势，举全党全社会之力推动乡村振兴。

党的十八大以来，中国共产党加强和改善对"三农"工作的领导，立足新发展阶段、贯彻新发展理念、构建新发展格局、推动高质量发展，推动"三农"工作理论创新、实践创新、制度创新，形成了破解"三农"发展受弱质性困扰难题、着力补齐全面建成小康社会和中国式现代化演进中的"三农"短板、加快推进农业农村现代化、全面推进乡村振兴的中国方案，走出了中国特色减贫道路和形成了中国特色反贫困理论，明确了实施乡村振兴战略和探索出中国特色社会主义乡村振兴道路。十年间，中国构建起乡村全面振兴战略目标引导、中国特色社会主义乡村振兴道路明示方向、"四有"之治厚植发展优势破解"三

---

[1] 习近平：《坚持把解决好"三农"问题作为全党工作重中之重 举全党全社会之力推动乡村振兴》，《求是》2022年第7期。

农"难题的推动乡村振兴机制,促进农业农村发展取得历史性成就和发生历史性变革。中国人把饭碗牢牢端在自己手里,历史性解决了农民的绝对贫困,农民一个不少地迈进全面小康社会,城乡二元分化向融合互促转变,乡村振兴全面推进,农民的获得感、幸福感、安全感全面提升。

一、"三农"发展战略目标的历史性升级

新时代"三农"发展的历史性变革是基于战略目标的历史性升级展开的。科学的目标治理是中国共产党推进事业发展的重要方法之一。在中国式现代化演进中,中国共产党解决"三农"问题的目标,既保持战略定力,又随着经济社会的发展,逐步完善和升级演进。党的十九大提出实施乡村振兴战略,这既明确了"三农"工作要以实施乡村振兴战略为总抓手[1],也明确了"三农"发展的战略目标是乡村全面振兴。这次会议提出实施乡村振兴战略要以产业兴旺、生态宜居、乡风文明、治理有效、生活富裕为总要求。习近平在2017年底召开的中央农村工作会议上明确指出,实施乡村振兴战略是有鲜明目标导向的。农业强不强、农村美不美、农民富不富,决定着亿万农民的获得感和幸福感,决定着我国全面小康社会的成色和社会主义现代化的质量。[2]在以习近平同志为核心的党中央谋划下,乡村振兴战略的目标日益清晰,阶段性推进路线图日益明确。中共中央、国务院于2018年1月2日印发的《关于实施乡村振兴战略的意见》,明确了到2050年,乡村全面振兴,农业强、农村美、农民富全面实现的战略目标。中共中央、

---

[1] 习近平:《把乡村振兴战略作为新时代"三农"工作总抓手》,《求是》2019年第11期。

[2] 《习近平关于"三农"工作论述摘编》,中央文献出版社2019年版,第11页。

国务院于 2021 年 1 月 4 日印发的《关于全面推进乡村振兴加快农业农村现代化的意见》，明确了要促进农业高质高效、乡村宜居宜业、农民富裕富足。习近平对实施乡村振兴战略批示强调，要坚持乡村全面振兴，抓重点、补短板、强弱项，实现乡村产业振兴、人才振兴、文化振兴、生态振兴、组织振兴，推动农业全面升级、农村全面进步、农民全面发展。[1]这些都从不同层面明确了新时代实施乡村振兴战略的目标，即农业农村现代化是总目标[2]，高质高效是农业强的量度和表征，宜居宜业是农村美的量度和表征，富裕富足是农民富的量度和表征。党的十九大及之后的中央决策将以促进农业高质高效、农村宜居宜业、农民富裕富足为显著标志的乡村全面振兴的目标清晰呈现出来。

将乡村全面振兴明确为新时代"三农"发展的战略目标，是不同于以往解决"三农"问题的目标，也不同于一般意义上的目标升级，而是实现了发展战略目标的历史性演进。新中国成立以来，特别是改革开放后，中国"三农"实现跨越发展，但"三农"的弱质性仍然存在，城乡二元结构仍然存在，"三农"自我发展能力仍然较弱，农业农村发展对政府的依赖性较强。"三农"的弱质性，不是中国特有的，而是工业化、城镇化进程中世界上普遍存在的问题。这源于工业化进程中农业投入回报率低于工业，加之居民在城镇生活较为丰富便捷和有更多就业创业机会，因而农业农村的生产要素大量流向工业和城镇，进而导致城乡发展差距明显的二元结构。党的十九大提出实施乡村振兴战略，就是从全局和战略高度把握和处理工农关系、城乡关系所作出的战略决策。以农业高质高效、农村宜居宜业、农民富裕富足为表

---

[1]《习近平对实施乡村振兴战略作出重要指示强调 把实施乡村振兴战略摆在优先位置 让乡村振兴成为全党全社会的共同行动》，《人民日报》2018 年 7 月 6 日。
[2]《习近平谈治国理政》第 3 卷，外文出版社 2020 年版，第 257 页。

征的乡村全面振兴，与此前的战略目标的不同在于，破解的不是"三农"能否实现发展的问题，而是"三农"不仅能够实现发展，还能够摆脱工业化和城镇化进程中其发展受弱质性困扰的问题。实现农业高质高效则农业必然成为有奔头的产业，农村宜居宜业则农村必然成为安居乐业的家园，农民富裕富足则农民必然成为有吸引力的职业。这些战略目标的实现，"三农"发展将突破受弱质性困扰，实现历史性变革，创造出农业高质高效、乡村宜居宜业、农民富裕富足的新发展态势。明确这一实现"三农"质的飞跃的战略目标，实现了"三农"发展目标的历史性演进，是中国共产党初心使命的坚守和担当，是无畏艰难的战略决策。

将乡村全面振兴明确为新时代"三农"发展的战略目标，是基于全面建成小康社会和全面建设社会主义现代化国家的全局和战略高度的。中国共产党解决"三农"问题，从来都不是把"三农"孤立起来解决，而是从全局和战略高度把握解决"三农"问题及其实现路径。2013年12月，习近平在中央农村工作会议上指出："农业基础稳固，农村和谐稳定，农民安居乐业，整个大局就有保障，各项工作都会比较主动。"[1] 2014年12月，习近平在江苏省调研时强调，"没有农业现代化，没有农村繁荣富强，没有农民安居乐业，国家现代化是不完整、不全面、不牢固的。"[2] 2018年，中共中央、国务院印发的《乡村振兴战略规划（2018—2022年）》强调，"实施乡村振兴战略是实现全体人民共

---

[1]《十八大以来重要文献选编》（上），中央文献出版社2014年版，第658页。
[2]《主动把握和积极适应经济发展新常态 推动改革开放和现代化建设迈上新台阶》，《人民日报》2014年12月15日。

同富裕的必然选择。"[1]习近平在2020年底召开的中央农村工作会议上指出:"我们要坚持用大历史观来看待农业、农村、农民问题,只有深刻理解了'三农'问题,才能更好理解我们这个党、这个国家、这个民族。"[2]习近平还强调,从中华民族伟大复兴战略全局看,民族要复兴,乡村必振兴。[3]基于如此历史方位,中共中央把全面推进乡村振兴明确为实现中华民族伟大复兴的一项重大任务。[4]党的十八大以来,中共中央明确农业农村优先发展的总方针,更加自觉地把解决好"三农"问题摆在全党工作重中之重位置,明确了要举全党全社会之力推动乡村振兴,这些都是对现代化进程中解决"三农"问题难度的充分认识,特别是从全局和战略高度科学把握的结果。实践中农业农村取得历史性成就和发生历史性变革,更加坚定了必须加强中国共产党对"三农"工作全面领导的自信和自觉。

将乡村全面振兴明确为新时代"三农"发展的战略目标,是破解城乡发展不均衡的结构性问题的选择。新中国成立后,中国共产党正确处理工农关系、城乡关系,既推进工业化、城镇化实现快速发展,农村面貌也发生了翻天覆地的变化,为中华民族迎来从站起来、富起来到强起来的历史性飞跃提供了不可或缺的支撑。尽管如此,农业农村发展还没有跟上工业化、城镇化快速推进的步伐,"一条腿长、一条

---

[1]《中共中央 国务院印发〈乡村振兴战略规划(2018—2022年)〉》,《人民日报》2018年9月27日。

[2] 习近平:《坚持把解决好"三农"问题作为全党工作重中之重 举全党全社会之力推动乡村振兴》,《求是》2022年第7期。

[3]《坚持把解决好"三农"问题作为全党工作重中之重 促进农业高质高效乡村宜居宜业农民富裕富足》,《人民日报》2020年12月30日。

[4]《中共中央 国务院关于全面推进乡村振兴加快农业农村现代化的意见》,《人民日报》2021年2月22日。

腿短"问题比较突出。[1]除基础设施、社会事业、社会保障等差别外，2012年全国城乡居民可支配收入差值高达15737.4元，两者之比高达2.88∶1；受城乡居民收入差距大影响，城乡居民人均消费支出比高达2.57∶1；按照2010年标准，全国农村贫困人口还有9899万人，贫困发生率高达10.2%。[2]农村经济发展与社会发展也不协调，一些地方村庄缺乏人气和生机，留守农村的主要是老弱妇孺，存在村庄空心化、农户空巢化、农民老龄化现象。实现乡村全面振兴，补齐农业农村发展短板，仅仅实现经济发展是不充分的，还应当解决农村内部发展不平衡问题，统筹推进农村经济、政治、文化、社会、生态文明建设，促进乡村全面振兴。城乡发展不平衡和农村发展不充分，是中国经济社会发展存在的突出矛盾，是全面建成小康社会和加快推进社会主义现代化必须破解的重大问题。加快补齐全面建成小康社会、全面建设社会主义现代化国家中的农业农村发展短板，实现乡村全面振兴，将历史性地解决城乡发展不均衡的结构性问题。

明确乡村全面振兴战略目标分阶段实现，深刻地体现了中国共产党基于发展规律解决好"三农"问题的历史耐心。破解工业化、城镇化进程中"三农"发展受弱质性困扰，实现乡村全面振兴，有很多难题需要攻克，必须一步一步扎实推进。2018年中央一号文件对乡村振兴的三个时间节点和具体目标任务的明确，即到2020年乡村振兴取得重要进展，制度框架和政策体系基本形成；到2035年乡村振兴取得决定性进展，农业农村现代化基本实现；到2050年乡村全面振兴，农业强、农村美、农民富全面实现。有步骤地分阶段地实施乡村全面振兴

---

[1]《十八大以来重要文献选编》（上），中央文献出版社2014年版，第503页。
[2]《辉煌70年》编写组编：《辉煌70年——新中国经济社会发展成就（1949—2019）》，中国统计出版社2019年版，第382—383页。

的战略部署，遵循了乡村振兴规律，明确了乡村全面振兴阶段性演进的内涵和目标指向，成为中国式现代化演进图的重要构件。

二、以"四有"之治厚植发展优势

实现新时代历史性升级的"三农"发展战略目标，必须更加厚植"三农"发展优势。习近平在2017年底召开的中央农村工作会议上指出，我们有党的领导的政治优势，有社会主义的制度优势，有亿万农民的创造精神，有强大的经济实力支撑，完全可以把实施乡村振兴战略这件大事办好。[1]为实现历史性升级的"三农"发展战略目标，中国发挥党的领导的政治优势和发挥社会主义的制度优势构建乡村全面振兴的政策体系和形成举全党全社会之力推动乡村振兴的机制，发挥农民创造精神扎实推进乡村全面振兴，以国家强大经济实力支撑乡村全面振兴，进而以"四有"之治不断厚植乡村振兴优势。

（一）乡村全面振兴政策体系是以发挥党的领导的政治优势构建的

小农生产方式的弱质性，不仅表现在生产经营竞争能力上的弱势，还表现在政策诉求表达能力相对较弱。两者叠加，仅仅以农民自身力量难以突破发展困境，更难解决工业化、城镇化进程中其发展受弱质性困扰的难题。以习近平同志为核心的党中央，没有因为小农户政策诉求表达能力弱而"顺势"放弃"三农"难题的解决，而是基于为最广大农民群众谋幸福的初心和使命担当，从中华民族伟大复兴和建设社会主义现代化强国的全局和战略高度，主动施策解决好"三农"问题。党的十八大以来，发挥党的领导的政治优势，把解决好"三农"问题作为全党工作重中之重，坚持在每年底召开中央农村工作会议研

---

[1]《习近平关于"三农"工作论述摘编》，中央文献出版社2019年版，第7页。

究形成以解决"三农"问题为主题的第二年中央一号文件,中央全面深化改革领导小组及之后的中央全面深化改革委员会审议通过了一系列关于"三农"改革发展的重大举措,着力构建乡村全面振兴的政策体系。2019年6月24日,中共中央政治局会议审议的《中国共产党农村工作条例》,以党内法规形式把党领导农村工作的传统、要求、政策等加以确定,为切实把解决好"三农"问题作为全党工作重中之重,解决好"三农"问题,进而加快农业农村现代化和实现乡村全面振兴提供了强有力的组织和工作保障。2020年,中央一号文件《中共中央 国务院关于抓好"三农"领域重点工作确保如期实现全面小康的意见》明确把党的十九大以来"三农"政策贯彻落实情况作为中央巡视的重要内容。2021年4月29日,十三届全国人大常委会第二十八次会议通过《中华人民共和国乡村振兴促进法》,把行之有效的乡村振兴政策法定化,强化了乡村振兴的法治保障。中国共产党农村工作条例、中央一号文件、乡村振兴战略规划和乡村振兴促进法,一并构成实施乡村振兴战略的"四梁八柱"。在所构建的乡村全面振兴政策体系中,鲜明地实行"四优先",即优先考虑干部配置、优先满足要素配置、优先保障资金投入、优先安排公共服务,这就把农业农村优先发展的方针落到各个方面,形成举全党全社会之力推动乡村振兴的态势和机制。

(二)乡村全面振兴是以发挥社会主义的制度优势开展的

中共中央坚持和完善中国特色社会主义制度,推进国家治理体系和治理能力现代化,把社会主义制度优势更好地转化为国家治理效能。农村土地集体所有、发展社区集体经济,以及以此为基础形成的社区集体统筹和积累机制,是中国乡村治理、乡村发展的特色和优势。2016年12月26日,中共中央、国务院在印发的《关于稳步推进农村集体产权制度改革的意见》中,明确把"坚持农民集体所有不动摇,不能把集体经济改弱了、改小了、改垮了,防止集体资产流失;坚持农民权利不受损,不能把农民的财产权利改虚了、改少了、改没了,防止内部少数人控制和外部资本侵占"[1]作为改革要坚守的政策底线。农村土地集体所有制的坚持和完善,农民有了土地这个安身立命之本,避免了土地私有制导致两极分化和失地农民只能进入城市贫民窟现象的发生。促进农村社区集体经济发展壮大,以及逐步完善与之相对应的社区集体统筹和积累机制,找到了破解小农户各自发展难以实现农村经济、政治、文化、社会、生态文明全面发展问题的路径。推进农村集体产权制度改革、完善农村基本经营制度、推进土地确权登记和"三权"分置改革、促进农民专业合作社规范发展和能力提升、发展家庭农场等措施,促进了乡村全面振兴内生能力的提升。同时,发挥中国社会主义制度能够全国一盘棋集中力量办大事优势,举全党全社会之力推动乡村振兴,以非凡之举,上下同心合力打赢脱贫攻坚战,解决工业化、城镇化进程中"三农"发展受弱质性困扰难题,促进了以工补农、以城带乡,推动工农互促、城乡互补、协调发展、共同繁荣的新型工农城乡关系加快形成,促进了工业化、信息化、城镇化、农业现代化同步发展。

(三)乡村全面振兴是以发挥农民创造精神展开的

习近平反复强调人民是历史的创造者。2018年3月20日,习近平在十三届全国人大一次会议上指出:中国人民是具有伟大创造精神的人民。只要13亿多中国人民始终发挥伟大创造精神,就一定能够创造出一个又一个人间奇迹。[2]尊重农民创造精神,有利于实现农民的潜在

---

[1]《中共中央 国务院关于稳步推进农村集体产权制度改革的意见》,《农民日报》2016年12月30日,第1版。
[2]《十九大以来重要文献选编》(上),中央文献出版社2019年版,第387页。

利益或利益改善，进而激发农民从实际出发创新制度和创新发展路径。中央作出全面推进乡村振兴的顶层设计，在实施中又充分尊重农民的创造精神，这是能实现国家顶层设计预期目标的重要方法。2018年9月21日，习近平在主持十九届中央政治局第八次集体学习时指出，在实施乡村振兴战略中要注意处理好顶层设计和基层探索的关系。要发挥亿万农民的主体作用和首创精神，调动他们的积极性、主动性、创造性，并善于总结基层的实践创造，不断完善顶层设计。[1]习近平强调："要尊重农民意愿和维护农民权益，把选择权交给农民，由农民选择而不是代替农民选择，可以示范和引导，但不搞强迫命令、不刮风、不一刀切。"[2]中央尊重农民创造精神，广大农民从实际出发不竭创造，因地制宜创造了多种乡村振兴实现路径。在探索形成中国特色的经营制度方面上，以共享发展理念为引领，创造了资源变资产、资金变股金、农民变股东的集体经济组织产权制度，创造了"党支部领办合作社"的集体经济发展路径，创造了有利于实现共享发展的农村一二三产业融合发展的多种利益联接方式，这些都解放和发展了农村社会生产力。在促进全面发展方面，创造了多种形式的传承优秀传统乡村文化和繁荣农村文化路径，创造性地将绿水青山就是金山银山的理念贯彻到美丽乡村建设和产业振兴结合的实践中，创造出基于当地资源的多种田园综合体乡村综合发展模式，由此乡村多种功能有效拓展，农旅融合促进产业升级，进而促进乡村资源价值提升和乡村发展空间拓展。

---

[1] 习近平：《把乡村振兴战略作为新时代"三农"工作总抓手》，《求是》2019年第11期。

[2]《习近平关于"三农"工作论述摘编》，中央文献出版社2019年版，第59页。

（四）乡村全面振兴是以国家强大经济实力为支撑展开的

中国共产党从为中国人民谋幸福、为中华民族谋复兴的大局和战略高度出发，基于国家进入工业化中期和经济实力增强，成功地实现了由农业养育工业向工业反哺农业的"大仁政"周期转换。党的十八大后，中国以强有力的经济实力破解工业化、城镇化进程中"三农"发展受弱质性困扰难题，支撑乡村全面振兴。基于乡村振兴是党和国家的大战略，习近平强调，要加大真金白银的投入，通过健全投入保障制度，创新投融资机制，拓宽资金筹集渠道，加快形成财政优先保障、金融重点倾斜、社会积极参与的多元投入格局。在财政支持上，针对国家支农项目支离破碎、"三农"投资严重碎片化问题，习近平强调要下决心加快建立涉农资金统筹整合长效机制，从顶层开始整合，发挥财政资金"四两拨千斤"作用，撬动更多社会资金。在农村金融支持上，2018年中央一号文件提出要推动农村金融机构回归本源，把更多金融资源配置到农村经济社会发展的重点领域和薄弱环节，提高金融服务乡村振兴能力和水平。[1]随着国家工业化的发展和经济实力的增强，国家加大了对乡村振兴的支持力度，为促进农业高质高效、农村宜居宜业、农民富裕富足提供了更加有力的支撑。

实践表明，以"四有"之治厚植发展优势，是破解城乡二元结构，破解工业化、城镇化进程中"三农"发展受弱质性困扰难题，进而解放和发展农村社会生产力、提升"三农"发展能力、引领"三农"向现代化迈进、促进乡村全面振兴的重要法宝。在推进国家治理体系和治理能力现代化进程中，中国以"四有"之治厚植"三农"发展优势，既是中国共产党长期解决"三农"问题重要历史经验的总结，也是新

---

[1]《十九大以来重要文献选编》（上），中央文献出版社2019年版，第178页。

时代全面推进乡村振兴的指南。

三、全面发展实现重大突破

进入新时代，中国在1978—2002年以实行"放活"政策促进"三农"发展、2002—2012年以"统筹"促进"三农"发展的基础上，把"三农"改革发展聚焦于"全面"。中共中央科学地将"三农"工作重心历史性转移到全面推进乡村振兴，中国"三农"全面发展取得重大突破，在回答"大国小农"国情下如何把小农生产引入现代农业发展轨道，在全面建成小康社会进程中如何补齐"三农"短板，在中国式现代化演进中如何实现农业高质高效、农村宜居宜业、农民富裕富足等时代之问取得重大进展。

（一）促进小农户和现代化有机衔接

把小农生产引入现代农业发展轨道，是中国式现代化道路的重要组成部分，也是中国式现代化不断演进的基础。党的十九大首次提出"实现小农户和现代农业发展有机衔接"[1]的命题，习近平在2017年底召开的中央农村工作会议上提出"把小农生产引入现代农业发展轨道"。这一战略方向的确立，是基于对"大国小农"资源禀赋及其相对应的发展路径的科学把握。习近平分析指出，中国人均一亩三分地、户均也不过十亩地，户均耕地规模只相当于欧盟的四十分之一、美国的四百分之一，小规模家庭经营是中国农业的本源性制度，小生产方式是中国农业发展长期面临的现实，不可能各地都搞欧美那样的大规模农业。[2]习近平进一步强调，创新农业经营体系，不能忽视了普通农

---

[1]《十九大以来重要文献选编》（上），中央文献出版社2019年版，第23页。
[2]《习近平关于"三农"工作论述摘编》，中央文献出版社2019年版，第62页。

户。[1]中国共产党不是只认识到土地大规模经营的优势，对小农生产的作用也有客观认识，即充分认识到小农生产对传承农耕文化、稳定农业生产、解决农民就业增收、促进农村社会和谐进步有着不可替代的作用。[2]基于发展市场经济中小农户生产经营呈现出明显的弱质性，党的十八大以来形成了服务小农户、提高小农户、富裕小农户的政策体系。习近平指出，把小农生产引入现代农业发展轨道，要注重发挥新型农业经营主体带动作用，培育各类专业化市场化服务组织，提升小农生产经营组织化程度，改善小农户生产设施条件，提升小农户抗风险能力，扶持小农户拓展增收空间。[3]在实践中，坚持农业生产经营规模宜大则大、宜小则小，构建扶持小农户生产经营发展的政策体系，注重支农政策的公平性和普惠性，防止发生排挤小规模农户和人为垒大户现象，支持小规模农户经营能力和自我发展能力的提升，推动农户适度扩大经营规模发展成为家庭农场等经营主体。同时，促进小农户互助合作提高组织化程度，健全面向小农户的社会化服务体系，促进了小农户和现代化有机衔接。

（二）补齐"三农"短板

2013年12月，习近平在中央农村工作会议上指出："一定要看到，农业还是'四化同步'的短腿，农村还是全面建成小康社会的短板。"2015年10月26日，习近平在党的十八届五中全会上作关于《中共中央关于制定国民经济和社会发展第十三个五年规划的建议》的说明时指出，农村贫困人口脱贫，就是一个突出短板。我们不能一边宣布全面建成了小康社会，另一边还有几千万人口的生活水平处在扶贫

---

[1]《习近平关于"三农"工作论述摘编》，中央文献出版社2019年版，第64页。
[2]《习近平关于"三农"工作论述摘编》，中央文献出版社2019年版，第62页。
[3]《习近平关于"三农"工作论述摘编》，中央文献出版社2019年版，第62页。

标准线以下,这既影响人民群众对全面建成小康社会的满意度,也影响国际社会对我国全面建成小康社会的认可度。[1]2016年4月25日,习近平在农村改革座谈会上指出:改变农业是"四化同步"短腿、农村是全面建成小康社会短板状况,根本途径是加快农村发展。[2]习近平在2017年底召开的中央农村工作会议上指出:"城镇化是城乡协调发展的过程,不能以农业萎缩、乡村凋敝为代价。"[3]习近平进一步指出,"一边是越来越现代化的城市,一边却是越来越萧条的乡村,那也不能算是实现了中华民族伟大复兴"[4]。我们要加快补齐"三农"短板,夯实"三农"基础,确保"三农"跟上全面建成小康社会、全面建设社会主义现代化国家征程中不掉队。[5]中国发挥党的领导的政治优势和社会主义的制度优势,攻坚克难,补齐全面建成小康社会中的"三农"短板,既增添了全面小康社会的成色,也提高了社会主义现代化的质量,使中国实现向高发展水平的跃升。中国共产党向人民、向历史作出到2020年全面建成小康社会郑重承诺的兑现,使中华民族伟大复兴向前迈出了新的一大步。

(三)促进向农业高质高效、乡村宜居宜业、农民富裕富足为主要量度的乡村全面振兴目标发展

2013年12月,习近平在中央农村工作会议上指出:"中国要强,农业必须强;中国要美,农村必须美;中国要富,农民必须富。"[6]2018年,中共中央、国务院印发的《乡村振兴战略规划

---

[1]《十八大以来重要文献选编》(中),中央文献出版社2016年版,第775页。
[2]《习近平关于"三农"工作论述摘编》,中央文献出版社2019年版,第5页。
[3]《习近平关于"三农"工作论述摘编》,中央文献出版社2019年版,第39页。
[4]《习近平关于"三农"工作论述摘编》,中央文献出版社2019年版,第10页。
[5]《习近平关于"三农"工作论述摘编》,中央文献出版社2019年版,第11页。
[6]《十八大以来重要文献选编》(上),中央文献出版社2014年版,第658页。

（2018—2022年）》强调，"农业强不强、农村美不美、农民富不富，关乎亿万农民的获得感、幸福感、安全感，关乎全面建成小康社会全局"[1]。从农业强、农村美、农民富全面实现出发，中国明确了政策取向和措施。在着力实现农业强上，坚持加强党对"三农"工作的全面领导，坚持以工补农、以城带乡，加快农业农村现代化[2]，促进了农业高质高效。在着力实现农村美上，习近平在2017年底召开的中央农村工作会议上提出，让美丽乡村成为现代化强国的标志、美丽中国的底色。[3]党的十八大以来，贯彻绿水青山就是金山银山理念，坚持推进山水林田湖草一体化保护和系统治理，强调在城镇化进程中记得住乡愁，传承发展提升农耕文明，整治农村人居环境，创新乡村治理，形成乡风文明新气象，这一系列美丽乡村建设的推进，拓展了农村的多种功能和发展空间，促进了乡村宜居宜业。在着力实现农民富上，践行共享发展理念，将增加农民收入明确为"三农"工作的中心任务，构建促进农民持续较快增收长效机制，并通过扶持和提高农民、发展现代农业、完善农村一二三产业融合发展利益联接机制、发展农村经济、组织农民外出就业创业和增加农民财产性收入等途径增加收入，促进了农民富裕富足。在中国式现代化演进中，全面推进乡村振兴，致力于农业强、农村美、农民富全面实现的战略目标，"三农"发展模式和发展形态实现历史性变革，为"三农"发展实现质的飞跃奠定了坚实基础。

---

[1]《中共中央 国务院印发〈乡村振兴战略规划（2018—2022年）〉》，《人民日报》2018年9月27日。

[2]《中共中央 国务院关于全面推进乡村振兴加快农业农村现代化的意见》，《人民日报》2021年2月22日。

[3]《习近平关于"三农"工作论述摘编》，中央文献出版社2019年版，第11页。

坚持走中国特色社会主义乡村振兴道路，发挥党的领导的政治优势，发挥社会主义的制度优势，发挥亿万农民的创造精神，以强大的经济实力为支撑，以历史悠久的农耕文明为根基，以旺盛的市场需求为拉动，探索破解工业化、城镇化进程中"三农"发展受弱质性困扰难题，农业综合生产能力上到更高台阶，全国粮食总产量从 2015 年起连续 7 年在 1.3 万亿斤的高台阶上，农民人均可支配收入连续快速增长并实现比 2010 年翻了一番多，民生显著改善，农村面貌焕然一新，创造了彪炳史册的消除绝对贫困的人间奇迹，广大农民迈进全面小康社会。农业农村取得历史性成就和发生历史性变革，在党和国家战胜各种艰难险阻、稳定经济社会发展大局上发挥了"压舱石"作用，为开启全面建设社会主义现代化国家新征程奠定了坚实基础。

时代是思想之母，实践是理论之源。在中国式现代化进程中，以习近平同志为核心的党中央围绕回答时代之问，从逻辑贯通的乡村全面振兴的战略目标引导、中国特色社会主义乡村振兴道路明示方向、"四有"之治厚植发展优势、全面推进和重点突破等方面回答了如何推动乡村振兴的一系列重大实践和理论问题，创造了中国特色减贫道路和中国特色反贫困理论，创造了中国特色乡村振兴道路，厚植起"大国小农"下的乡村振兴优势，突破了单纯基于某一个体或局部投入效率配置资源而难以突破"三农"发展受弱质性困扰的路径锁定，形成了"大国小农"下促进乡村全面振兴的中国方案。展望未来，在中国共产党坚强领导下，乡村全面振兴，农业强、农村美、农民富全面实现的愿景可期。

中国特色社会主义乡村振兴道路的探索形成及其意义*

实现乡村全面振兴这一新时代"三农"发展的战略目标，必须对"三农"发展道路进行创造性拓展。这既是一个重大实践问题，也是一个重大理论问题。以习近平同志为核心的党中央以新发展理念为指导，在创造中国式现代化道路进程中，提出了中国特色社会主义乡村振兴道路的命题，创造性地回答了如何实现乡村全面振兴这个时代之问。在如何探索乡村振兴道路上，习近平在2018年9月21日主持十九届中央政治局第八次集体学习时强调："实施乡村振兴战略，首先要按规律办事。在我们这样一个拥有近14亿人口的大国，实现乡村振兴是前无古人、后无来者的伟大创举，没有现成的、可照抄照搬的经验。我国乡村振兴道路怎么走，只能靠我们自己去探索。"[1]在走什么样的乡

---

* 本文曾发表于《教学与研究》2023年第1期，系国家社科基金重点项目"中国共产党百年工农关系政策演变研究"（项目编号：21AZD101）、中国社会科学院"马工程"重大项目"中国共产党解决'三农'问题百年道路、伟大成就和基本经验研究"（项目编号：2021MGCZD009）的阶段性成果。

[1]《习近平谈治国理政》第3卷，外文出版社2020年版，第259页。

村振兴道路上,习近平在2017年底召开的中央农村工作会议上,从走城乡融合发展之路、共同富裕之路、质量兴农之路、乡村绿色发展之路、乡村文化兴盛之路、乡村善治之路、中国特色减贫之路七个方面,对走中国特色社会主义乡村振兴道路进行了深刻论述和部署。[1]党的二十大指出:"中国式现代化,是中国共产党领导的社会主义现代化,既有各国现代化的共同特征,更有基于自己国情的中国特色。"[2]这次大会还明确了中国式现代化的特色和本质要求。这些都进一步明示了走中国特色社会主义乡村振兴道路的方向。

一、中国特色社会主义乡村振兴道路回答的时代之问和对新时代农业农村变革方向的明确

成功探索出中国特色社会主义乡村振兴道路是集"三农"实践突破和理论创新于一体的重大成果,体现了两重性:一是它的探索创新不是漫无边际,而是有很强针对性,是在回答如何全面推进乡村振兴的时代之问过程中形成的;二是它的探索创新也是对农业农村变革方向作出的选择。

第一,明确走城乡融合发展之路,回答了如何破解二元痼疾进而实现城乡共同繁荣问题。在现代化进程中,工业引领农业现代化,也服务于农业现代化。但是,在工业化、城镇化进程中,工农差别、城乡差别明显存在,城乡二元结构成为难以破解的痼疾。马克思指出:"城乡之间的对立是随着野蛮向文明的过渡、部落制度向国家的过渡、

---

[1]《十九大以来重要文献选编》(上),中央文献出版社2019年版,第141—156页。
[2] 习近平:《高举中国特色社会主义伟大旗帜 为全面建设社会主义现代化国家而团结奋斗——在中国共产党第二十次全国代表大会上的报告》,人民出版社2022年版,第22页。

地域局限性向民族的过渡而开始的"。"居民第一次划分为两大阶级，这种划分直接以分工和生产工具为基础。城市已经表明了人口、生产工具、资本、享受和需求的集中这个事实；而在乡村则是完全相反的情况：隔绝和分散。""城乡之间的对立是个人屈从于分工、屈从于他被迫从事的某种活动的最鲜明的反映，这种屈从把一部分人变为受局限的城市动物，把另一部分人变为受局限的乡村动物，并且每天都重新产生二者利益之间的对立。"[1]马克思主义主张消灭工农差别、城乡差别，提出工农联盟、工业服务农业、城市支持农村等主张。列宁在20世纪初曾构想通过"电气化将把城乡连接起来，在电气化这种现代最高技术的基础上组织工业生产，就能消除城乡间的悬殊现象，提高农村的文化水平，甚至消除穷乡僻壤那种落后、愚昧、粗野、贫困、疾病丛生的状态"[2]。

能否处理好城乡关系，关乎社会主义现代化建设全局。城乡二元结构是工业化、城镇化进程中的突出问题。形成城乡二元结构的一个重要原因是工业与农业劳动生产率高低的差异，由此也导致农业劳动力大量流向城市。马克思指出："一般说来，应该承认，在原始的、资本主义前的生产方式下，农业生产率高于工业，因为自然在农业中是作为机器和有机体参与人的劳动的，而在工业中，自然力几乎还完全由人力代替（例如手工业等等）。在资本主义生产蓬勃发展的时期，同农业比较，工业生产率发展很快，虽然工业的发展以农业中可变资本和不变资本之比已经发生巨大变化为前提，就是说，以大批人从耕地上被赶走为前提。"[3]发展经济学也构建了城乡二元结构理论，提出了

---

[1]《马克思恩格斯选集》第1卷，人民出版社2012年版，第184—185页。
[2]《列宁全集》第30卷，人民出版社1957年版，第303页。
[3]《马克思恩格斯全集》第34卷，人民出版社2008年版，第119页。

破解之策，但发展中国家的城乡二元结构问题没有得到很好解决。即便有的进入中等收入国家行列，因为城乡二元结构等问题没有得到解决，仍陷入中等收入陷阱。城乡二元结构不打破，"三农"发展受工业化、城镇化进程中弱质性困扰的痼疾就难以解决，城乡发展"一条腿长、一条腿短"现象就得不到扭转，农村甚至还会走向凋敝。党的十九大提出"建立健全城乡融合发展体制机制和政策体系"[1]的命题，这是党的代表大会文件第一次使用城乡融合发展概念。

习近平指出，必须重塑城乡关系，走城乡融合发展之路。[2]党的二十大报告在两处强调城乡融合发展。[3]党的十八大后，中国积极探索城乡融合发展之策。一是着力建立健全城乡融合发展体制机制和政策体系，坚决破除体制机制弊端，通过发挥市场在资源配置中的决定性作用和更好发挥政府的作用，推动城乡要素平等交换、双向流动。[4]2018年3月，习近平参加十三届全国人大一次会议山东代表团审议时强调，要推动乡村人才振兴，把人力资本开发放在首要位置，强化乡村振兴人才支撑，加快培育新型农业经营主体，让愿意留在乡村、建设家乡的人留得安心，让愿意上山下乡、回报乡村的人更有信心，激励各类人才在农村广阔天地大施所能、大展才华、大显身手，打造一支强大的乡村振兴人才队伍，在乡村形成人才、土地、资金、产业汇聚的良性循环。[5]二是将坚持城乡融合发展作为实施乡村振兴战略的

---

[1]《十九大以来重要文献选编》（上），中央文献出版社2019年版，第141页。

[2]《十九大以来重要文献选编》（上），中央文献出版社2019年版，第142页。

[3] 习近平：《高举中国特色社会主义伟大旗帜　为全面建设社会主义现代化国家而团结奋斗——在中国共产党第二十次全国代表大会上的报告》，人民出版社2022年版，第28、31页。

[4]《十九大以来重要文献选编》（中），中央文献出版社2021年版，第802页。

[5] 习近平：《论"三农"工作》，中央文献出版社2022年版，第269页。

基本原则之一。[1]三是把县域作为城乡融合发展的重要切入点。[2]党的十八大以来的十多年间，中国加快建立健全城乡融合发展体制机制，城乡制度并轨深入展开，推动城乡要素自由流动、公共资源合理配置，城乡融合发展迈出重大步伐。户籍制度改革的政策框架基本构建完成，农业转移人口在城镇落户门槛降低，农民在城镇落户不以退出土地承包经营权为条件，促进农业转移人口向城镇居民转变的进程提速，2021年常住人口城镇化率提高到64.7%[3]，比2012年提高11.6个百分点，年均增加高达1.3个百分点。在鼓励和支持城镇人才入乡返乡就业创新的政策鼓励和乡村产业发展吸引下，越来越多的新农人把实现人生目标与服务国家战略结合起来，聚集到农村大地就业创新，给农业农村增添了更多的发展新路径和新机遇。加之发展普惠金融和促进资本、技术等要素流向农村，扭转了劳动力、人才、资金等生产要素由农村单向转移到城镇的格局。随着城乡融合发展的深入展开，农业农村现代化快速推进，农村民生快速改善。

第二，明确走共同富裕之路，回答了如何破解分化和促进农民农村共同富裕问题。党的二十大强调，着力促进全体人民共同富裕、坚决防止两极分化。[4]社会财富增长而贫富两极分化得不抑制是资本主义的痼疾。中国创造的人类文明新形态的重要取向和表征是共同富裕。

---

[1]《十九大以来重要文献选编》（上），中央文献出版社2019年版，第160页。
[2]《中共中央 国务院关于全面推进乡村振兴加快农业农村现代化的意见》，《人民日报》2021年2月22日。
[3] 国家发展和改革委员会：《关于2021年国民经济和社会发展计划执行情况与2022年国民经济和社会发展计划草案的报告——2022年3月5日在第十三届全国人民代表大会第五次会议上》，《人民日报》2022年3月14日。
[4] 习近平：《高举中国特色社会主义伟大旗帜 为全面建设社会主义现代化国家而团结奋斗——在中国共产党第二十次全国代表大会上的报告》，人民出版社2022年版，第22页。

中国的社会主义市场经济区别于资本主义市场经济在于，既发挥市场促进资源更有效配置的作用，又避免这一过程中的马太效应、资本无序扩张等导致两极分化，促进发展成果由人民共享，扎实走好共同富裕的道路。

习近平指出，必须巩固和完善农村基本经营制度，走共同富裕之路。[1]中国共产党坚持以人民为中心，在改革发展中切实把做大"蛋糕"和分好"蛋糕"有机统一于共享发展。在巩固和完善农村基本经营制度方面，基于以私有制为基础导致两极分化的历史，明确坚持农村土地集体所有和发展壮大农村集体经济的方向，坚持家庭承包经营基础地位，推进土地所有权、承包权、经营权"三权"分置，推广资源变资产、资金变股金、农民变股东改革，促进小农户和现代农业发展有机衔接；在促进土地流转中，既注重提高效率，又注重增进农民权益。习近平指出，要尊重农民意愿、保障农民权益，防止土地过度集中到少数人手里，防止土地用途发生根本性变化，造成农村贫富差距过大。[2]要让农民成为土地适度规模经营的积极参与者和真正受益者。[3]实行工商资本流转农村土地审查审核和风险防范制度。[4]在处理工农城乡关系层面，针对工业化、城镇化进程中由于"三农"发展受弱质性困扰而难以破解城乡差别较大的问题，推动新型工业化、信息化、城镇化、农业现代化同步发展，着力构建工农互促、城乡互补、协调发展、共同繁荣的新型工农城乡关系。2021年8月17日，习近平在中央财

---

[1]《十九大以来重要文献选编》（上），中央文献出版社2019年版，第144页。
[2]《习近平关于"三农"工作论述摘编》，中央文献出版社2019年版，第49页。
[3]《习近平关于"三农"工作论述摘编》，中央文献出版社2019年版，第56页。
[4]《中共中央 国务院关于做好二〇二二年全面推进乡村振兴重点工作的意见》，《人民日报》2022年2月23日。

经委员会第十次会议上进一步指出:"促进共同富裕,最艰巨最繁重的任务仍然在农村。农村共同富裕工作要抓紧,但不宜像脱贫攻坚那样提出统一的量化指标。要巩固拓展脱贫攻坚成果,对易返贫致贫人口要加强监测、及早干预,对脱贫县要扶上马送一程,确保不发生规模性返贫和新的致贫。要全面推进乡村振兴,加快农业产业化,盘活农村资产,增加农民财产性收入,使更多农村居民勤劳致富。要加强农村基础设施和公共服务体系建设,改善农村人居环境。"[1]

在共享发展理念下,中国的共同富裕之路越走越坚实,农村居民增收幅度高于城镇居民,城乡居民可支配收入比,由2012年的2.88∶1,下降至2021年的2.5∶1。农村集体经济稳步发展,2020年全国村集体经营收益超过5万元以上的村占54.4%,比2016年提高29.4个百分点;2019年成员从集体经济中获得分红累计超过3800亿元,是2016年的3.6倍。[2] 2013—2020年,全国贫困地区农村居民人均可支配收入年均增长了11.6%,增速比全国农村高2.3个百分点。2021年,脱贫县农村居民人均可支配收入14051元,比上年实际增长10.8%,比全国农村居民人均可支配收入实际增长9.7%高1.1个百分点,比全国城镇居民可支配收入实际增长7.1%高3.7个百分点。[3]

第三,明确走质量兴农之路,回答了如何破解低效困境进而促进高质高效问题。党的二十大强调:"高质量发展是全面建设社会主义现

---

[1] 习近平:《扎实推动共同富裕》,《求是》2021年第20期。
[2] 参见《农村农业部:超七成村完成农村集体产权制度改革》,《人民日报》2020年8月23日,第2版;《43.8万个村完成集体产权制度改革》,《经济日报》2020年8月22日。
[3] 国家统计局:《中华人民共和国2021年国民经济和社会发展统计公报》,《人民日报》2022年3月1日,第10—12版。

代化国家的首要任务。"[1]低效问题长期困扰农业发展。中国受人多地少资源禀赋影响，土地经营规模较小，加之主要实行拼资源、拼消耗的粗放经营，农业效率受到价格"天花板"和成本"地板"挤压的问题突出，实现农业低质低效向高质高效转变是新时代实现农业大国向农业强国转变需要破解的课题之一。

习近平指出，必须深化农业供给侧结构性改革，走质量兴农之路。走质量兴农之路，要突出农业绿色化、优质化、特色化、品牌化。农产品和食品安全问题，这是底线要求。如果这个起码的底线要求都做不到，老百姓对"舌尖上的安全"都不放心，还谈什么质量兴农，还谈什么竞争力。[2]党的十八大以来，中国在农业综合生产能力迈上新台阶后，促进农业由偏重追求数量增长向结构改善和质量提升转变。针对亟须破解产量增加与品质提升、成本攀升与价格低迷、库存高企与销售不畅、国内与国外价格倒挂的矛盾，深化农业供给侧结构性改革，实施质量兴农战略。2019年，农业农村部等七部门联合印发《国家质量兴农战略规划（2018—2022年）》，提出到2022年初步实现农产品质量高、产业效益好、生产效率高、经营者素质高、国际竞争力强的目标。十年间，中国坚持质量兴农，采取了一系列措施，主要有：处理好政府和市场的关系，协调好各方面利益，勇于承受供给侧结构性改革阵痛，在降低改革成本和防范改革风险上采取有效措施；转变农业发展方式，推进农业增产导向向提质导向转变；优化现代农业的产业体系、生产体系和经营体系，促进农业创新力、竞争力和全要素生

---

[1] 习近平：《高举中国特色社会主义伟大旗帜 为全面建设社会主义现代化国家而团结奋斗——在中国共产党第二十次全国代表大会上的报告》，人民出版社2022年版，第28页。

[2]《十九大以来重要文献选编》（上），中央文献出版社2019年版，第146—147页。

产率提高；促进农民能更充分分享发展成果的一二三产业融合发展，发展农产品加工、乡村休闲旅游、农村电商等产业，支持农民直接经营或参与经营的乡村民宿、农家乐特色村（点）发展，培育优势特色产业集群，支持创建了3批共316个国家农村产业融合发展示范园，促进了农业多种功能的拓展和乡村多元价值的挖掘。

第四，明确走乡村绿色发展之路，回答了如何破解生态环境污染现象进而促进农村宜居宜业和美问题。牺牲生态环境换取经济增长是较长时期内的痼疾，以物为本的现代化也不利于人与自然和谐共生。人与自然和谐共生既是中国式现代化的目标、原则和方略，也是中国创造的人类文明新形态的重要表征。中国传统文明比较注意人和自然的和谐和统一，所形成朴素的"三才"观，既把天、地、人作为宇宙间并列的三大要素，又将其联结为一个系统的整体。[1]中国传统文明中天、地、人"有机统一的自然观"，是中国古代人民对人与自然关系认识达到的水平，是中国不同于西方工业文明进程中处理人与自然关系的传统文明基础。基于这种传统文明基础，中国在现代化进程中把处理好人与自然关系作为重要因素，并不断丰富和发展。2017年7月，习近平主持召开中央全面深化改革领导小组第三十七次会议时指出，推进农业绿色发展是农业发展观的一场深刻革命，也是农业供给侧结构性改革的主攻方向。同年9月，中共中央办公厅、国务院办公厅印发了《关于创新体制机制推进农业绿色发展的意见》。党的二十大将人与自然和谐共生明确为中国式现代化的中国特色之一，将促进人与自然和谐共生明确为中国式现代化的本质要求之一。这次大会还指出，

---

[1] 参见李根蟠：《"天人合一"与"三才"理论——为什么要讨论中国经济史上的"天人关系"》，《中国经济史研究》2000年第3期，第3—13页。

推动绿色发展，促进人与自然和谐共生。[1]

习近平指出，必须坚持人与自然和谐共生，走乡村绿色发展之路。实施乡村振兴战略，一个重要任务就是推行绿色发展方式和生活方式，让生态美起来、环境靓起来，再现山清水秀、天蓝地绿、村美人和的美丽画卷。[2]2018年3月，习近平参加十三届全国人大一次会议山东代表团审议时强调，要推动乡村生态振兴，坚持绿色发展，加强农村突出环境问题综合治理，扎实实施农村人居环境整治三年行动计划，推进农村"厕所革命"，完善农村生活设施，打造农民安居乐业的美丽家园，让良好生态成为乡村振兴支撑点。[3]党的二十大强调，扎实推动乡村生态振兴。[4]在习近平生态文明思想指引下，针对推进乡村振兴中面临生态环境污染的瓶颈，基于中国式现代化的演进，在实施"一控两减三基本"[5]的实践基础上，坚持绿色兴农，创造性推进乡村绿色发展，形成以绿色生态为导向健全农业政策支持体系、建立绿色低碳循环的农业产业体系、构建科学适度有序的农业空间布局体系，建设国家农业绿色发展先行区，改变围湖围海造田、过度放牧、过度养殖、

---

[1] 习近平：《高举中国特色社会主义伟大旗帜　为全面建设社会主义现代化国家而团结奋斗——在中国共产党第二十次全国代表大会上的报告》，人民出版社2022年版，第49页。

[2]《十九大以来重要文献选编》（上），中央文献出版社2019年版，第148—149页。

[3] 习近平：《论"三农"工作》，中央文献出版社2022年版，第269页。

[4] 习近平：《高举中国特色社会主义伟大旗帜　为全面建设社会主义现代化国家而团结奋斗——在中国共产党第二十次全国代表大会上的报告》，人民出版社2022年版，第31页。

[5]"十二五"期间，农业部门明确了"一控两减三基本"的基本目标。"一控"，即控制农业用水的总量，划定总量的红线和利用系数率的红线。"两减"，即把化肥、农药的施用总量减下来。"三基本"，即针对畜禽污染处理问题、地膜回收问题、秸秆焚烧的问题采取有关措施，通过资源化利用的办法从根本解决好这个问题。

过度捕捞、过度种植等过度消耗资源的发展方式，实行山水林田湖草沙一体化保护和系统治理，加快修复越来越薄的东北黑土地、重金属污染土地和华北地下漏斗区问题，建立健全市场化多元化生态补偿机制，增加农业生态产品和服务供给；加强农村突出环境问题综合治理，调整农业投入结构，解决农村过量使用化肥、农药问题，提高农作物秸秆、畜禽粪便、农田残膜资源化利用率，完善废旧地膜回收处理制度，整治农村人居环境，推进农村"厕所革命"。党的十八大以后，中国农业绿色发展总体水平提高。《中国农业绿色发展报告（2020）》显示，2012—2019年全国农业绿色发展指数由73.46提升至77.14，提高5.01个百分点。其中，2019年国家农业绿色发展先行区绿色发展指数平均为83.03，比全国平均水平高5.89个百分点。[1] 2019年，全国耕地质量平均等级为4.76，比2014年提高0.35个等级；全国农田灌溉水有效利用系数0.559，比2012年提高0.043。2020年，全国水稻、小麦、玉米三大粮食作物化肥利用率、农药利用率分别为40.2%和40.6%，比2015年分别提高5个百分点和4个百分点；重点地区的"白色污染"得到有效防控。[2]

第五，明确走乡村文化兴盛之路，回答了如何破解人气低落进而重铸乡魂问题。工业化和城镇化的推进使传统乡村文化日渐消失。文化衰退是乡村缺乏聚集力和精神动力的重要因素之一。物质文明和精神文明相协调是中国式现代化的中国特色之一，是改善人民物质生活和丰富精神生活的需要，是推进中国特色社会主义事业的国家物质力量和精神力量。

习近平明确指出，必须传承发展提升农耕文明，走乡村文化兴盛

---

[1] 李丽颖：《2021年农业绿色发展论坛在京召开》，《农民日报》2021年7月27日。
[2] 《中国农业绿色发展报告权威发布》，《农村工作通讯》2021年第16期，第46页。

之路。优秀乡村文化能够提振农村精气神，增强农民凝聚力，孕育社会风尚。[1]《中华人民共和国乡村振兴促进法》设"文化繁荣"专章，为促进"文化传承"和"文化繁荣"提供法律保障。党的二十大强调，扎实推动乡村文化振兴。[2]中国把文化振兴作为乡村全面振兴的重要内容[3]，弘扬和践行社会主义核心价值观，弘扬红色文化，加强思想道德建设，加强农村公共文化建设，促进了先进文化发展；建立村规民约、推广积分制等治理方式引导文明乡村建设，移风易俗，促进农村天价彩礼、人情礼金问题及因婚致贫现象的解决；传承和发展优秀传统乡村文化，人们在城镇化进程中也能记得住乡愁，具有深厚农耕特质、地域特色的乡土文化成为促进乡村振兴的重要资源；中国农民丰收节的设立和成功举办，文化产业赋能乡村振兴计划的启动实施，农民自发组织开展充满农耕农趣农味的村歌、"村晚"、趣味运动会等文化体育活动，促进乡魂的重铸，使乡村更具魅力和聚集力。

第六，明确走乡村善治之路，回答了如何破解涣散乏力进而实现和谐聚力问题。处于深刻变化和调整时期的中国农村社会，出现错综复杂的新情况新问题，归结起来缘于一个"散"字。[4]人心散，一盘散沙，乡村振兴是难以实现的。社会和谐、凝聚力增强是乡村全面振兴的前提和重要标志，这需要通过乡村全面发展和有效治理的相互促进才能实现。

---

[1]《十九大以来重要文献选编》（上），中央文献出版社2019年版，第150页。
[2] 习近平：《高举中国特色社会主义伟大旗帜　为全面建设社会主义现代化国家而团结奋斗——在中国共产党第二十次全国代表大会上的报告》，人民出版社2022年版，第31页。
[3]《习近平关于"三农"工作论述摘编》，中央文献出版社2019年版，第19页。
[4] 习近平：《坚持把解决好"三农"问题作为全党工作重中之重　举全党全社会之力推动乡村振兴》，《求是》2022年第7期。

习近平指出，必须创新乡村治理体系，走乡村善治之路。[1]进入新时代，中国在乡村治理体系上进行了创新。一是明确了建立健全党委领导、政府负责、社会协同、公众参与、法治保障的现代乡村社会治理体制。"提衣提领子，牵牛牵鼻子"。2018年3月，习近平参加十三届全国人大一次会议山东代表团审议时强调，推动乡村组织振兴，打造千千万万个坚强的农村基层党组织，培养千千万万名优秀的农村基层党组织书记，深化村民自治实践，发展农民合作经济组织，建立健全党委领导、政府负责、社会协同、公众参与、法治保障的现代乡村社会治理体制，确保乡村社会充满活力、安定有序。[2]党的二十大强调，扎实推进乡村组织振兴。[3]在农村基层党组织建设方面，完善村级重要事项、重大问题经村党组织研究讨论机制，全面落实"四议两公开"制度[4]；加强党组织带头人队伍和党员队伍建设，全面向贫困村、软弱涣散村、集体经济薄弱村党组织派第一书记，解决弱化、虚化、边缘化党组织问题，发挥好农村基层党组织在宣传党的主张、贯彻党的决定、领导基层治理、团结动员群众、推动改革发展的战斗堡垒作用。同时，严肃查处侵犯农民利益的"微腐败"，严惩横行乡里、欺压百姓的黑恶势力及充当保护伞的党员干部，以廓清农村基层政治生态。二是健全自治、法治、德治相结合的乡村治理体系。习近平强调："要丰富基层民主协商的实现形式，发

---

[1]《十九大以来重要文献选编》（上），中央文献出版社2019年版，第152页。
[2] 习近平：《论"三农"工作》，中央文献出版社2022年版，第269页。
[3] 习近平：《高举中国特色社会主义伟大旗帜　为全面建设社会主义现代化国家而团结奋斗——在中国共产党第二十次全国代表大会上的报告》，人民出版社2022年版，第31页。
[4]"四议"指村党支部会提议、村"两委"会商议、党员大会审议、村民代表会议或村民会议决议。"两公开"指决议公开、实施结果公开。

挥村民监督的作用，让农民自己'说事、议事、主事'，做到村里的事村民商量着办。"[1] 2022年中央一号文件提出要深化乡村治理体系建设试点示范，开展村级议事协商创新试验。三是加强农村基层基础工作，打造"一门式办理""一站式服务"综合便民服务平台，一些村庄还建立了深受农民欢迎的网上办、马上办、全程帮办、少跑快办的网上服务站点。四是深入推进平安乡村建设，确保乡村社会充满活力、和谐有序。五是实施乡村建设行动，把公共基础设施建设的重点放在农村，着力推进城乡基本公共服务均等化，注重加强普惠性、兜底性、基础性民生建设。走乡村善治之路，中国农村社会朝着充满活力又和谐有序方向发展，是续写中国社会长期稳定奇迹的重要组成部分。

第七，明确走中国特色减贫之路，回答了如何破解贫困进而脱贫致富难题。有的现代化理论认为，贫困问题在传统社会向现代社会转型过程中会自然而然地得到解决。有的发展经济学家认为，通过经济增长创造充足就业机会和有效需求的"涓滴效应"，可以治理贫困问题。但是，这些理论都没有得到实践的充分检验，相反，贫困的"低水平均衡现象""代际传递"现象在全球普遍存在。中国深度贫困地区的贫困问题，受自然环境恶劣、交通极为不便等生产生活不利因素，以及区域发展中的循环积累因果关系影响，仅靠全国经济增长的"涓滴效应"，乃至采取常规扶助措施，都是不可能解决的。

习近平指出，打好精准脱贫攻坚战，走中国特色减贫之路。[2]中共中央把脱贫攻坚摆在治国理政的突出位置，把脱贫攻坚作为全面建成小康社会的底线任务，立足中国国情，把握减贫规律，以超常规之举，

---

[1]《十九大以来重要文献选编》（上），中央文献出版社2019年版，第153页。
[2]《十九大以来重要文献选编》（上），中央文献出版社2019年版，第153页。

构建起行之有效的政策体系、工作体系、制度体系，成功走出中国特色减贫之路：坚持中央对脱贫攻坚的集中统一领导，把脱贫攻坚纳入"五位一体"总体布局、"四个全面"战略布局，统筹谋划，强化中央统筹、省负总责、市县抓落实的工作机制，构建五级书记抓扶贫、全党动员促攻坚局面，组织开展声势浩大的脱贫攻坚人民战争；坚持以人民为中心的发展思想，坚持走共同富裕道路，集中力量解决贫困群众不愁吃、不愁穿和义务教育、基本医疗、住房安全有保障（简称"两不愁三保障"）的基本民生需求；坚持发挥社会主义制度能够集中力量办大事优势，广泛动员全党全国各族人民以及社会各方面力量共同向贫困宣战，形成举国同心、合力攻坚的共同行动；坚持精准扶贫方略，用发展的办法消除贫困根源，实现由"输血式"扶贫向"造血式"帮扶转变，让发展成为消除贫困最有效的办法、创造幸福生活最稳定的途径；实行扶贫和扶志扶智相结合，既富口袋也富脑袋，激发广大贫困群众积极性、主动性、创造性内生动力，引导贫困群众依靠勤劳双手和顽强意志摆脱贫困、改变命运；坚持弘扬和衷共济、团结互助美德，营造起全社会扶危济困的浓厚氛围，形成了人人愿为、人人可为、人人能为的社会帮扶格局；坚持求真务实、较真碰硬，建立起全方位监督体系，力戒形式主义扶贫，做到真扶贫、扶真贫、脱真贫，真正让脱贫成效经得起历史和人民检验。

走中国特色减贫之路的伟大实践，锻造形成"上下同心、尽锐出战、精准务实、开拓创新、攻坚克难、不负人民"的脱贫攻坚精神，历史性解决了困扰中华民族几千年的绝对贫困问题，提前十年实现联合国2030年可持续发展议程确定的减贫目标，创造了人类减贫史上的奇迹，为全球反贫事业做出了巨大贡献。

二、成功探索出中国特色社会主义乡村振兴道路的意义

走城乡融合发展之路、共同富裕之路、质量兴农之路、乡村绿色发展之路、乡村文化兴盛之路、乡村善治之路、中国特色减贫之路，构成中国特色社会主义乡村振兴道路。成功探索出中国特色社会主义乡村振兴道路，是历史逻辑、理论逻辑、实践逻辑统一下回答如何实现乡村全面振兴的时代之问的实践突破和理论创新，对中国式现代化演进有着重要的意义。

第一，中国特色社会主义乡村振兴道路，是从全面建成小康社会、全面建设社会主义现代化国家的全局和战略高度，基于贯彻新发展理念是新时代中国发展壮大的必由之路，着眼于解决发展不平衡不充分的问题，在促进共同富裕进程中成功走出的，丰富和发展了马克思主义乡村振兴理论。

"重塑城乡关系，走城乡融合发展之路"，是在经历改革开放后打破城乡二元结构、统筹城乡发展、城乡一体化发展的实践演进基础上，基于"城镇和乡村是互促互进、共生共存的"[1]发展规律的明确深刻的认识，突破了城乡二元并行发展模式，拓展了"三农"发展空间，形成了破解乡村人口数量庞大下"三农"难题的新路径，有利于促进工农互促、城乡互补、协调发展、共同繁荣的新型工农城乡关系的加快形成。

"巩固和完善农村基本经营制度，走共同富裕之路"，是基于"农村基本经营制度是乡村振兴的制度基础"[2]的深刻认识，有利于避免陷入"中等收入陷阱"，促进人的全面发展和以人为本的中国式现代化演进，

---

[1]《十九大以来重要文献选编》（上），中央文献出版社2019年版，第142页。
[2]《十九大以来重要文献选编》（上），中央文献出版社2019年版，第144页。

增强乡村全面振兴的内在动力和聚集力。

"深化农业供给侧结构性改革，走质量兴农之路"[1]，是基于"供给侧结构性改革的根本，是使我国供给能力更好满足广大人民日益增长、不断升级和个性化的物质文化和生态环境需要，从而实现社会主义生产目的"[2]的政治经济学视角的深刻认识，以及随着时代发展重新审视乡村价值[3]的判断下明确的，有利于加快农业农村发展新动能的培育，促进农业农村发展由过度依赖资源消耗、主要满足量的需求，向追求绿色生态可持续、更加注重满足质的需求转变，促进农村新产业、新业态、新模式发展，促进农业全面升级和向高质高效的有奔头的产业发展。

"坚持人与自然和谐共生，走乡村绿色发展之路"，是基于绿水青山就是金山银山的理念，良好生态环境是农村最大优势和宝贵财富，良好生态为乡村振兴提供支撑点[4]，农村环境直接影响米袋子、菜篮子、水缸子、城镇后花园[5]，以绿色发展引领乡村振兴是一场深刻革命[6]等对绿色发展在乡村全面振兴中独有的价值、聚集力和内在动力的深刻认识是明确的，是对在生态环境上采取先污染后治理的现代化道路的摒弃，是对中华优秀历史文化的传承和丰富发展，是满足人民对美好生活向往的生态文明价值追求，把实现生态美、百姓富统一了起来。

"传承发展提升农耕文明，走乡村文化兴盛之路"，是基于"乡村

---

[1]《十九大以来重要文献选编》（上），中央文献出版社2019年版，第146页。
[2]《十八大以来重要文献选编》（下），中央文献出版社2018年版，第173页。
[3]《十九大以来重要文献选编》（上），中央文献出版社2019年版，第148页。
[4]《十九大以来重要文献选编》（上），中央文献出版社2019年版，第148页。
[5]《十九大以来重要文献选编》（上），中央文献出版社2019年版，第457页。
[6]《十九大以来重要文献选编》（上），中央文献出版社2019年版，第149页。

振兴，既要塑形，也要铸魂"[1]明确而深刻的认识，是不同于资本主义以物为本的现代化之路，将促进农民精神生活的丰富和乡村社会文明程度的提高，既为乡村全面振兴提供精神动力，也将使乡村更有魅力、聚集力而促进乡村五大文明全面协调发展。

"创新乡村治理体系，走乡村善治之路"，是基于"乡村振兴离不开和谐稳定的社会环境"[2]的深刻认识，将促进党组织领导的自治、法治、德治相结合的乡村治理体系的完善，提升乡村善治水平，使乡村振兴有和谐进步的社会治理保障。

"打好精准脱贫攻坚战，走中国特色减贫之路"[3]，是基于脱贫攻坚要取得实实在在的效果"必须在精准施策上出实招、在精准推进上下实功、在精准落地上见实效"[4]和"乡村振兴，摆脱贫困是前提"[5]的深刻认识是明确的，形成了系统回答脱贫攻坚的政治和组织保证、价值和目标取向、力量和制度支撑、路径和动力持久、主体和内力激发、美德和力量凝聚、务实和求真作风等重大问题的中国特色反贫困理论。

第二，成功探索出中国特色社会主义乡村振兴道路，丰富了中国式现代化道路的内涵。中国农业农村现代化道路是在探索中形成并不断完善的。在20世纪50年代初，面对以土地农民所有为基础的小农经济的弱质性和实现工业化对农业发展的需求，中国共产党确立并实践了组织起来发展集体经济走共同富裕的道路。党的十一届三中全会起，根据独立的比较完整的工业体系建立起来的生产力状况，探索了

---

[1]《十九大以来重要文献选编》(上)，中央文献出版社2019年版，第150页。
[2]《十九大以来重要文献选编》(上)，中央文献出版社2019年版，第152页。
[3]《十九大以来重要文献选编》(上)，中央文献出版社2019年版，第153页。
[4]《十八大以来重要文献选编》(下)，中央文献出版社2018年版，第38页。
[5]《十九大以来重要文献选编》(上)，中央文献出版社2019年版，第172页。

以赋权放活为内核的改革促进农业现代化的发展道路。在世纪之交进入工业化中期阶段，在全面建设小康社会进程中，开启了实施"多予、少取、放活"政策促进农业现代化的发展道路。2013年12月底召开的中央农村工作会议指出，要以保障国家粮食安全和促进农民增收为核心，努力走出一条生产技术先进、经营规模适度、市场竞争力强、生态环境可持续的中国特色新型农业现代化道路。2014年中央一号文件对此给予进一步明确，指出要以解决好地怎么种为导向加快构建新型农业经营体系，以解决好地少水缺的资源环境约束为导向深入推进农业发展方式转变，以满足吃得好吃得安全为导向大力发展优质安全农产品，努力走出一条生产技术先进、经营规模适度、市场竞争力强、生态环境可持续的中国特色新型农业现代化道路。从破解如何全面推进乡村振兴的时代之问出发，提出加快农业农村现代化，这不仅明确要推进农业现代化，还明确要推进农村现代化，在这一现代化内涵拓展演进基础上，实现了由探索中国特色新型农业现代化道路到中国特色社会主义乡村振兴道路的演进。乡村振兴道路的探索，要破解的问题是工业化、城镇化进程中"三农"弱质性困扰其发展的问题，要实现的目标是历史性升级了的乡村全面振兴这一战略目标。无论是作为整体的中国特色社会主义乡村振兴道路，还是其重要组成部分的走城乡融合发展之路、共同富裕之路、质量兴农之路、乡村绿色发展之路、乡村文化兴盛之路、乡村善治之路、中国特色减贫之路，都明确了从中国式现代化演进的全局和战略高度促进乡村全面振兴的政策取向及其实现路径。中国特色社会主义乡村振兴道路是中国式现代化道路的重要组成部分，其成功走出及政策体系的构建，有利于促进"三农"发展受弱质性困扰难题的破解，增强内生发展能力，厚植发展优势，促进农业全面升级、农村全面进步、农民全面发展，进而促进工业化、信息化、城镇化、农业现代化同步发展，使中国式现代化的演进更加坚实。

第三，成功探索出中国特色社会主义乡村振兴道路，明示了亿万农民共同富裕和迈向全面现代化的康庄大道。党的十九届六中全会指出："中国特色社会主义道路是创造人民美好生活、实现中华民族伟大复兴的康庄大道。"[1]作为中国特色社会主义道路重要组成部分的乡村振兴道路，有鲜明的前置词"中国特色社会主义"，把中国特色社会主义作为实现中华民族伟大复兴的必由之路体现其中。中国特色社会主义乡村振兴道路，是以农业社会主义改造中建立起的农村集体所有制为制度基础、以共同富裕为奋斗目标的。党的十八大以来中国把发展壮大农村集体经济作为引领农民实现共同富裕的重要途径，并推进制度创新，包括实行农村集体土地"三权"分置、农村集体经济组织的股份合作制改造、总结推广基层创造的资源变资产、资金变股金、农民变股东（简称"三变"）等。这些改革在创建农民权益和集体权益统一的实现形式方面作出了积极探索，把激励集体和成员两个方面的积极性统一起来，既切实赋予了农民集体资产股份权能，又使农村集体资产得以盘活和实现保值增值，促进了适应市场经济的农村集体经济运行机制的形成，促进了农村集体经济的发展。坚持走中国特色社会主义乡村振兴道路的明确，也明确了鲜明的底线性负面清单。在2017年底召开的中央农村工作会议上，习近平明确了"四不能"底线，即"农村改革不论怎么改，不能把农村土地集体所有制改垮了，不能把耕地改少了，不能把粮食生产能力改弱了，不能把农民利益损害了，这

---

[1]《中共中央关于党的百年奋斗重大成就和历史经验的决议》，人民出版社2021年版，第68页。

些底线必须坚守,决不能犯颠覆性错误"[1]。2018年9月21日,习近平在主持十九届中央政治局第八次集体学习时指出,要把好乡村振兴战略的政治方向,坚持农村土地集体所有制性质,发展新型集体经济,走共同富裕道路。[2]

第四,成功探索出中国特色社会主义乡村振兴道路,明示了城乡融合发展之路、共同富裕之路、质量兴农之路、乡村绿色发展之路、乡村文化兴盛之路、乡村善治之路、中国特色减贫之路,是历史逻辑、理论逻辑、实践逻辑统一下的有机系统。走城乡融合发展之路为其他六个之路提供"四化同步"层面的引导、促进和支撑。走共同富裕之路为其他六个之路明确了价值取向、政策取向、改革发展动力。走质量兴农之路、乡村绿色发展之路、乡村文化兴盛之路,旨在促进农业全面升级和农村全面进步升级,为走城乡融合之路、共同富裕之路、乡村善治之路、中国特色减贫之路提供支撑。走乡村善治之路为走其他六个之路提供乡村治理保障。走中国特色减贫之路,使其他六个之路走得更为稳健。鉴于此,需要在系统思维下对走中国特色社会主义乡村振兴道路进行政策的体系性构建和实践的统筹推进。

综上所述,中国特色社会主义乡村振兴道路是从全面建成小康社会、全面建设社会主义现代化国家的全局和战略高度,基于贯彻新发展理念是新时代中国发展壮大的必由之路,着眼于解决发展不平衡不充分的问题,在促进共同富裕进程中成功探索出来的。成功探索出中国特色社会主义乡村振兴道路,回答了如何全面推进乡村振兴的时代之问,明示了新时代农业农村变革的方向,明示了亿万农民走共同富裕和迈向全面现代化的康庄大道,明示了底线性负面清单,是集"三

---

[1]《习近平关于"三农"工作论述摘编》,中央文献出版社2019年版,第63页。
[2]《习近平关于"三农"工作论述摘编》,中央文献出版社2019年版,第194页。

农"实践突破和理论创新于一体的重大成果，丰富了中国式现代化道路的内涵，丰富和发展了马克思主义乡村振兴理论。中国特色社会主义乡村振兴道路的成功探索及政策体系的构建，有利于厚植发展优势，增强内生发展能力，促进"三农"发展受弱质性困扰难题的破解，促进农业全面升级、农村全面进步、农民全面发展，进而促进工业化、信息化、城镇化、农业现代化同步发展，加快建设农业强国，使中国式现代化的演进更加坚实。走城乡融合发展之路、共同富裕之路、质量兴农之路、乡村绿色发展之路、乡村文化兴盛之路、乡村善治之路、中国特色减贫之路，是中国特色社会主义乡村振兴道路的有机组成部分，相互促进，需要在系统思维下进行政策的体系性构建和实践的统筹推进。中国特色社会主义乡村振兴道路促进"三农"实现历史性变革和取得历史性成就，为增强道路自信提供了坚实的实践支撑，也从实践上验证了中国特色社会主义乡村振兴道路越走越宽广。

第五部分

全面小康

中共十六大至中共十八大：
全面建设小康社会的部署和成就[*]

在20世纪末全国人民生活总体达到小康水平的基础上，中共十六大明确了在21世纪头20年集中力量全面建设小康社会的奋斗目标并做出全面部署，开启了中国经济社会结构性演进。

一、发展目标由人民生活总体达到小康水平提升为全面建设小康社会

在全国人民生活总体达到小康水平之际，中共十五届五中全会基于对世纪之交中国改革开放和现代化建设面临国内外形势的深入分析，明确"从新世纪开始，我国将进入全面建设小康社会，加快推进社会主义现代化的新的发展阶段"[1]。2001年3月15日，九届全国人大四次会议批准的《中华人民共和国国民经济和社会发展第十个五年计划

---

[*] 本文曾发表于《当代中国史研究》2020年第6期。
[1]《改革开放三十年重要文献选编》(下)，中央文献出版社2008年版，第1109页。

纲要》序言第一段加以重申。[1]中共十六大报告以《全面建设小康社会，开创中国特色社会主义事业新局面》为题，将在21世纪头20年全面建设小康社会作为实现现代化建设第三步战略目标必经的承上启下的发展阶段，对全面建设小康社会做出了部署。

（一）全面建设小康社会战略决策是基于人民生活总体上达到的小康水平还是"低水平的、不全面的、发展很不平衡的小康"的判断做出的

中共十六大对"三步走"战略前两步所实现的小康水平做出了客观判断，在指出人民生活总体上达到小康水平是中华民族发展史上新的里程碑的同时，强调必须看到中国已达到的小康还是低水平的、不全面的、发展很不平衡的小康。[2]

人民生活总体上达到的小康是低水平的。从生产力水平看，2000年，中国人均国内生产总值（GDP）接近900美元，"按照世界银行《1990年世界发展报告》的分类[3]，我国的人均国内生产总值水平属中下组的下限，接近低收入水平。从城镇化水平看，2000年，中国城镇化率仅为36.2%，比当时发达国家平均城镇化率75%低38.8个百分点，比世界平均城镇化率47%低10.8个百分点，甚至比发展中国家平均城镇化率的38%还低1.8个百分点。[4]从综合反映居民生活富裕

---

[1]《中华人民共和国国民经济和社会发展第十个五年计划纲要》，《人民日报》2001年3月18日。
[2]《十六大以来重要文献选编》（上），中央文献出版社2011年版，第14页。
[3] 世界银行《1990年世界发展报告》的分类是：人均国民生产总值545美元及以下为低收入国家，545美元以上至2200美元为中下收入国家，2200美元以上至6000美元为中上收入国家，6000美元以上为高收入国家。资料来源：世界银行编著：《1990年世界发展报告》，中国财政经济出版社1990年版，第xii页。
[4] 贺铿：《关于总体小康水平和全面小康社会的设想》，《管理评论》2003年第3期，第3—7页。

程度的城乡居民恩格尔系数[1]看，2000年中国为42.2%，[2]处于富裕水平之下。

人民生活总体上达到的小康存在不全面的问题。2000年，中国国内生产总值比1980年增长5.6倍，[3]超出了"三步走"战略前两步国内生产总值翻两番的预期目标。从改革开放至20世纪末，中国的小康建设偏重物质文明建设。之所以如此，是因为当时的中国经济发展水平与发达国家存在较大差距，与满足人民的物质文化需要还有较大差距，只有实现经济快速增长，才能为人民生活达到小康水平提供必要的物质基础。因此，这一阶段的精神文明、社会民生、生态文明建设相对滞后，这一不均衡的结构性问题，不仅不能满足人民物质文化多样化的需求，也不利于经济社会的长期持续发展。

人民生活总体上达到的小康存在发展很不平衡的问题。这突出表现在两个方面：一是区域发展不平衡。1991年国家统计局与计划、财政、卫生、教育等12个部门的研究人员组成了课题组，按照党中央、国务院提出的小康社会的内涵，从经济水平、物质生活、人口素质、精神生活、生活环境5大领域确定了小康水平的16项基本监测指标和临界值。其中，经济水平指标1项，即人均国内生产总值。物质生活指标包括5个方面共8项：收入方面的城镇人均可支配收入和农民

---

[1] 目前世界上普遍把恩格尔系数作为衡量生活水平高低的重要指标。具体划分是，恩格尔系数在59%以上为绝对贫困；51%—59%为维持温饱；40%—50%为小康水平；30%—39%为富裕水平；30%以下为最富裕。参见魏礼群主编：《当代中国社会大事典（1978—2015）》第4卷，商务印书馆、华文出版社2018年版，第196页。
[2]《辉煌70年》编写组编：《辉煌70年——新中国经济社会发展成就（1949—2019）》，中国统计出版社2019年版，第373—374、381—382页。
[3] 根据《辉煌70年——新中国经济社会发展成就（1949—2019）》（中国统计出版社2019年版）第373—374页中的数据计算得出。

人均纯收入；居住方面的城镇人均住房使用面积和农村人均钢木结构住房面积；营养方面的人均蛋白质摄入量；交通方面的城市人均拥有的铺路面积、农村通公路行政村比重；结构方面为恩格尔系数。人口素质指标包括 2 个方面共 3 项：文化方面的成人识字率；健康方面的人均预期寿命和婴儿死亡率。精神生活指标 2 项，即教育娱乐支出比重和电视机普及率。生活环境指标 2 项，即森林覆盖率和农村初级卫生保健基本合格以上县比例。在此基础上，还有一个总体指标，即全部指标实现程度平均值。根据这个指标体系来衡量小康的实现情况，2000 年，"东部 11 个省人均 GDP 为 1600 美元，100% 实现；西部 12 个省市区人均 GDP 仅 610 美元，仅实现了 56%，与东部相差 2.6 倍"；"中部 8 个省，16 个指标的实现率平均为 78%"，即东、西、中部的经济发展很不均衡。[1] 这种发展不均衡格局形成的原因，是由于东部地区有历史发展基础优势，在对外开放中有地缘优势以及"两个大局"[2] 思想指导下促进东部地区先发展起来的政策优势。二是城乡发展不平衡。尽管城镇快速发展辐射带动了农村发展，但城乡二元结构问题突出，城乡经济社会发展、基础设施、社会保障等差距大。2000 年，城乡居民人均可支配收入比高达 2.74∶1；城乡居民恩格尔系数分别为 38.6% 和 48.3%，相差 9.7 个百分点。按照 2008 年标准，2000

---

[1] 贺铿：《关于总体小康水平和全面小康社会的设想》，《管理评论》2003 年第 3 期，第 3—7 页。

[2] 1988 年 9 月 12 日，邓小平指出："沿海地区要加快对外开放，使这个拥有两亿人口的广大地带较快地先发展起来，从而带动内地更好地发展，这是一个事关大局的问题。内地要顾全这个大局。反过来，发展到一定的时候，又要求沿海拿出更多力量来帮助内地发展，这也是个大局。那时沿海也要服从这个大局。"参见《邓小平文选》第 3 卷，人民出版社 1993 年版，第 277—278 页。

年全国农村贫困人口有9422万人,贫困发生率为10.2%。[1]

(二)发展目标由小康生活向小康社会拓展

针对已达到的小康存在低水平、不全面、发展很不平衡的问题,中共十六大"根据十五大提出的到二〇一〇年、建党一百年和新中国成立一百年的发展目标",提出全面建设小康社会目标,即中国"要在本世纪头二十年,集中力量,全面建设惠及十几亿人口的更高水平的小康社会,使经济更加发展、民主更加健全、科教更加进步、文化更加繁荣、社会更加和谐、人民生活更加殷实"。[2]

中国推进的小康社会建设,从一开始就有特定的历史方位,即中国现代化进程中的重要发展阶段。酝酿提出小康目标是基于当时在现代化建设方面中国与发达国家有着较大差距。1979年12月6日,邓小平在会见日本首相大平正芳时指出:"我们的四个现代化的概念,不是像你们那样的现代化的概念,而是'小康之家'。"[3]邓小平提出的"小康之家"及之后中共十三大明确的"三步走"战略中前两步的小康水平、中共十六大确定的全面建设小康社会奋斗目标,不同于传统农业社会向往的"小康",而是借用中国传统文化中的"小康"一词,表达经过努力奋斗可实现的中国现代化建设进程中的重要发展阶段目标。给高度抽象概括的现代化建设融入传统文化元素——小康,这是贴近人民群众的话语,使人民群众更易理解现代化,进而激起投身现代化建设的热情。

在酝酿小康目标之初,对于小康的内涵并没有具体的界定,但当

---

[1]《辉煌70年》编写组编:《辉煌70年——新中国经济社会发展成就(1949—2019)》,中国统计出版社2019年版,第382、383页。

[2]《十六大以来重要文献选编》(上),中央文献出版社2011年版,第14页。

[3]《邓小平文选》第2卷,人民出版社1994年版,第237页。

时全国人民印象最深刻的是到20世纪末国民生产总值比1980年翻两番。到1991年，国务院总理李鹏在《关于国民经济和社会发展十年规划和第八个五年计划纲要的报告》中对"小康"内涵做出了相对具体的描述："我们所说的小康生活，是适应我国生产力发展水平，体现社会主义基本原则的。人民生活的提高，既包括物质生活的改善，也包括精神生活的充实；既包括居民个人消费水平的提高，也包括社会福利和劳动环境的改善"。[1] 4月9日，七届全国人大四次会议批准的《中华人民共和国国民经济和社会发展十年规划和第八个五年计划纲要》明确1991—2000年的主要目标之一是："人民生活从温饱达到小康，生活资料更加丰裕，消费结构趋于合理，居住条件明显改善，文化生活进一步丰富，健康水平继续提高，社会服务设施不断完善"。[2] 总体而言，从改革开放初期至20世纪末，在小康社会建设过程中，较偏重物质文明建设，尤其是国民生产总值翻两番的经济增长目标。

随着经济社会的发展和人民群众对全面建设小康社会目标的新期待，以胡锦涛同志为主要代表的中国共产党人把握经济社会发展趋势和规律，及时明确了到2020年实现全面建设小康社会奋斗目标的新要求。基于中共十六大全面建设小康社会的部署和科学发展观的形成，2004年3月10日，胡锦涛在中央人口资源环境工作座谈会上指出："不仅要重视经济增长指标，而且要重视人文指标、资源指标、环境指标和社会发展指标，坚持把经济增长指标同人文、资源、环境和社会

---

[1] 李鹏：《关于国民经济和社会发展十年规划和第八个五年计划纲要的报告》，《人民日报》1991年4月11日。

[2]《中华人民共和国国民经济和社会发展十年规划和第八个五年计划纲要》，《人民日报》1991年4月16日。

发展指标有机地结合起来。"[1]中共十七大又从增强发展协调性、扩大社会主义民主、加强文化建设、加快发展社会事业、建设生态文明五个方面明确了到 2020 年实现全面建设小康社会奋斗目标的新要求。[2]

中共十六大提出的 21 世纪头 20 年集中力量全面建设小康社会的奋斗目标，与加快推进现代化相统一，不仅物质财富要达到更高的水平，还要实现经济、政治、文化、社会、生态文明的全面发展，符合人民对物质文化需要日益增长的要求。

二、科学发展观引领全面建设小康社会

2003 年 10 月 14 日，胡锦涛在中共十六届三中全会上，基于"更好地坚持发展才是硬道理的战略思想"、20 多年改革开放实践的经验总结、战胜非典型肺炎疫情的重要启示、推进全面建设小康社会的迫切要求，提出要"树立和落实科学发展观"。[3]中共十七大进一步明确了"科学发展观，第一要义是发展，核心是以人为本，基本要求是全面协调可持续，根本方法是统筹兼顾"的内涵。[4]中共十六大起的十年间，中国共产党深入贯彻科学发展观，以全面建设小康社会为奋斗目标，探索中国特色社会主义事业总体布局，构建和谐社会，统筹城乡、区域、经济社会、人与自然和谐发展，为全面建设小康社会提供和谐进步的社会基础，促进小康社会全面均衡发展。

（一）探索中国特色社会主义事业总体布局促进全面建设小康社会

随着改革开放的推进和经济社会的发展，中国特色社会主义事业

---

[1]《十六大以来重要文献选编》（上），中央文献出版社 2011 年版，第 859 页。
[2]《十七大以来重要文献选编》（上），中央文献出版社 2009 年版，第 15—16 页。
[3]《十六大以来重要文献选编》（上），中央文献出版社 2011 年版，第 483 页。
[4]《十七大以来重要文献选编》（上），中央文献出版社 2009 年版，第 11—12 页。

总体布局不断丰富完善。在改革开放前，基于中国与工业化先发国家的较大差距，在追赶的进程中，较为偏重物质文明建设，尤其是偏重工业化发展。改革开放初期，面对腐朽思想露头、贪污腐败现象增多、社会治安形势严峻等问题，邓小平曾多次提出"两手抓、两手都要硬"的重要论述。比如："我们现在搞两个文明建设，一是物质文明，一是精神文明"；"搞四个现代化一定要有两手，只有一手是不行的。所谓两手，即一手抓建设，一手抓法制"；"要坚持两手抓，一手抓改革开放，一手抓打击各种犯罪活动。这两只手都要硬"。[1]

1986年9月，中共十二届六中全会审议通过的《中共中央关于社会主义精神文明建设指导方针的决议》中，首次提出"社会主义现代化建设的总体布局"。该决议指出："我国社会主义现代化建设的总体布局是：以经济建设为中心，坚定不移地进行经济体制改革，坚定不移地进行政治体制改革，坚定不移地加强精神文明建设，并且使这几个方面互相配合，互相促进。"[2] 1987年，中共十三大确定了"一个中心、两个基本点"的基本路线，[3]同时确定了"三步走"发展战略。

随着经济发展到工业化中期的新阶段，中共十六大顺应经济社会发展的要求，把"发展社会主义民主政治，建设社会主义政治文明"明确为全面建设小康社会的重要目标，提出"不断促进社会主义物质文明、政治文明和精神文明的协调发展"。[4]

在经济体制深刻变革、社会结构深刻变动、利益格局深刻调整、思想观念深刻变化的历史条件下，2004年9月召开的中共十六届四中

---

[1]《邓小平文选》第3卷，人民出版社1993年版，第156、154、378页。
[2]《改革开放三十年重要文献选编》（上），中央文献出版社2008年版，第430页。
[3]《邓小平文选》第3卷，人民出版社1993年版，第345页。
[4]《十六大以来重要文献选编》（上），中央文献出版社2011年版，第24、43页。

全会把和谐社会建设摆在重要位置，提出构建社会主义和谐社会的任务。[1] 2005年2月19日，胡锦涛在省部级主要领导干部提高构建社会主义和谐社会能力专题研讨班上指出："我们党明确提出构建社会主义和谐社会的重大任务，就是要求全党同志在建设中国特色社会主义伟大实践中更加自觉地加强社会主义和谐社会建设，使社会主义物质文明、政治文明、精神文明建设与和谐社会建设全面发展。这表明，随着我国经济社会不断发展，中国特色社会主义事业总体布局更加明确地由社会主义经济建设、政治建设、文化建设三位一体发展为社会主义经济建设、政治建设、文化建设、社会建设四位一体。"[2] 中共十七大报告把"四位一体"写入其中，指出："要按照中国特色社会主义事业总体布局，全面推进经济建设、政治建设、文化建设、社会建设，促进现代化建设各个环节、各个方面相协调，促进生产关系与生产力、上层建筑与经济基础相协调。"[3]

中国特色社会主义事业总体布局，从改革开放初的"两手抓、两手都要硬"到"三个文明"协调发展，再到中共十七大明确经济建设、政治建设、文化建设、社会建设"四位一体"，在认识上实现了飞跃，对当代中国的发展和建设问题做出了科学回答，科学发展路径更清晰，促进了全面建设小康社会扎实推进。

（二）构建和谐社会为全面建设小康社会提供和谐进步的社会基础

中共十六大在提出全面建设小康社会的宏伟目标时，就把社会更加和谐作为其中的重要内容，中共十六届四中全会提出建设社会主义和谐社会是从全面建设小康社会全局出发而确定的一项重大战略任

---

[1]《十六大以来重要文献选编》（中），中央文献出版社2011年版，第286页。
[2]《胡锦涛文选》第2卷，人民出版社2016年版，第274页。
[3]《十七大以来重要文献选编》（上），中央文献出版社2009年版，第12页。

务。[1]中共十六届六中全会将构建社会主义和谐社会明确为从中国特色社会主义事业总体布局和全面建设小康社会全局出发的重大战略任务。[2]

从国际经验看，人均国内生产总值在1000—3000美元是矛盾凸显期，是向中等发达国家水平挺进的重要一步。2001年，中国人均国内生产总值突破1000美元，处于人均国内生产总值1000美元向3000美元过渡的关键时期，这既是一个发展机遇期，也是一个矛盾凸显期。[3]中共十六届六中全会通过的《中共中央关于构建社会主义和谐社会若干重大问题的决定》(以下简称《决定》)分析指出："我国社会总体上是和谐的。但是，也存在不少影响社会和谐的矛盾和问题，主要是：城乡、区域、经济社会发展很不平衡，人口资源环境压力加大；就业、社会保障、收入分配、教育、医疗、住房、安全生产、社会治安等方面关系群众切身利益的问题比较突出；体制机制尚不完善，民主法制还不健全；一些社会成员诚信缺失、道德失范，一些领导干部的素质、能力和作风与新形势新任务的要求还不适应；一些领域的腐败现象仍然比较严重；敌对势力的渗透破坏活动危及国家安全和社会稳定"。针对上述影响社会和谐的矛盾和问题，《决定》从坚持协调发展，加强社会事业建设；加强制度建设，保障社会公平正义；建设和谐文化，巩固社会和谐的思想道德基础；完善社会管理，保持社会安定有序；激发社会活力，增进社会团结和睦5个方面明确了构建社会主义和谐社会28项措施。[4]

---

[1]《十六大以来重要文献选编》(中)，中央文献出版社2011年版，第314页。
[2]《十六大以来重要文献选编》(下)，中央文献出版社2011年版，第648页。
[3]《十六大以来重要文献选编》(中)，中央文献出版社2011年版，第1088页。
[4]《十六大以来重要文献选编》(下)，中央文献出版社2011年版，第649—668页。

中共十六届六中全会做出"社会和谐是中国特色社会主义的本质属性"的判断，并据此第一次把"和谐"与"富强民主文明"一起作为社会主义现代化建设的目标，实现了中国特色社会主义事业总体布局与奋斗目标的有机统一。《决定》回答了在新世纪新阶段改革发展的关键时期，为什么要构建社会主义和谐社会、构建什么样的社会主义和谐社会、怎样构建社会主义和谐社会的问题。[1]

基于"我们要构建的社会主义和谐社会，是在中国特色社会主义道路上，中国共产党领导全体人民共同建设、共同享有的和谐社会"[2]的定位，党和政府一方面着眼"大社会"，把和谐社会建设落实到党和国家全部工作之中；另一方面着手"小社会"，把解决人民群众最关心、最直接、最现实的利益问题作为重点，致力于发展社会事业、促进社会公平正义、建设和谐文化、完善社会管理、激发社会创造活力，推动社会建设与经济建设、政治建设、文化建设协调发展，进而促进社会和谐进步。

（三）统筹发展促进小康社会全面均衡发展

中共十六届三中全会通过的《中共中央关于完善社会主义市场经济体制若干问题的决定》提出："按照统筹城乡发展、统筹区域发展、统筹经济社会发展、统筹人与自然和谐发展、统筹国内发展和对外开放的要求，更大程度地发挥市场在资源配置中的基础性作用，增强企业活力和竞争力，健全国家宏观调控，完善政府社会管理和公共服务职能，为全面建设小康社会提供强有力的体制保障。"这次全会提出统筹发展，是在树立和落实全面发展、协调发展、可持续发展的科学发展观下，针对当时中国"达到的小康还是低水平的、不全面的、发展

---

[1]《十六大以来重要文献选编》（下），中央文献出版社2011年版，第648—671页。
[2]《十六大以来重要文献选编》（下），中央文献出版社2011年版，第650页。

很不平衡的小康,人民日益增长的物质文化需要同落后的社会生产之间的矛盾仍然是我国社会的主要矛盾",为巩固和提高已达到的小康水平,实现经济、社会和人的全面发展而提出的。[1]中共十六大之后的十年,党和政府采取诸多措施,着力解决城乡、区域、经济社会、人与自然发展不协调的矛盾。

统筹城乡发展,建设社会主义新农村。针对城乡二元结构的问题,基于世纪之交已进入工业化中期,胡锦涛在2003年1月召开的中央农村工作会议上提出"把解决好农业、农村和农民问题作为全党工作的重中之重"。[2]从2004年起中共中央连续将以促进"三农"发展为主题的文件列为当年的一号文件。2005年,中共十六届五中全会提出建设社会主义新农村是中国现代化进程中的重大历史任务,要按照"生产发展、生活宽裕、乡风文明、村容整洁、管理民主的要求"建设社会主义新农村。[3]其后,有两个方面的重大政策发生了调整:一是调整工业、农业的剩余价值分配政策,将长期实行的农业养育工业改为工业反哺农业,自2006年1月1日起废止《中华人民共和国农业税征收条例》,扩大公共财政覆盖农村的范围,强化政府对农村的公共服务。二是改革城乡二元体制,促进城乡一体化发展。通过上述政策调整,着力建立以工促农、以城带乡的长效机制。

统筹区域发展,促进合理区域发展格局的形成。针对东部地区实现了快速发展,而中西部地区发展相对滞缓的不均衡问题,积极推进区域发展战略。一是坚持实施西部大开发战略。2006年12月,国务

---

[1]《十六大以来重要文献选编》(上),中央文献出版社2011年版,第465、14页。
[2]《十六大以来重要文献选编》(上),中央文献出版社2011年版,第112页。
[3]《十六大以来重要文献选编》(中),中央文献出版社2011年版,第1066页。

院常务会议审议并原则通过《西部大开发"十一五"规划》。[1]二是振兴东北地区等老工业基地。2003年10月，中共中央、国务院印发《关于实施东北地区等老工业基地振兴战略的若干意见》。[2]三是促进中部地区崛起。2004年3月，国务院总理温家宝在《政府工作报告》中提出"促进中部地区崛起"。[3]2006年4月，中共中央、国务院印发《关于促进中部地区崛起的若干意见》。[4]2007年1月，国务院办公厅印发《关于中部六省比照实施振兴东北地区等老工业基地和西部大开发有关政策范围的通知》，根据这一政策，中部六省将享受历史欠税豁免、税收优惠等多项优惠政策。[5]四是鼓励东部地区率先发展。2005年6月，国务院批准上海浦东新区进行综合配套改革试点。[6]2006年5月，国务院发出《关于推进天津滨海新区开发开放有关问题的意见》，指出："推进天津滨海新区开发开放，是在新世纪新阶段，党中央、国务院从我国经济社会发展全局出发作出的重要战略部署"。[7]在统筹区域发展进程中，基于资源环境承载能力、发展基础和潜力，按照发挥比较优势、加强薄弱环节、享受均等化基本公共服务的要求，逐步形成主体功能定位清晰，东中西良性互动，公共服务和人民生活水平差距趋向缩小的区域协调发展格局。[8]

---

[1]《温家宝主持召开国务院常务会议》，《人民日报》2006年12月9日。

[2]《改革开放四十年大事记》，《人民日报》2018年12月17日。

[3]《十六大以来重要文献选编》(上)，中央文献出版社2011年版，第834页。

[4]《改革开放四十年大事记》，《人民日报》2018年12月17日。

[5]《中部崛起战略——从"坐而论"到"起而行"》，《人民日报》2007年4月25日。

[6]《浦东，又一次被历史选择》，《人民日报》2005年6月24日。

[7]《为全面建设小康社会、开创中国特色社会主义事业新局面而奋斗》，《人民日报》2007年10月9日。

[8]《中华人民共和国国民经济和社会发展第十一个五年规划纲要》，《人民日报》2006年3月17日。

统筹经济社会发展,加快推进以民生为重点的社会建设。针对偏重经济增长而民生改善相对滞后的问题,2003年7月28日,胡锦涛在全国防治非典工作会议上提出"把促进经济社会协调发展摆到更加突出的位置"[1]。中共十七大明确将"加快发展社会事业,全面改善人民生活"列为实现全面建设小康社会奋斗目标的新要求之一。这次大会分析了社会事业的发展和存在的问题,指出:"劳动就业、社会保障、收入分配、教育卫生、居民住房、安全生产、司法和社会治安等方面关系群众切身利益的问题仍然较多,部分低收入群众生活比较困难";同时进一步分析了我国发展呈现的新的阶段性特征,在社会建设方面,指出:"社会活力显著增强,同时社会结构、社会组织形式、社会利益格局发生深刻变化,社会建设和管理面临诸多新课题"。鉴于此,中共十七大提出要加快发展社会事业和全面改善人民生活。[2]

统筹人与自然和谐发展,积极推进资源节约型社会、环境友好型社会建设。针对粗放型经济增长"高投入、高消耗、高排放、不协调、难循环、低效率"导致生态环境恶化的问题,中共十六届三中全会提出必须"促进经济社会和人的全面发展"。胡锦涛在这次全会上指出,要实现全面建设小康社会的宏伟目标,就必须坚持在开发利用自然中实现人与自然的和谐相处,实现经济社会的可持续发展。[3]胡锦涛在2005年3月召开的中央人口资源环境工作座谈会上提出,要"全方位、多层次推广适应建立资源节约型、环境友好型社会要求的生产生活方式"。中共十六届五中全会审议通过的《中共中央关于制定国民经济和社会发展第十一个五年规划的建议》,从大力发展循环经济、加大

---

[1]《胡锦涛文选》第2卷,人民出版社2016年版,第67页。
[2]《十七大以来重要文献选编》(上),中央文献出版社2009年版,第15、4、11页。
[3]《十六大以来重要文献选编》(上),中央文献出版社2011年版,第465、483页。

环境保护力度、切实保护好自然生态三个方面明确了建设资源节约型、环境友好型社会的目标和措施。[1]中共十七大首次把"建设生态文明"写入党的全国代表大会报告,明确将建设生态文明列为实现全面建设小康社会奋斗目标的新要求之一。[2]

三、全面建设小康社会的成就

中共十六大之后的十年间,以胡锦涛同志为主要代表的中国共产党人,推进科学发展,拓展了经济社会发展空间,取得了全面建设小康社会的重大成就,在综合国力显著增强、经济高速增长和结构改善的同时,城乡、区域、经济社会、人与自然发展不协调的矛盾得以遏制,人民物质文化生活更加丰富。

（一）经济高速增长和结构改善

这十年间,中国紧紧抓住和用好发展的重要战略机遇期,推进经济又好又快发展。经济总量高速增长。中共十六大报告指出:"全面建设小康社会,最根本的是坚持以经济建设为中心,不断解放和发展社会生产力。"[3]十年间,中国聚精会神搞建设,一心一意谋发展,战胜一系列重大挑战特别是2008年爆发的国际金融危机。国内生产总值由2002年的121717.4亿元增加到2012年的538580.0亿元。[4]

创新驱动能力增强。实施科教兴国战略、人才强国战略、可持续发展战略,促进发展方式转变,经济朝着又好又快方向发展。从

---

[1]《十六大以来重要文献选编》(中),中央文献出版社2011年版,第823、1072—1073页。
[2]《十七大以来重要文献选编》(上),中央文献出版社2013年版,第16页。
[3]《十六大以来重要文献选编》(上),中央文献出版社2011年版,第16页。
[4]《辉煌70年》编写组编:《辉煌70年——新中国经济社会发展成就（1949—2019）》,中国统计出版社2019年版,第362、374页。

2002年到2012年，全国研究与试验发展（R&D）经费支出由1161亿元增加到10240亿元，占国内生产总值的比重由1.1%提高到1.97%。[1]2011年，中国共授权发明专利17.2万件，是2001年的近11倍；其中企业的发明专利年度授权量更是迅猛增加，从2001年的1000余件增长到2011年的5.8万多件。与此同时，中国的国际专利申请量，也由2001年的1731件上升到2011年的1.64万件，世界排名从第十位上升至第四位。[2]十年间，中国企业创新能力和产业竞争力明显提升，成长起一批创新型企业，领跑"中国制造"向"中国智造"转变。

经济结构改善。一是走新型工业化道路。中共十六大报告提出："坚持以信息化带动工业化，以工业化促进信息化，走出一条科技含量高、经济效益好、资源消耗低、环境污染少、人力资源优势得到充分发挥的新型工业化路子。"[3]走新型工业化道路，充分发挥科学技术作为第一生产力的重要作用，注重依靠科技进步和提高劳动者素质，改善了经济增长质量和效益。二是第一、第二、第三产业结构改善。第一、第二、第三产业增加值在国内生产总值中的占比，由2002年的13.3%、44.5%、42.2%，演进为2012年的9.1%、45.4%、45.5%。其中，第二产业稳中有升，2006年高达47.6%，2012年比2002年增长了0.9个百分点；2012年与2002年相比，第一产业下降4.2个百分点，第

---

[1]《中华人民共和国2022年国民经济和社会发展统计公报》，《人民日报》2003年3月1日；《中华人民共和国2012年国民经济和社会发展统计公报》，《人民日报》2013年2月23日。

[2]《自主创新：转型发展的中国追求》，《人民日报》2012年10月25日。

[3]《十六大以来重要文献选编》（上），中央文献出版社2011年版，第16页。

三产业上升 3.3 个百分点。[1]

在国际上的位势提升。到 2010 年,中国经济总量从 2002 年的居世界第六位跃升到第二位,并成为全球制造业第一大国。2009 年,中国货物贸易出口跃居世界首位。中国在全球经济中所占份额由 2000 年的 3.7% 上升到 2012 年的 11.6%,增长了 7.9 个百分点。从 2008 年世界金融危机爆发后到 2012 年,中国对全球经济增量的贡献率接近 40%,成为拉动全球经济增长的主要动力。[2]

(二)全面均衡发展顺利推进

这十年间,随着统筹城乡、区域、经济社会、人与自然和谐发展的推进,发展不全面、不平衡的突出问题得以遏制。

统筹城乡发展。随着统筹城乡发展的推进,社会主义新农村建设扎实推进,城乡差距拉大问题得以遏制。城镇化水平快速提升,城镇化率由 2002 年的 39.1% 提高到 2012 年的 52.6%,平均每年提高 1.4 个百分点。2011 年,全国城镇人口首次超过农村人口,城镇化率达到 51.3%,标志着中国城乡人口结构实现由以农村为主到城市为主的历史性转变。农业综合生产能力迈上新台阶,全国粮食产量自 1999 年起下降徘徊态势得以扭转,2004—2012 年实现"九连增",其中 2007—2012 年连续六年超过 5 亿吨,2012 年达 61222.62 万吨,[3] 比 2002 年增长 33.9%。农村居民人均可支配收入增幅逐年下降的态势(由 1996 年的 9.0% 逐年下降至 2000 年的 2.1%)[4] 得以扭转,2004—2012 年

---

[1]《辉煌 70 年》编写组编:《辉煌 70 年——新中国经济社会发展成就(1949—2019)》,中国统计出版社 2019 年版,第 366 页。

[2] 何建武:《中国成为全球经济增量最大贡献者》,《中国经济时报》2014 年 12 月 2 日。

[3]《辉煌 70 年》编写组编:《辉煌 70 年——新中国经济社会发展成就(1949—2019)》,中国统计出版社 2019 年版,第 355、402 页。

[4] 国家统计局编:《中国统计年鉴(2013)》,中国统计出版社 2013 年版,第 378 页。

实现快速增长，由2002年的2528.9元增加至2012年的8389.3元，尤其是2010年起连续三年增幅超过城镇居民。在国家大幅度增加农村基础设施建设财政投入的情况下，农村道路、电力、危房改造、饮水安全、环境等基础设施快速改善。农村公共文化体系建设快速推进，教育、医疗卫生事业快速发展，仅全国乡镇卫生院床位数，就由2002年的67.13万张增加到2012年的109.93万张，[1]增长了63.8%。随着工业反哺农业政策的实施和社会主义新农村建设的推进，农村交通更加便利，环境有所改善，农民住房面积增加较多，农村医疗制度逐步健全，农村社会保障体系趋于完善。农村面貌加快改善，城乡经济社会发展一体化新格局逐步形成，城乡关系发生了新的历史性变化。这十年间，是中国农业农村发生历史性巨变、农民得到实惠最多的时期之一。

统筹区域发展。随着统筹区域发展的推进，西部大开发、振兴东北地区等老工业基地、促进中部地区崛起、鼓励东部地区率先发展等重大区域发展战略向纵深推进，区域发展不均衡的问题得以遏制。"2011年，中部、西部和东北地区全社会固定资产投资占全国的比重分别为23.2%、23.5%和10.7%，分别比2002年提高5.5、3.2和2.4个百分点。"2007年，西部地区经济增速首次超过东部地区，2008—2011年，中部、西部和东北地区经济增速连续四年超过东部地区。"2011年，中、西部地区的地区生产总值占全国的比重分别为20.1%、19.2%，分别比2002年提高1.3、2.0个百分点。"[2]"十一五"规划纲

---

[1]《辉煌70年》编写组编：《辉煌70年——新中国经济社会发展成就（1949—2019）》，中国统计出版社2019年版，第382、471页。

[2]《区域协调：均衡发展的中国版图》，《人民日报》2012年10月28日。

要提出的"推进形成主体功能区"[1]建设初见成效,区域间产业梯度转移步伐加快,中西部地区发展潜力逐步释放。

统筹经济社会发展。随着统筹经济社会发展的推进,以改善民生为重点的社会建设加快,人民群众普遍关心的热点难点问题得以回应,就业人数、就业机会大幅度增长,最低生活保障制度实现全覆盖,全民医保体系初步形成,覆盖城乡居民的社会保障体系基本建立,全体人民学有所教、劳有所得、病有所医、老有所养、住有所居,发展成果更多更公平地惠及全体人民。

统筹人与自然和谐发展。随着统筹人与自然和谐发展的推进,党和政府积极转变经济发展方式,建设资源节约型、环境友好型社会逐步得到落实。这十年间,中国成为世界上投资清洁能源力度最大的国家,单位GDP能耗下降12.9%;绿色GDP的政绩考核开始启动,生态补偿体制机制稳步推进。这十年间,全国森林面积由23.9亿亩增加到29.3亿亩,森林覆盖率由16.55%提高到20.36%;全国沙化土地面积逐年缩减,实现了从"沙进人退"向"人进沙退"的历史性转变。"2002年七大水系重点监测断面中,仅有29.1%满足Ⅰ—Ⅲ类水质要求,2011年提高到61.0%;2002年近岸海域一、二类海水比例为49.7%,2011年提高到62.8%;水土流失治理面积达到47.16万平方公里"。[2]

(三)人民生活水平大幅度提升

这十年间,党和政府坚持以人为本,致力于促进人民生活改善与经济发展相协调,人民生活水平大幅度提升。

---

[1]《中华人民共和国国民经济和社会发展第十一个五年规划纲要》,《人民日报》2006年3月17日。
[2]《生态文明:永续发展的中国探索》,《人民日报》2012年10月24日。

城乡居民收入水平大幅度提升。中共十七大在十六大提出力争国内生产总值到 2020 年比 2000 年翻两番的基础上，首次提出 2020 年人均国内生产总值比 2000 年翻两番，[1] 体现出中国共产党关于发展成果惠及人民群众的战略部署。十年间，党和政府针对城乡部分居民收入增长缓慢、收入分配关系尚未理顺的问题，以共同富裕为目标，坚持按劳分配为主体、多种分配方式并存的分配制度，促进城乡居民收入增加，扩大中等收入者比重，提高低收入者收入水平。在初次分配上注重效率，发挥市场作用，确立劳动、资本、技术、管理等生产要素按贡献参与分配原则，继续鼓励一部分人通过诚实劳动、合法经营先富起来。在再分配上注重公平，加强政府对收入分配的调节职能，对分配秩序进行规划。城乡居民可支配收入由 2002 年的 4531.6 元，提高到 2012 年的 16509.5 元。[2]

人民生活水平和质量显著提高。一方面，人民消费水平大幅度提高。2002—2012 年，全国居民人均消费支出由 3547.7 元增加到 12053.7 元，2012 年最终消费对经济增长的贡献率也提高到 51.8%；按 2008 年标准，贫困发生率由 2002 年的 9.2% 下降至 2010 年的 2.8%。另一方面，在社会事业快速发展、社会保障水平显著提高、初步建立起覆盖城乡的公共文化服务体系从而满足人民群众基本文化需求的基础上，人民消费领域拓宽，消费结构改善，物质文化生活更加丰富。2002—2012 年，全国城乡居民恩格尔系数由 39.2% 下降到

---

[1]《十七大以来重要文献选编》（上），中央文献出版社 2009 年版，第 15 页。
[2]《辉煌 70 年》编写组编：《辉煌 70 年——新中国经济社会发展成就（1949—2019）》，中国统计出版社 2019 年版，第 382 页。

33.0%。[1]移动电话、电脑、移动存储设备、数码照（摄）相机等开始大量进入人们的生活，2002—2012年城镇居民家庭平均每百户拥有家用计算机、移动电话由20.6台、62.9部分别增加到87.0台和212.6部。城镇居民家庭平均每百户汽车拥有量，由2002年的0.9辆，增加到2012年的21.5辆。[2]在高铁、高速公路通车里程数快速增长情况下，出行方式改变，出行日益舒适便捷。旅游休闲成为新的消费增长点并快速增长，2002—2012年全国居民国内游客由8.78亿人次增加到29.57亿人次，人均旅游消费由442元增加到768元。其中，城镇居民国内游客由3.85亿人次增加到19.33亿人次，人均消费由740元增加到915元；农村居民国内游客由4.93亿人次增加到10.24亿人次，人均消费由209元增加到491元。[3]

综上所述，从中共十六大到十八大的十年间，中国共产党深入贯彻科学发展观，以全面建设小康社会为奋斗目标，探索中国特色社会主义事业总体布局，构建和谐社会，统筹城乡、区域、经济社会、人与自然和谐发展，为全面建设小康社会提供和谐进步的社会基础，促进小康社会全面均衡发展。这十年间，中国紧紧抓住和用好发展的重要战略机遇期，拓展了经济社会发展空间，全面均衡发展扎实推进，人民物质文化生活日益丰富。全面建设小康社会取得历史性成就，为全面建成小康社会打下了坚实基础。

---

[1]《辉煌70年》编写组编：《辉煌70年——新中国经济社会发展成就（1949—2019）》，中国统计出版社2019年版，第382、383页。

[2] 国家统计局编：《中国统计年鉴（2003）》，中国统计出版社2003年版，第352页；《中国统计年鉴（2013）》，中国统计出版社2013年版，第395、397页。

[3]《辉煌70年》编写组编：《辉煌70年——新中国经济社会发展成就（1949—2019）》，中国统计出版社2019年版，第439、430页。

破解全面小康社会"三农"短板难题[*]

2015年11月23日,习近平总书记在十八届中央政治局第二十八次集体学习时指出:"发展为了人民,这是马克思主义政治经济学的根本立场。""党的十八届五中全会鲜明提出要坚持以人民为中心的发展思想,把增进人民福祉、促进人的全面发展、朝着共同富裕方向稳步前进作为经济发展的出发点和落脚点。这一点,我们任何时候都不能忘记,部署经济工作、制定经济政策、推动经济发展都要牢牢坚持这个根本立场。"[1]在实现中华民族伟大复兴中国梦的历史进程中,中国共产党坚持以人民为中心,全国一盘棋,统筹全局与局部、长远与当前发展,处理好工业与农业、城镇与农村的发展关系,促进全体人民共同富裕和农村同步进入全面小康社会,突破了单纯从某一个体或局部资源配置效率出发而难以破解"三农"发展受弱质性困扰的路径锁定,破解全面小康社会"三农"短板难题,实现历史性突破,数量庞大的乡村人口同步迈向全面小康社会。本文按照马克思主义政治经济

---

[*] 本文曾发表于《中国井冈山干部学院学报》2020年第5期。
[1] 习近平:《不断开拓当代中国马克思主义政治经济学新境界》,《求是》2020年第16期。

学的观点和方法，基于中国共产党始终坚持以人民为中心的历史，在把"三农"转型发展纳入中国共产党坚持以人民为中心的现代化建设进程考察的基础上，展开对破解全面小康社会"三农"短板难题的研究。这一研究更清晰地呈现中国共产党坚持以人民为中心和从促进全体人民共同富裕进而实现中华民族伟大复兴出发，勇于破解工业化、城镇化进程中世界普遍存在的"三农"发展受弱质性困扰，以及由此决定的乡村人口数量庞大条件下全面小康社会"三农"短板难题的历史场景、历史逻辑和实现路径。

一、促进"三农"转型发展、全面建成小康社会的阶段性突破

改革开放以来中国推进的小康建设，从一开始就有中国特色的历史方位，即基于中国在现代化上与发达国家有着较大差距，借用中国传统文化元素中的"小康"一词，以表达经过努力奋斗可实现的中国现代化进程中的重要发展阶段目标，是不同于传统农业社会追求的小康形态。1979年12月6日，邓小平会见日本首相大平正芳时指出，"我们的四个现代化的概念，不是像你们那样的现代化的概念，而是'小康之家'。"[1] 1981年6月，党的十一届六中全会第一次把到20世纪末要使人民物质文化生活达到小康水平的发展目标写入中共中央全会通过的决议——《关于建国以来党的若干历史问题的决议》。1982年8月21日，邓小平会见联合国秘书长德奎利亚尔时提出分步走发展战略。[2] 9月召开的党的十二大在经济建设总的目标中明确了小康水平的战略构想。[3] 五年后召开的党的十三大对中国经济建设战略作出部署，

---

[1]《邓小平文选》第2卷，人民出版社1994年版，第237页。
[2]《邓小平文选》第2卷，人民出版社1994年版，第417页。
[3]《十二大以来重要文献选编》（上），人民出版社1986年版，第14页。

正式明确"三步走"战略。[1]改革开放初期起至20世纪末，小康建设的重点是经济建设。之所以如此，是因为中国经济发展水平与发达国家存在较大差距，与满足人民的物质文化需要还有较大差距，只有通过经济的快速增长，到20世纪末实现国民生产总值翻两番，才能为人民生活达到小康水平提供必要的物质基础。从实现小康的程度看，促进"三农"转型发展、全面建成小康社会的历史进程，呈现阶段性突破特征，大致经历新中国成立起至20世纪末建设农业农村现代化与总体上达到小康水平，21世纪初起至党的十八大前建设社会主义新农村与全面建设小康社会，党的十八大起至2020年实施乡村振兴战略、决战脱贫攻坚与全面建成小康社会三个大的阶段。

（一）建设农业农村现代化与总体上达到小康水平

中国自20世纪50年代初启动国家工业化战略起，到20世纪末，在全国一盘棋集中力量促进工业化发展的同时，着力推进偏重生产力发展的农业农村现代化建设。新中国成立前夕召开的党的七届二中全会提出，要引导个体农业经济向着现代化方向发展的任务。1953年，中共中央宣传部印发的《关于党在过渡时期总路线的学习和宣传提纲》提出建立工业、农业、国防和交通运输四个现代化目标，1954年9月一届全国人大一次会议批准周恩来所作的《政府工作报告》重申了这一发展目标。"大跃进"运动和农村人民公社化运动失误导致1959—1961年农业生产大幅下滑，难以支撑工业乃至整个经济社会发展。在总结发生这一困难的教训后，以毛泽东同志为主要代表的中国共产党人更加深刻地认识到，农业发展在国家现代化进程中的基础支撑作用和在国民经济中的基础地位。鉴于此，1964年12月21日三届全国

---

[1]《改革开放三十年重要文献选编》（上），中央文献出版社2008年版，第478页。

人大一次会议批准周恩来所作的《政府工作报告》，将农业现代化调整为四个现代化之首，提出"今后发展国民经济的主要任务，总的说来，就是要在不太长的历史时期内，把我国建设成为一个具有现代农业、现代工业、现代国防和现代科学技术的社会主义强国，赶上和超过世界先进水平"[1]。

党的十一届三中全会作出把全党工作重心转移到现代化建设上来的战略决策，并在总结农业现代化建设实践经验的基础上，提出走出一条适合我国情况的农业现代化的道路，扩展了农业现代化内涵，突破了此前将农业现代化狭义化为仅生产力层面的机械化、电气化、水利化和化肥化的认识局限。从此，中国以小康为目标推进包括农业农村现代化在内的整个现代化发展。

在全新的社会主义制度下，也随着现代科技的发展和工业化发展的辐射带动，中国农业农村现代化建设持续推进，农业综合生产能力实现快速提升。其中，全国粮食产量由1949年的11318.4万吨提高到2000年的46217.52万吨，肉类产量由1978年的843万吨提高到2000年的6106万吨，水产品产量由1949年的45万吨提高到2000年的3706万吨。到20世纪末，农产品供求关系发生历史性变化，由总量不足转变为供需基本平衡，并发生结构性和区域性过剩，长期的卖方市场向买方市场转变。特别是在改革开放进程中，乡镇企业异军突起，农业现代化、农村工业化、农村城镇化并进发展，农村产业结构由较单一发展农业转向一二三产业全面发展。农业农村结构的转换，拓展了"三农"发展的路径和空间。

随着农业农村现代化建设的推进，全国农民生活水平显著改善。

---

[1]《周恩来经济文选》，中央文献出版社1993年版，第563页。

1949—2000 年，农村居民人均可支配收入由 43.8 元增加至 2282.1 元，人均消费支出由 40 元增加至 1714.3 元，恩格尔系数由 68.6%（1954 年）改善为 48.3%，实现了由受温饱不足困扰到总体上达到小康水平的历史性转变。

（二）建设社会主义新农村与全面建设小康社会

进入 21 世纪，中国基于迈上工业化中期这一经济发展历史性新台阶，将偏重经济建设向促进经济社会协调发展转变，全面建设小康社会。在树立起全国人民生活总体上达到小康水平这样一个中华民族发展史上新的里程碑后，党的十五届五中全会提出新世纪开始全面建设小康社会。党的十六大基于人民日益增长的物质文化需要同落后的社会生产之间的矛盾仍然是中国社会的主要矛盾，以及已经达到的小康还是低水平的、不全面的、发展很不平衡的小康，以"全面建设小康社会，开创中国特色社会主义事业新局面"为主题，明确提出中国在 21 世纪头 20 年集中力量全面建设惠及十几亿人口的更高水平的小康社会的目标。

在全面建设小康社会进程中，针对工业化、城镇化快速发展与农村发展相对滞后的问题，从构建和谐社会和有利于国家现代化进一步发展出发，党的十六届五中全会提出建设社会主义新农村，将其定位为中国现代化进程中的重大历史任务，要求按照"生产发展、生活宽裕、乡风文明、村容整洁、管理民主"推进。

21 世纪初起至党的十八大前，随着统筹城乡发展和建设社会主义新农村的推进，农村党群干群关系明显改善，社会和谐进步，促进"三农"发展、全面建设小康社会取得显著进展。一是农业综合生产能力迈上新台阶，全国粮食产量扭转了自 1999 年起下降徘徊态势，2004 年至 2012 年实现"九连增"，其中 2007—2012 年连续六年超过 5 亿吨，2012年达58958万吨，比2002年增长29%。二是在国家大幅增加农村基础设施建设财政投入的情况下，农村道路、电力、危房改造、饮水安全、环境等基础设施快速改善。三是农村社会事业加快发展。农村公共文化体系建设快速推进，农村教育水平提高，农村医疗卫生事业快速发展。仅全国每千农业人口乡镇卫生院床位数，2012年为1.24万张，比2007年的0.85万张增长了45.9%。[1]四是扭转农村居民人均可支配收入年增幅由1996年的9.0%逐年下降至2000年的2.1%态势，实现2004—2012年的"九连快"。从2004年出台第一个以增加农民收入为主题的中央一号文件《中共中央 国务院关于促进农民增加收入若干政策的意见》起，中共中央、国务院坚持把增加农民收入作为农村工作的中心任务，拓宽增收渠道，农村居民人均可支配收入实现快速增长，由2002年的2528.9元，增加至2012年的8389.3元，尤其是2010年起连续三年增幅超过城镇居民。随着社会主义新农村建设的推进和农民收入的提高，农民生活水平显著提升。2002—2012年，全国农村居民人均消费支出由1917.1元增加至6667.1元，恩格尔系数由44.9%改善为35.9%。

（三）实施乡村振兴战略、决战脱贫攻坚与全面建成小康社会

习近平指出："小康不小康，关键看老乡。"[2]尽管自21世纪初起，统筹城乡发展和建设社会主义新农村取得显著成效，但"三农"发展受弱质性困扰的问题及由此导致的城乡发展不平衡、"三农"发展不充分的问题仍然突出。在全面建成小康社会进程中，鉴于中国发展不平

---

[1] 国家统计局农村司：《农业基础地位更加稳固 农村面貌加快改善——从十六大到十八大经济社会发展成就系列报告之七》，国家统计局网，http://www.stats.gov.cn/ztjc/ztfx/kxfzcjhh/201208/t20120824_72843.html。

[2]《十八大以来重要文献选编》（上），中央文献出版社2014年版，第658页。

衡不充分问题在农村是最为突出的问题，党的十九大作出实施乡村振兴战略的决策。

新时代中国实施乡村振兴战略，有着特定的历史定位。实施乡村振兴战略，是解决人民日益增长的美好生活需要和不平衡不充分的发展之间矛盾的必然要求，是实现"两个一百年"奋斗目标的必然要求，是实现全体人民共同富裕的必然要求。实施乡村振兴战略，不是因为新中国的"三农"发展缓慢，更不是停滞，而是在实现历史性转型发展的更高起点上，致力于探索形成中国特色社会主义乡村振兴道路，破解工业化、城镇化进程中世界普遍存在的"三农"发展受弱质性困扰而陷于城乡二元结构的问题，促进农村同步全面建成小康社会，促进朝着质的飞跃的农业强、农村美、农民富方向发展。

党的十八大以来，在总结历史经验并基于现实状况和未来发展的需要，致力于探索形成中国特色社会主义乡村振兴道路。2017年12月28日，习近平在中央农村工作会议上提出走中国特色社会主义乡村振兴道路，并对"重塑城乡关系，走城乡融合发展之路""巩固和完善农村基本经营制度，走共同富裕之路""深化农业供给侧结构性改革，走质量兴农之路""坚持人与自然和谐共生，走乡村绿色发展之路""传承发展提升农耕文明，走乡村文化兴盛之路""创新乡村治理体系，走乡村善治之路""打好精准脱贫攻坚战，走中国特色减贫之路"进行了深刻论述和部署。[1] 2018年中央一号文件和《乡村振兴战略规划（2018—2022年）》，明确了走中国特色社会主义乡村振兴道路的具体措施。

随着乡村振兴战略的实施，乡村振兴的制度框架和政策体系逐步

---

[1]《十九大以来重要文献选编》（上），中央文献出版社2019年版，第141—156页。

建立,促进农业农村发展新动能加快培育,乡村振兴阶段性重点工作全面展开。针对"三农"是全面建成小康社会、实现社会主义现代化强国的短板,中国抓重点、补短板、强弱项,决战决胜脱贫攻坚战,促进乡村产业振兴、人才振兴、文化振兴、生态振兴、组织振兴,推动农业全面升级、农村全面进步、农民全面发展,促进农村同步迈向全面小康社会。2012—2019 年,中国践行"绿水青山就是金山银山"理念,美丽乡村建设成效显著,农业综合生产能力显著提升,全国粮食产量由 61222.62 万吨提高到 66384 万吨;全国农村居民人均可支配收入由 8389.3 元增加到 16021 元,人均消费支出由 6667.1 元增加至 13328 元,家庭恩格尔系数由 35.9% 改善为 30.0%[1],进入富足水平之列。中国发挥社会主义的制度优势,动员全国多方面力量,决战决胜脱贫攻坚战,着力破解在全面建成小康社会中的贫困人口这一突出短板,到 2019 年贫困发生率仅 0.6%,比 2012 年下降了 9.6 个百分点,创造人类减贫奇迹,增添了全面小康社会成色,这一伟业对中华民族、对人类都具有重大意义。

二、破解乡村人口数量庞大条件下全面建成小康社会"三农"短板难题的路径

2017 年 12 月 28 日,习近平在中央农村工作会议上要求深思乡村在工业化、城镇化进程中的地位。习近平指出:"从城乡关系层面看,解决发展不平衡不充分问题,要求我们更加重视乡村。现在,有不少人认为,只要城镇化搞好了,大量农民进城了,'三农'问题也就迎刃而解了。有的人认为,'三农'对生产总值、财政收入贡献少,不如工

---

[1] 国家统计局:《中华人民共和国 2019 年国民经济和社会发展统计公报》,《人民日报》2020 年 2 月 29 日。

业项目来得快,基础设施、公共服务、社会管理还是向城市倾斜,'三农'往往排不上号。有的人看到农业连年丰收,便放松了'三农'工作,'说起来重要、干起来次要、忙起来不要'。在工业化、城镇化进程中,我国乡村的地位是值得我们深入思考的大问题。"[1]习近平进一步指出:"农业强不强、农村美不美、农民富不富,决定着亿万农民的获得感和幸福感,决定着我国全面小康社会的成色和社会主义现代化的质量。如期实现第一个百年奋斗目标并向第二个百年奋斗目标迈进,最艰巨最繁重的任务在农村,最广泛最深厚的基础在农村,最大的潜力和后劲也在农村。"[2]工业化、城镇化进程中"三农"发展受弱质性困扰,以及由此导致世界普遍存在的城乡二元结构,成为全面建成小康社会必须破解的难题。不仅如此,乡村人口数量庞大的国情决定了补齐全面小康社会"三农"短板的任务极为艰巨。在中国共产党领导下,中国从乡村人口数量庞大的实际出发,探索形成破解全面小康社会"三农"短板难题之路。这就是中国共产党不忘初心、牢记使命,从为中国人民谋幸福、为中华民族谋复兴出发,科学把握经济社会发展趋势和规律,充分发挥社会主义的制度优势,把解决好"三农"问题作为全党工作的重中之重,以国家强大经济实力助力"三农"发展,以产业融合发展拓展"三农"发展空间,以城乡融合发展促进协调发展,以共享发展的组织化增强"三农"内生发展能力和促进共同富裕。

(一)以国家强大经济实力助力"三农"发展

在工业化进程中,对于"三农"政策的选择,一开始就不是就"三农"论"三农",而是与工业化发展联系在一起的。其中的一个重要政策是农业与工业的剩余在两个产业部门之间如何分配的问题。一些国

---

[1]《习近平关于"三农"工作论述摘编》,中央文献出版社2019年版,第9—10页。
[2]《习近平关于"三农"工作论述摘编》,中央文献出版社2019年版,第11页。

家工业化发展历程显示,在工业化初始阶段选择农业支持工业和为工业提供积累,到工业化发展到相当程度则调整为工业反哺农业。胡锦涛在党的十六届四中全会上将这一现象概括为"两个趋向"〔1〕。

中国特色社会主义制度坚持以人民为中心,基于全局发展与局部发展、长远发展与当期发展,从走共同富裕道路、实现中华民族伟大复兴而选择、调整政策,能够做到主动施策,所制定政策能够充分惠及利益诉求表达能力弱的农民。这种破解全面小康社会"三农"短板难题的政策选择,正是中国共产党坚持以人民为中心、促进全体人民共同富裕的切实体现。

2018年中央一号文件《中共中央 国务院关于实施乡村振兴战略的意见》提出:"我们有党的领导的政治优势,有社会主义的制度优势,有亿万农民的创造精神,有强大的经济实力支撑,有历史悠久的农耕文明,有旺盛的市场需求,完全有条件有能力实施乡村振兴战略。"〔2〕这既是新时代如何实施乡村振兴战略的经略,也是新中国71年间中国共产党探索解决"三农"问题的主线和基本经验。工业化的发展,为解决"三农"问题提供了强有力的物质技术支撑。中国共产党从国家现代化和中华民族伟大复兴出发,发挥社会主义的制度优势,全国一盘棋集中力量办大事,根据工业化发展阶段,统筹长远发展与当期发展、全局发展与局部发展,处理工业与农业、城镇与农村之间的"取"与"予"的关系,形成长时段视角下的相互支持的政策体系。改革开放前,中国选择了所处工业化初期国家一般都实行的农业养育工业政策。中国作为工业化后发国家,为追赶工业化进程,在高度集中的计划经济体制下选择农业养育工业的政策工具,即通过国家对工农产品定价

〔1〕《胡锦涛文选》第2卷,人民出版社2016年版,第247页。
〔2〕《十九大以来重要文献选编》(上),中央文献出版社2019年版,第158页。

及计划生产和销售,以一定的工农业产品价格"剪刀差"方式,非显现地将农业部门的剩余转移到工业部门。1949年以来中国"三农"发展的实践,对毛泽东提出的从长远考虑先从农业剩余中取一点支持工业和工业发展起来带动农业发展的"大仁政",与只顾农民眼前利益的"小仁政"论断进行了充分验证。随着国家工业化的发展和经济实力的增强,国家逐步加大对"三农"的支持力度。中国以强大经济实力助力破解"三农"发展受弱质性困扰难题,致力于遏制"三农"的弱质化和边缘化,避免了就"三农"论"三农"问题对发展路径探讨的限制,逐步探索构建促进农业强、农村美、农民富的发展机制,"三农"现代化水平快速提升,"三农"发展空间大大拓展。以国家强大经济实力助力"三农"转型发展,是乡村人口数量庞大下破解在全面建成小康社会中的"三农"短板难题的重要经验。

(二)以产业融合发展拓展"三农"发展空间

农业社会向工业社会转变是工业革命以来世界经济社会发展的主题。这是历史性的结构性演进。与之相伴的是,由于生产率和投入回报率方面工业高于农业,导致在发展能力上的工业强与农业弱的差异。这种发展能力上的农业相对工业的弱质性,不仅困扰着农业的发展,也困扰着农村发展和农民收入的提高。如此,工业与农业、城镇与农村二元结构下的"三农"问题成为世界普遍存在而又难以破解的问题。

在乡村人口数量庞大下全面建成小康社会,最基础的是要从产业发展入手,不仅要促进农业的发展,还要在工业化发展到一定程度后,从产业链、价值链、产权的联结及其机制上进行创新,突破"三农"发展空间被弱质性锁定,探索形成能够共享发展成果,并能够拓展"三农"发展空间的一二三产业融合发展路径。在这一进程中,中国进行了艰辛探索。

改革开放前，实行城乡分割的产业政策，把工业限于城市和工矿区，农村则限于发展初级农产品生产，以及"五小工业"。这种工农业在城乡之间的分布分割，使农村处于产业链和价值链低端，不能向二三产业延伸，发展空间被限定。尽管如此，人民公社实行"工农商学兵结合"[1]，允许在农村发展"五小工业"，农民为获得发展工业的高收益，发扬踏遍千山万水闯市场、吃尽千辛万苦办企业、说尽千言万语拉客户、历经千难万险谋发展的"四千四万"精神发展社队企业，并将社队企业利润的一部分用于发展"三农"事业，进而在整个国民经济实行农业养育工业的政策下，开启农村内部的工业养育农业（当时称"以工补农"），在一定程度上弥补了整个国民经济层面农业养育工业政策下"三农"发展资金不足的问题。这一时期，在国家工业化发展的辐射带动、农村社区集体统筹和积累下，农业农村现代化快速推进。

在高度集中的计划经济体制向社会主义市场经济体制转变进程中，20世纪70年代末中国探索试行"农工商综合经营"[2]，并尊重农民的实践创新，逐步走出农村工业化和农业产业化经营发展之路。农村不仅可以发展工业而实现了乡镇企业的异军突起，还逐步探索形成与市场调节相适应的将产供销、贸工农等产业链联结起来的农业产业化经营。由此，"三农"发展能力增强，也拓展了农业农村经济发展空间。

随着工业化水平的提升和农业的发展，农业与工业的关联度提升，向融合发展演进。党的十八大以来，以习近平同志为核心的党中央基于发展趋势的科学把握，提出促进一二三产业融合发展，从理念和实

---

[1]《毛主席视察山东农村》，《人民日报》1958年8月13日，第1版。
[2] 叶剑英：《在庆祝中华人民共和国成立三十周年大会上的讲话》，《人民日报》1979年9月30日。

践上探索出破解农业发展受弱质性困扰之路,"三农"发展空间进一步拓展。不仅如此,还在促进一二三产业融合发展过程中,探索农民以土地经营权等入股合作社和公司,致力于形成产业融合发展与各利益主体联结的耦合,在保障农民主体地位的前提下拓展"三农"发展空间,使乡村人口数量庞大下全面建成小康社会有了强有力的产业兴旺的支撑,进而朝着农业强、农村美、农民富的发展目标迈进。

(三)以城乡融合发展促进协调发展

全面建成小康社会难点在农村,是因为由于在工业化进程中世界普遍存在城乡二元结构问题。与工业化并进的城镇化这一历史性结构性演进,往往伴随农村的凋零,因为农村在发展能力上弱于城镇而困扰其发展。发展经济学对于破解城乡二元结构进行了探讨,提出了增加农业剩余、提升农业劳动生产率、发展小城镇、保障工业化与城镇化和产业结构与就业结构的协同性等思路。

中国作为工业化后发国家,在推进社会主义现代化进程中,在追赶工业化进程中,解决"三农"问题不是孤立地就"三农"论"三农",而是着眼于促进国家现代化,根据经济社会所处发展阶段,统筹促进"三农"发展与国家工业化、城镇化发展,构建和完善社会主义城乡关系。中国在落后的农业大国启动实施国家工业化战略之际,尽管为保障城市工业快速发展而通过计划经济体制分割城乡发展,但以毛泽东同志为主要代表的中国共产党人从使农村的生活水平和城市的生活水平大致一样方面考虑,提出在农村建设现代农业、发展工业和小城市,让农民就地发展工业而避免农民盲目向城市流动。[1]在20世纪70年代末建立起独立的比较完整的工业体系和国民经济体系后,在改革开放

---

[1] 中华人民共和国国史学会:《毛泽东读社会主义政治经济学批注和谈话(清样本)》,内部出版,1997年,第197页。

进程中探索走出中国特色农业现代化、农村工业化、农村城镇化并进之路。世纪之交，中国提出逐步解决二元经济社会结构问题。[1]新世纪初中国进入工业化中期阶段，针对城市快速发展而农村发展相对滞后的结构性问题，开启城乡一体化发展进程。

进入新时代，中国致力于重塑城乡关系，促进城乡融合发展，以破解工业化、城镇化进程中"三农"发展受弱质性困扰而发生农村边缘化的现象。党的十八大报告提出："推动信息化和工业化深度融合、工业化和城镇化良性互动、城镇化和农业现代化相互协调，促进工业化、信息化、城镇化、农业现代化同步发展。"[2]党的十九大报告提出"建立健全城乡融合发展体制机制和政策体系"[3]，这就在城乡一体化实践基础上，在党的代表大会文件中使用城乡融合发展概念，明确了推进农业农村现代化的新路径。2017年12月28日，习近平在中央农村工作会议上指出，要坚持以工补农、以城带乡，推动形成工农互促、城乡互补、全面融合、共同繁荣的新型工农城乡关系。[4]2018年中央一号文件《中共中央 国务院关于实施乡村振兴战略的意见》将"坚持城乡融合发展"列为实施乡村振兴战略的基本原则之一，要求坚决破除体制机制弊端，使市场在资源配置中起决定性作用，更好发挥政府作用，推动城乡要素自由流动、平等交换，推动新型工业化、信息化、城镇化、农业现代化同步发展。[5]党的十八大以来，中国促进城乡一体化融合发展，重塑城乡关系，探索形成了乡村人口数量庞大条件下破

---

[1]《江泽民文选》第3卷，人民出版社2006年版，第407页。
[2]《十八大以来重要文献选编》(上)，中央文献出版社2014年版，第16页。
[3]《十九大以来重要文献选编》(上)，中央文献出版社2019年版，第22—23页。
[4]《十九大以来重要文献选编》(上)，中央文献出版社2019年版，第142页。
[5]《十九大以来重要文献选编》(上)，中央文献出版社2019年版，第160页。

解全面小康社会"三农"短板难题的新路径。

（四）以共享发展的组织化增强"三农"内生发展能力和促进共同富裕

组织化是现代农业农村发展的必然路径。中国探索完善共享发展成果的农业农村组织化实现形式，促进"三农"内生发展能力日益增强，促进农民全面发展，成为乡村人口数量庞大下破解全面小康社会"三农"短板难题的组织保障。中国在农业农村组织化上，与其他国家的做法相比，有相同之处，也有所区别。

相同之处在于，面对农户或家庭农场分散生产经营中的困难，都是通过组织化以节约交易成本、实现规模效益、提升竞争力等促进农业农村的发展。中国顺应传统农业向现代农业转型发展要求，积极推进农业农村组织化。中国在不同生产力水平发展阶段，农业农村组织化所解决的问题有所差别。在使用传统农业生产工具阶段，农民一家一户生产中存在耕畜、农具、资金等生产要素不足的问题，有的也存在劳动力不足的问题。为解决一家一户生产经营中的这些困难，中国在历史上形成了凑份立公田、打会及其孕育的凑份抱团互助文化，也有开展换工、相互调剂耕畜和农具使用等互助合作。20世纪50年代初，中国废除地主阶级封建剥削的土地所有制而实行农民所有的土地所有制后，由于仍处于传统农业的生产力发展阶段，分散经营的农户在发展生产中仍存在这些问题。这一时期开展的农业生产互助合作，即是解决一家一户在农业生产中存在的生产要素不足的问题。同时，中国为保障国家工业化战略的实施，也需要通过农业生产组织起来促进农业发展，以保障能够顺利实现农业向工业化发展提供所需农产品原料和资金支持。为解决大规模跨社开展农田水利特别是水库等建设过程中遇到的问题，开始探索规模更大一些的农业农村组织化。改革开放以来，由于机械、电力、化肥、农药等现代生产要素在农业生产中的普遍运用，农业生产力水平远高于 20 世纪 50 年代，家庭承包经营中遇到的困难发生较大变化，基本不存在农具、耕畜短缺问题，而是在从事商品生产过程中遇到的新问题，主要包括分散经营且规模极小的农户不能适应千变万化的市场，以及竞争力弱，在交易中处于弱势，需要通过组织起来，解决一家一户办不了或办了不经济的新技术引进、生产资料采购、产品质量提高、农产品贮藏加工运销等问题。这些成为实行家庭承包经营基础上再组织化的动力和互助合作的内容。随着经济的发展，多种形式农业农村再组织化快速推进。

区别之处在于，中国坚持社会主义，坚持以人民为中心，坚持走共同富裕道路，从实际出发探索完善能够实现现代化和共享发展成果有机统一的农业农村组织化形式。互助合作的组织形式是由走共同富裕道路决定的。共同富裕是社会主义的本质要求，也只有在社会主义制度下才能实现。中国共产党不仅从政治上解放农民，使他们成为社会主义社会的主人，还领导农民完成农业社会主义改造，建立起农村土地集体所有制，以及以此为基础的农村社区集体经济组织。这贯穿于 1949 年以来的整个历程，其中农村土地集体所有制成为"三农"乃至整个国家经济社会发展的基石。农村社区集体经济的发展，以及与之相对应的社区集体统筹和积累机制的构建，不仅为农村建设提供了资金支撑，还形成了共建美好家园的机制，这是社会主义制度优势的体现。新中国成立起至 20 世纪 70 年代末，依靠农村社区集体的力量，在农业基础设施上开展了大规模的农田水利建设，在农村基础设施上开展了乡村道路建设，在农村社会事业上发展教育和合作医疗事业。无论是改革开放前就有较好基础的华西村、刘庄村等，还是改革开放以来新涌现出的众多发达村，都是因为有在土地集体所有制基础上构建起的农村社区集体统筹和积累机制，才抓住了工业化、城镇化、农业现代化发展的机遇，不断发展壮大农村社区集体经济，引领农民发展致富，有的还发展成为繁荣的小城镇。随着经济的发展和国家财力的增强，中国逐步形成农村社区集体"一事一议"及财政奖补制度，以推进农村各项事业的发展。进入新时代，实施乡村振兴战略，开始按照产业兴旺、生态宜居、乡风文明、治理有效、生活富裕的总要求加快推进农业农村现代化。在实施乡村振兴战略中，2018年起实施农村人居环境整治三年行动，深入学习推广浙江"千村示范、万村整治"工程经验，全面推进以农村垃圾污水治理、厕所革命和村容村貌提升为重点的农村人居环境整治。71年来，在国家支持、农村社区集体统筹和积累、农民参与下，农业农村现代化有序推进，农田水利、农村道路、农村电网、农村教育、农村医疗卫生事业实现快速发展，农民生产生活条件显著改善。实践表明，坚持农村土地集体所有制，能够更充分地在组织化规模化进程中保障农民的主体地位和权益，把走共同富裕道路与组织化规模化有机统一起来，探索走出中国特色的共享发展之路。

破解全面小康社会"三农"短板难题
实现历史性突破[*]

中国在全面建成小康社会进程中,破解"三农"短板实现人口同步迈向全面小康社会面临诸多困扰,有工业化、城镇化进程中"三农"发展受弱质性困扰,还有由此决定的乡村人口数量庞大下破解"三农"及贫困人口短板的难题。新中国自成立起,正视这些难题,致力于促进"三农"转型发展,破解全面小康社会"三农"短板难题实现历史性突破,数量庞大的乡村人口同步向全面小康社会迈进。

一、农业农村发展受弱质性困扰难题的破解

农业农村发展受弱质性困扰问题。农业农村的弱质性是相对的,是指在发展能力上农业弱于工业、农村弱于城镇。这不是中国独有的,而是在世界上普遍存在的。这缘于在生产率和投入回报率上的工业高于农业。在这种情况下,农村人口和劳动力等生产要素流向工业和城镇,形成工业化和城镇化不断发展,农村则边缘化。诺贝尔经济

---

[*] 本文曾发表于《教学与研究》2020年第12期。

学奖获得者刘易斯将这种现象概括为二元结构。直至现今，即便工业发展辐射带动农业发展并实行工业对农业的反哺，即便发展规模较大的现代化家庭农场能够获得规模效益和提升竞争力，但农业农村发展受弱质性困扰的问题在世界范围内没有得到根本破解，仍难以摆脱经营困境。例如，美国家庭农场破产现象时有发生，近年还呈上升趋势。[1] 1949年以来，中国存在"三农"问题，但并不是"三农"停滞，更不是衰败，而是在现代化进程中实现历史性突破，只不过这与发展更快的工业化、城镇化相比则显得缓慢。中国同其他国家一样，农业农村发展受弱质性困扰，滞后于发展更快的工业化、城镇化，城乡发展不平衡问题突出。针对这一问题，中共中央保持清醒的认识，在2013年11月召开的中共十八届三中全会上，习近平就《中共中央关于全面深化改革若干重大问题的决定》所作的说明指出："城乡发展不平衡不协调，是我国经济社会发展存在的突出矛盾，是全面建成小康社会、加快推进社会主义现代化必须解决的重大问题。改革开放以来，我国农村面貌发生了翻天覆地的变化。但是，城乡二元结构没有根本改变，城乡发展差距不断拉大趋势没有根本扭转。"[2] 国内外实践表明，破解农业农村发展受弱质性困扰问题极为艰难和漫长。

中国破解农业农村发展受弱质性困扰难题实现历史性突破，其显著标志是生产要素单一由农业农村流向工业城镇转变为双向流动。除大量工商资本入乡外，还有一个积极的现象，那就是人才向农村流动。截至2019年底，农民工、大中专毕业生、退役军人、科技人员等各

---

[1] 参见陈立耀：《中国农业需要警惕！美国农业正在破产，原因有5点》，搜狐网，2019年5月15日，http://www.sohu.com/a/293681236_379553。
[2]《十八大以来重要文献选编》（上），中央文献出版社2014年版，第503页。

类返乡入乡创新创业人员达850多万人。[1]这一历史性转变，缘于农业农村现代化建设和美丽乡村建设顺利推进，农村发展环境改善，第一二三产业、城乡朝融合方向发展，使农业农村发展空间日益拓展、发展能力日益提升，进而增强了农业农村聚集力。

农业由传统向第一二三产业融合和现代化转型的历史性演进，促进了产业兴旺，夯实了乡村人口数量庞大下全面建成小康社会的产业基础。现代科技和工业的持续发展，为农业提供了现代科技和物质装备，农业生产方式随之发生巨大变化。新中国成立初的沿袭传统种养技术、以人畜力为动力、面朝黄土背朝天的劳作方式成为历史，代之的是现代技术、机械化、自动化、信息化快速发展，农业由传统向现代转变实现历史性突破。其中，较重要的演进有：一是农业发展进入主要依靠科技进步的阶段。到2019年，全国农业科技进步贡献率达到59.2%。[2]二是现代农业技术装备达到较高水平。2019年，全国主要农作物耕种收全程综合机械化率超过70%。[3]2018年底，全国农业设施3000多万个，设施农业占地面积近4000万亩，拓宽了农业生产的时空分布。特别是大数据、物联网、云计算、移动互联网等新的信息技术在农业农村的广泛应用，促进现代产业要素跨界配置，设施农业、农产品电商快速发展。第三次全国农业普查结果显示，全国25.1%的

---

[1] 规划实施协调推进机制办公室编著：《乡村振兴战略规划实施报告（2018—2019年）》，中国农业出版社2020年版，第21页。

[2] 规划实施协调推进机制办公室编著：《乡村振兴战略规划实施报告（2018—2019年）》，中国农业出版社2020年版，第19页。

[3] 规划实施协调推进机制办公室编著：《乡村振兴战略规划实施报告（2018—2019年）》，中国农业出版社2020年版，第6页。

村发展了电子商务配送站点。[1] 2019年,网络销售农产品达3500多亿元。[2] 三是新型农业生产经营主体和服务主体发育壮大。2019年底,全国县级以上农业产业化经营龙头企业9万家,农民合作社220多万个,家庭农场70多万个,各类农业生产托管服务组织37万个。[3] 新型农业经营主体和新型职业农民在应用新技术、推广应用新品种、开拓市场方面发挥着重要作用,成为引领现代农业发展的主力军。四是人多地少资源禀赋下的规模化经营破题。2016年,第三次全国农业普查结果显示,耕地规模化[4] 耕种面积在全部实际耕地耕种面积中所占份额为28.6%;规模化生猪养殖存栏占比达62.9%,规模化家禽养殖存栏占比达73.9%。[5] 农业适度规模经营的发展,提高了集约化、专业化、组织化、社会化水平,促进了劳动生产率的提高和生产的稳定发展。五是随着农业现代化建设的快速推进,农业综合生产能力显著提升,农业全面发展,仅以全国粮食产量为例,2019年达到66384万吨,比1949年的11318.4万吨,增长了4.9倍。六是农业多种功能拓展。农产品生产与民俗文化、农事节庆、科技创意等融合发展,由此乡村旅游、休闲农业更具潜力,农业的内涵和发展空间进一步扩展。

---

[1]《辉煌70年》编写组编:《辉煌70年——新中国经济社会发展成就(1949—2019年)》,中国统计出版社2019年版,第91—92页。

[2] 规划实施协调推进机制办公室编著:《乡村振兴战略规划实施报告(2018—2019年)》,中国农业出版社2020年版,第7页。

[3] 规划实施协调推进机制办公室编著:《乡村振兴战略规划实施报告(2018—2019年)》,中国农业出版社2020年版,第17页。

[4] 规模化标准为:耕种面积南方省份50亩以上、北方省份100亩以上,年出栏生猪200头以上,肉鸡、肉鸭年出栏1万只及以上,蛋鸡、蛋鸭存栏2000只及以上,鹅年出栏1000只及以上。

[5]《辉煌70年》编写组编:《辉煌70年——新中国经济社会发展成就(1949—2019)》,中国统计出版社2019年版,第91页。

2019年，全国乡村旅游、休闲农业接待游客约32亿人次，营业收入达8500多亿元。[1]

农村由徘徊于传统社会向城乡融合和全面现代化的转型发展，促进乡村振兴和农村同步向小康社会跃升。在旧中国，农村长期停滞于传统农业社会，难有全面发展的预期。这是因为，农民终日为解决温饱忙碌，没有经济能力上学，基本属于文盲半文盲，如此低的文化素质约束着其生存发展。这是为什么20世纪30年代仁人志士要把治盲、治愚、治病作为开展乡村建设运动切入点的重要缘由。更为严重的是，旧中国作为工业化后发国家，广大农民深受帝国主义、封建主义、官僚资本主义多重压榨，再加上遭受帝国主义侵略战争和国民党发动内战破坏，更是雪上加霜，农业生产力遭受严重破坏，农业生产全面衰落，农村凋零。在新中国成立前夕，西方国家的一些人士断言，中国政府解决不了人民的吃饭问题，因而站不住脚。这一断言是新中国成立时农业生产力水平极为低下，破解"三农"问题难度极大，中国人民吃饭问题难以解决，进而决定了中国经济社会难以发展，乃至政权难以稳固的反映。新中国成立后，中国共产党积极推进农村各项事业发展。自20世纪50年代起，中国在农村不仅开展识字运动扫除文盲，还全面发展教育、文化、体育、医疗、卫生、社会保障等事业。例如，改革开放前，在发展农村社区集体经济的基础上，开展合作医疗和选用"赤脚医生"，尽管属于较低水平，但保障了农民对医疗的基本需求。这一做法引起联合国教科文组织、世界卫生组织关注，1978年召开的国际初级卫生保健大会将中国农村合作医疗和"赤脚医生"的做法作为解决初级卫生保健的成功范例，写入《阿拉木图宣言》，向发

---

[1] 规划实施协调推进机制办公室编著：《乡村振兴战略规划实施报告（2018—2019年）》，中国农业出版社2020年版，第7页。

展中国家介绍推广。[1]随着经济的发展,农村各项社会事业和基础设施建设全面推进。如今,全国农村普遍实行九年义务制教育,致力于建立覆盖从学前到研究生教育的全学段学生资助政策体系。据教育部统计,截至2019年3月,全国92.7%的县实现义务教育基本均衡发展。2016年第三次全国农业普查结果显示,在农村居民中,具有初中文化程度的占42.5%,具有高中或中专文化程度的占11.0%,具有大专及以上的占3.9%,[2]农村居民文化素质与新中国成立前相比实现了跃升。同时,文化、医疗、卫生、体育事业全面持续发展,农村合作医疗制度逐步完善,农村社会保障体系水平日益提高。在破解全面小康社会"三农"短板进程中,农村经济建设、政治建设、文化建设、社会建设、生态文明建设全面协调推进,进而拓展了美丽乡村的内涵。

二、数量庞大的乡村人口同步迈向全面小康社会难题的破解

中国是人口大国,也是乡村人口大国。1949年,全国人口为54167万人,其中乡村人口48402万人,[3]即乡村人口在总人口中所占份额高达89.4%。到2019年,全国人口增加到140005万人,按户籍人口统计的城镇化率44.38%[4]计算,非城镇人口达77870.8万人;尽管工业化、城镇化快速发展,按常住人口统计的城镇化率提升至

---

[1] 姚力:《卫生工作方针的演进与健康中国战略》,《当代中国史研究》2018年第3期,第35—43页。

[2] 《辉煌70年》编写组编:《辉煌70年——新中国经济社会发展成就(1949—2019)》,中国统计出版社2019年版,第94页。

[3] 《辉煌70年》编写组编:《辉煌70年——新中国经济社会发展成就(1949—2019)》,中国统计出版社2019年版,第354页。

[4] 国家统计局:《中华人民共和国2019年国民经济和社会发展统计公报》,《人民日报》2020年2月29日。

60.60%，城镇常住人口增加到 84843 万人，但乡村人口仍高达 55162 万人，比 1949 年的全国人口总量还多。农业农村发展受弱质性困扰，数量庞大的乡村人口同步迈向全面小康社会极为艰难。

中国数量庞大的乡村人口同步迈向全面小康社会难题实现历史性突破，其显著标志是随着农业农村现代化建设和美丽乡村建设的推进，农村民生显著改善。仅以城乡居民可支配收入差距为例，由历史最高的 2007 年的 3.14∶1，[1] 下降至 2019 年的 2.64∶1。这一转折是中国以实行强农惠农富农政策破解弱者愈弱的结果。

农民由受温饱不足困扰向小康富裕和全面发展迈进，创造了数量庞大的乡村人口同步迈向全面小康社会的奇迹。新中国成立初期，农民的生活处于极低水平。1949 年，全国人均占有农产品水平极低，粮食仅 209 公斤，棉花仅 0.8 公斤，油料仅 4.8 公斤，猪牛羊肉仅 4.1 公斤，水产品仅 0.9 公斤。农民生活更是极端困苦，终岁辛劳，却过着半年糠菜半年粮、少吃缺穿不得温饱的生活。当时，农民向往过上"楼上楼下，电灯电话"的美好生活。这一憧憬如今早已实现了。1949 年以来的 71 年间，中国农民生活水平得到极大提升。全国农民人均可支配收入，由 1954 年的仅 64.14 元，增加到 2019 年的 16021 元（其中 2019 年全国农民工人均月收入 3962 元），提前一年实现比 2010 年翻一番的目标。2019 年，全国农村居民人均消费支出由 1949 年的 40 元，提高到 13328 元。[2] 中国农村居民家庭恩格尔系数由 1957

---

[1]《辉煌 70 年》编写组编：《辉煌 70 年——新中国经济社会发展成就（1949—2019）》，中国统计出版社 2019 年版，第 382 页。

[2] 国家统计局：《中华人民共和国 2019 年国民经济和社会发展统计公报》，《人民日报》2020 年 2 月 29 日。

年的65.7%，改善为2000年的48.3%，[1]到2019年进一步改善为30.0%，[2]进入富足水平之列。农民生产生活也更为便捷，仅农村地区快递网点，2019年就超过3万个，乡镇覆盖率高达96.6%。[3]特别是随着农村各项社会事业的全面发展，农民综合素质和农村人力资本快速提升，与农业现代化发展和生产经营方式演进等共同作用，促进了农民发展空间的拓展。一方面，随着农作劳动强度减轻和把大量劳动力从农业中转移出来，农民在工业化、城镇化发展进程中向非农产业转移发展，到2019年，全国农民工达到29077万人，其中，外出农民工达17425万人、本地农民工达11652万人。另一方面，新型职业农民队伍壮大，又促进了农民在第一二三产业融合发展中发挥更积极的作用，进而促进农民发展空间的进一步拓展。数量庞大的乡村人口综合素质的提升并同步迈向全面小康社会，成为农业农村乃至整个国家经济社会发展的基础。

三、深度贫困地区累积因果效应下恶性循环难题的破解

全世界贫富两极分化的趋势至今没有遏制，破解贫困问题成为世界性难题。2000年9月8日，在联合国首脑会议上，189个国家签署了《联合国千年宣言》，承诺将不遗余力地帮助10多亿人口摆脱极端

---

[1]《辉煌70年》编写组编：《辉煌70年——新中国经济社会发展成就（1949—2019）》，中国统计出版社2019年版，第382页。

[2] 国家统计局：《中华人民共和国2019年国民经济和社会发展统计公报》，《人民日报》2020年2月29日。

[3] 国家发展和改革委员会：《关于2019年国民经济和社会发展计划执行情况与2020年国民经济和社会发展计划草案的报告——2020年5月22日在第十三届全国人民代表大会第三次会议上》，《中华人民共和国全国人民代表大会常务委员会公报》2020年第2号，第302—328页。

贫穷，在2015年底将全球每日收入低于1美元人口和挨饿人口的比例降低一半。中国坚持走共同富裕道路，在发展中解决贫困问题，这是不同于资本主义国家而成功破解贫困问题的关键所在。在全面建成小康社会进程中，中国成功突破了累积因果效应下深度贫困地区恶性循环难题。

1949—1978年，中国属于欠发达国家，要解决的是国家经济社会发展水平较低阶段的贫困问题。在实施国家工业化战略进程中，为解决全国人民的温饱问题，国家在促进农业农村发展上，偏重促进粮棉生产发展。1978年，全国粮食、棉花产量达到30476.5万吨和216.7万吨，分别比1949年的11318.4万吨和44.4万吨，[1]增长1.69倍和3.88倍；1949—1978年，在全国人口增长77.71%的情况下，1978年全国粮食、棉花人均占有量还提高到310公斤、2.8公斤，分别比1949年增长48.33%和2.5倍。实现如此大幅增长，基本保障了人口同期由54167万人大幅增加到96259万人[2]的全国人民的吃饭穿衣问题，还向工业提供了大量的农产品原料和资金而支撑了国家工业化战略的顺利实施。

20世纪70年代末至20世纪末，要解决的是由较普遍贫困到集中连片地区的绝对贫困问题。1978年，中国农村居民人均纯收入134元、人均消费116元，恩格尔系数高达67.7%而处于贫困状态。按当时的粗略统计，1978年全国农村贫困人口有2.5亿人，贫困发生率

---

[1]《辉煌70年》编写组编：《辉煌70年——新中国经济社会发展成就（1949—2019）》，中国统计出版社2019年版，第401页。

[2]《辉煌70年》编写组编：《辉煌70年——新中国经济社会发展成就（1949—2019）》，中国统计出版社2019年版，第354页。

30.7%；如果以 2010 年标准[1]计算，贫困人口多达 7.7 亿人，贫困发生率高达 97.5%。[2]与中国营养学会推荐的保证人体基本需要的供给热量 2400 大卡、蛋白质 75 克、脂肪 65 克的标准相比，1957—1978 年农民摄入的蛋白质低 20%、脂肪低一半以上、热量低 10%—18%。[3]鉴于此，中共十一届三中全会在作出改革开放和把全党工作重点转到现代化建设的伟大决策的同时，还提出全党必须集中精力把农业尽快搞上去，并原则通过《中共中央关于加快农业发展若干问题的决定（草案）》，明确了促进农业发展的一系列重大举措。随着改革开放的推进和"三步走"战略的实施，中国社会生产力水平快速提升，到世纪之交进入工业化中期，全国人民生活总体上达到小康水平。在促进整个"三农"发展的同时，中国开始着手解决集中连片地区的贫困问题。1980 年，国家开设由中央财政拨款、用于支持"老、少、边、穷"地区经济社会发展的经济不发达地区发展的专项资金。1982 年，中国在干旱严重的甘肃河西地区、定西地区和宁夏回族自治区西海固地区（简称"三西"地区）实施农业专项建设，计划用 10 年至 20 年的时间，每年拨专款重点扶持 28 个贫困县。鉴于农村改革的成功突破促进农业连年丰收和农民大幅增收，国家集中力量帮助贫困地区发展，中共中央、国务院于 1984 年 9 月 29 日发出《关于帮助贫困地区尽快改

---

[1] 中国先后有 1978 年、2008 年和 2010 年三个贫困标准。1978 年标准：1978—1999 年称农村贫困标准，2000—2007 年称农村绝对贫困标准；2008 年标准：2000—2007 年称农村低收入标准，2008—2010 年称农村贫困标准；2010 年标准：现行农村贫困标准，按 2010 年不变价格，每人每年 2300 元。

[2] 《辉煌 70 年》编写组编：《辉煌 70 年——新中国经济社会发展成就（1949—2019）》，中国统计出版社 2019 年版，第 383 页。

[3] 周彬彬：《人民公社时期的贫困问题》，《经济研究参考》1992 年第 Z1 期，第 39—55 页。

变面貌的通知》，由此开启了全国范围的扶贫开发工作。1986年，为加强扶贫开发工作，中国组建了作为国务院议事协调机构的国务院贫困地区经济开发领导小组（1993年更名为国务院扶贫开发领导小组）。同年5月14日，国务院贫困地区经济开发领导小组举行的第一次全体会议纪要显示，当时全国农村人均年纯收入在200元以下的约有1.02亿人，占农村总人口的12.2%，部分农民的温饱问题还未完全解决。1994年起，在扶贫工作取得初步成效的基础上，国家实施"八七"扶贫攻坚计划（1994—2000年），计划用7年时间，解决按1990年不变价格计算每户年人均收入在500元以下的8000万人口的绝对贫困问题。尽管这8000万的贫困人口只占全国农村总人口的8.87%，但与之前的扶贫工作比较，解决这些地区群众的温饱问题难度更大。因为这些贫困人口主要集中在国家重点扶持的592个贫困县，分布在中西部的深山区、石山区、荒漠区、高寒山区、黄土高原区、地方病高发区以及水库库区，多数是革命老区和少数民族地区，交通不便、生态失调、经济发展缓慢、文化教育落后、人畜饮水困难，生产生活条件极为恶劣。[1]

21世纪初，要解决的是全面建设小康社会进程中集中连片地区的贫困问题。中国把加快贫困地区脱贫致富作为全面建设小康社会实现社会主义现代化建设三步战略目标的一项重大举措。2001年6月13日，国务院印发的《中国农村扶贫开发纲要（2001—2010年）》分析指出，尚未解决温饱的贫困人口，虽然数量不多，但是解决的难度很大；已初步解决温饱问题的群众，由于生产生活条件尚未得到根本改变，温饱还不

---

[1] 参见《国务院发出通知要求各级政府和部门认真贯彻〈国家八七扶贫攻坚计划〉》，《人民日报》1994年5月19日；《国家八七扶贫攻坚计划（1994—2000年）(摘要)》，《人民日报》1994年5月19日。

稳定，巩固温饱成果任务仍很艰巨；已基本解决温饱的贫困人口，由于温饱标准很低，在这个基础上实现小康进而过上比较宽裕的生活，还需要一个较长期的奋斗过程。从根本上改变贫困地区社会经济落后状况，缩小地区差距，更是一个长期的历史性任务。要充分认识扶贫开发的长期性、复杂性、艰巨性，继续把扶贫开发放在国民经济和社会发展的重要位置，为贫困地区脱贫致富做出不懈努力。[1]随着国家经济的发展和扶贫工作的开展，全国扶贫开发事业取得明显成效，按照年人均纯收入1274元的标准，2010年全国贫困人口减至2688万人。

进入新时代，要解决的是全面建成小康社会进程中深度贫困地区贫困人口的脱贫攻坚问题。2011年，中共中央、国务院印发的《中国农村扶贫开发纲要（2011—2020年）》提出高要求，即贫困地区农民人均纯收入增长幅度高于全国平均水平，基本公共服务主要领域指标接近全国平均水平，扭转发展差距扩大的趋势。中共十八大以来，随着脱贫攻坚战的推进，全国贫困发生率快速下降，但深度贫困地区的农民仍没有脱贫。特别是"三区三州"（"三区"是指西藏、新疆南疆四地州和四省藏区；"三州"是指甘肃的临夏州、四川的凉山州和云南的怒江州）实现脱贫更是艰难。这一现象除历史上长久积淀，以及自然资源条件差、经济基础薄弱、贫困程度较深的因素外，还有经济社会发展到新的水平并进入高质量脱贫阶段的新问题和新挑战。2015年10月，中共十八届五中全会审议通过的《中共中央关于制定国民经济和社会发展第十三个五年规划的建议》，把农村贫困人口脱贫作为全面建成小康社会的基本标志。[2]11月27日，习近平在中央扶贫

---

[1]《中国农村扶贫开发纲要（2001—2010年）》,《人民日报》2001年9月20日。
[2] 习近平:《在党的十八届五中全会第二次全体会议上的讲话（节选）》,《求是》2016年第1期。

开发工作会议上指出：打赢脱贫攻坚战，不是轻轻松松一冲锋就能解决的，全党在思想上一定要深刻认识到这一点。按照《中国农村扶贫开发纲要（2011—2020年）》的要求，"十三五"期间脱贫攻坚的目标是，到2020年实现"两不愁、三保障"。"两不愁"，就是稳定实现农村贫困人口不愁吃、不愁穿；"三保障"，就是农村贫困人口义务教育、基本医疗、住房安全有保障；同时，实现贫困地区农民人均可支配收入增长幅度高于全国平均水平，基本公共服务主要领域指标接近全国平均水平。这个目标实现起来并不容易。为什么这样说？主要有以下原因：一是实现到2020年7000多万农村贫困人口脱贫的目标，从2015年起平均每年减贫1000多万人。二是经过多年努力，容易脱贫的地区和人口已经解决得差不多了，越往后脱贫攻坚成本越高、难度越大、见效越慢。三是按照投入2万元大体解决一个农村贫困人口的脱贫问题测算，7000多万农村贫困人口脱贫需要投入1.4万亿元，如果2015年脱贫1000万人，未来五年每年平均需投入2400亿元左右。四是农村新的贫困人口还会出现，不少贫困户稳定脱贫能力差，因灾、因病、因学返贫情况时有发生。第一代农民工大多进入老龄阶段，其中相当一些人因常年在外打工积劳成疾，回到家乡后社会保障不给力，生活依旧十分困难。五是经济下行压力加大，贫困人口就业和增收难度增大，一些农民因丧失工作重新陷入贫困。[1] 2016年，国务院发布的《"十三五"脱贫攻坚规划》分析指出：从贫困现状看，截至2015年底，全国还有5630万农村建档立卡贫困人口，主要分布在832个国家扶贫开发工作重点县、集中连片特困地区县和12.8万个建档立卡贫困村，多数西部省份的贫困发生率在10%以上，民族

---

[1]《十八大以来重要文献选编》（下），中央文献出版社2018年版，第33—34页。

8省区贫困发生率达12.1%。现有贫困人口贫困程度更深、减贫成本更高、脱贫难度更大，依靠常规举措难以摆脱贫困状况。从发展环境看，经济形势更加错综复杂，经济下行压力大，地区经济发展分化对缩小贫困地区与全国发展差距带来新挑战；贫困地区县级财力薄弱，基础设施瓶颈制约依然明显，基本公共服务供给能力不足；产业发展活力不强，结构单一，环境约束趋紧，粗放式资源开发模式难以为继；贫困人口就业渠道狭窄，转移就业和增收难度大。实现到2020年打赢脱贫攻坚战的目标，时间特别紧迫，任务特别艰巨。[1]

中国在破解全面小康社会贫困人口这一突出短板难题实现了历史性突破。仅21世纪以来，全国农村贫困发生率，以2010年标准，由2000年的49.8%[2]下降至2019年的0.6%[3]。中共十八大以来，贫困地区[4]农村居民人均可支配收入由2013年的6079元增加到2019年的11567元，年均增长9.7%，比同期全国农村居民人均可支配收入增幅高2.2个百分点。特别是全国建档立卡贫困户人均纯收入增幅更大，由2015年的3416元增加为2019年的9808元，年均增长30.2%。全国贫困人口"两不愁"质量水平明显提升，"三保障"突出问题总体解决。[5]中国创造了人类减贫事业的奇迹，使全面小康社会能够经得起历史的检验。

---

[1]《"十三五"脱贫攻坚规划》，中国政府网，2016年12月2日，http://www.gov.cn/zhengce/content/2012-12/02/content_5142197.htm。

[2]《辉煌70年》编写组编：《辉煌70年——新中国经济社会发展成就（1949—2019）》，中国统计出版社2019年版，第383页。

[3] 国家统计局：《中华人民共和国2019年国民经济和社会发展统计公报》，《人民日报》2020年2月29日。

[4] 贫困地区包括集中连片特困地区和片区外的国家扶贫开发工作重点县，原共有832个县。2017年开始将新疆阿克苏地区纳入贫困监测范围。

[5] 习近平：《在决战决胜脱贫攻坚座谈会上的讲话》，《人民日报》2020年3月7日。

四、破解全面小康社会"三农"短板难题的突破是乡村人口大国跃升至高人文发展水平不可忽视的因素

"三农"由传统向现代的快速转型发展,不仅为中国综合国力的快速提升提供了基础支撑,也提升了整个国家的发展水平。从联合国开发计划署(UNDP)创建的人文发展指数(HDI,Human Development Index)及发布的《人文发展报告》看,"三农"转型发展对中国人文发展水平跃升作出了重大贡献。

鉴于人均 GNP(国民生产总值)能够反映一国经济发展状况,却不能反映一个国家的全面发展水平的问题,联合国开发计划署把经济指标与社会指标结合起来,于 1990 年创立了比 GNP 更能反映一个国家综合发展水平的重要指标——人文发展指数,并从当年起每年发布年度人文发展报告。一个国家人文发展指数的取值范围是 0—1,0.801 及其之上为极高水平,0.701—0.800 为高水平,0.551—0.700 为中等水平,0.5 以下为较低水平。联合国秘书长潘基文在《2010 年人文发展报告》发布仪式上表示,《人文发展报告》改变了我们观察世界的方式,我们知道经济发展非常重要,但最重要的应该是让国民收入能够给全体国民带来更长的寿命,更健康、更加丰富多彩的生活。[1]人文发展指数初期以预期寿命、教育水准、生活质量为基础变量,之后,指标体系逐步完善。《1991 年人文发展报告》增加了环境破坏和居民自由程度两个因素。《1993 年人文发展报告》提出发展要围绕人转,而不是人围绕发展转。《2000 年人文发展报告》鉴于人口受教育程度与技术发展的关系,将技术领先指数纳入其中。

---

[1]《〈人类发展报告〉:中国过去 40 年进步列全球第二》,搜狐网,2010 年 11 月 5 日,http://news.sohu.com/20101105/n277175899.shtml。

联合国开发计划署历年发布的《人文发展报告》显示，中国的人文发展指数持续跃升，由 1980 年的 0.423，提升至 1990 年的 0.501，2000 年的 0.588，2013 年的 0.719，2018 年的 0.758。《2001 年人文发展报告》显示，2000 年中国人文发展指数首次超过世界平均值。2010 年 11 月 4 日，联合国开发计划署纪念《人文发展报告》发布 20 周年特刊——《2010 年人文发展报告》，对 1970 年起至此的人文发展趋势所进行的评价显示，大多数发展中国家在健康、教育以及基本生活标准方面取得巨大进步，而进步最快的是东亚地区，特别是中国和印度尼西亚。《2012 年人文发展报告》显示，中国人文发展指数 2011 年比 1980 年年平均增长 1.7%，进步显著。《2014 年人文发展报告》显示，2013 年中国实现由中人文发展水平跨入高人文发展水平。《2019 年人文发展报告》显示，中国的人文发展指数 2018 年比 1990 年增长了 51.3%。《人文发展报告》显示，中国的人文发展水平实现历史性跨越，是自 1990 年引入人文发展指数起世界上唯一从低人文发展水平跃升到高人文发展水平的国家。

中国人文发展水平的跃升，得益于经济的快速增长和社会的相应发展。《2013 年人文发展报告》《2019 年人文发展报告》显示：中国人均国民收入，2012 年比 1980 年大幅增加，增幅为 14.16 倍；以 2011 年购买力平价标准计算，1990—2018 年由 1530 美元增加到 16127 美元。[1]平均受教育年限，2012 年比 1980 年增加 3.8 年，预期受教育年限增加 3.3 年；1990—2018 年，由 8.8 年增加到 13.9 年。中国人口预期寿命，2012 年比 1980 年增加 6.7 年，1990—2018 年从 69 岁提高到 76 岁。

---

[1] 陈尚文、程是颉：《联合国 2019 年人类发展报告：中国的人类发展水平取得巨大进步》，《人民日报》2019 年 12 月 10 日。

中国人文发展水平的跃升，一个很重要的原因是"三农"实现了快速发展。收入差距拉大是全球现象，也是影响一国人文发展水平的重要因素。联合国开发计划署的《人文发展报告》特别关注收入差距和低收入问题。《1993年人文发展报告》指出：1960年，占世界人口20%的最富裕人的收入是占世界人口20%的最贫穷人收入的30倍。到1990年，这个差距增加到90倍。《2000年人文发展报告》认为，中国只要有效地解决和提高中西部欠发达地区的社会发展指标，就有可能提高全国平均水平，进而能在2000年真正实现共同富裕含义下的较高的人文发展指标。《2019年人文发展报告》专门以"超越收入、超越平均、超越当下：21世纪人文发展历程中的不平等问题"为主题。该报告显示，自2000年至2018年，中国占总人口40%低收入层的收入以263%的惊人速度增长，为快速减少极端贫困作出了贡献。联合国开发计划署驻中国的代表表示，精准扶贫是中国减贫的重要经验。中国能够将减贫工作细化到每个社区、每户居民，通过因地制宜的方案逐步完成总体目标。"这种'中国经验'是全球减贫工作的重要参考。"[1]可见，中国从乡村人口数量庞大的国情出发，着力补全面小康社会"三农"短板，特别是最突出的贫困人口的短板，以实现全面建成小康社会进程中一个不能少和在共同富裕路上一个不能掉队，确保小康成色，成为中国人文发展水平整体提升，进而实现由低人文发展水平跨越到高人文发展水平的不可或缺的重要因素。

五、结语

弱者愈弱，这是众所周知的马太效应。在工业化、城镇化进程中

---

[1] 陈尚文、程是颉：《联合国2019年人类发展报告：中国的人类发展水平取得巨大进步》，《人民日报》2019年12月10日。

"三农"发展受弱质性困扰下,中国破解全面小康社会"三农"短板难题实现历史性突破,有诸多方面的原因,如工业化和城镇化发展的辐射带动、农民素质提升、农业科技进步、农业技术装备水平提升、农村基础设施改善、农村社会事业发展、农业农村组织化实现形式完善等。但中国共产党的领导和社会主义制度优势的发挥是主导性的关键因素,也是中国独特的因素。第一,中国共产党的领导是破解全面小康社会"三农"短板难题的根本保障。中国共产党面对"三农"发展受弱质性困扰、乡村人口数量庞大下补齐全面小康社会"三农"短板任务艰巨、深度贫困地区贫困人口脱贫难度大这三大难题,不回避,而是正视,迎难而上,攻坚克难,积极主动施策。中国共产党勇于破解全面小康社会"三农"短板难题的勇气和使命担当,是因为从为中国人民谋幸福、为中华民族谋复兴出发,基于解决好"三农"问题是实现乡村振兴乃至实现"两个一百年"奋斗目标和中华民族伟大复兴中国梦的必然要求的认识,能够在解决好"三农"问题的行动上高度自觉。这种基于发展趋势科学把握的主动施策,能够抓住发展机遇,还满足了诉求表达能力弱的农民的政策需求。第二,中国特色社会主义制度是破解全面小康社会"三农"短板难题的制度保障。学界致力于跳出"三农"研究"三农",将破解"三农"问题与工业化、城镇化联系起来,但主要是以发展经济学的城乡二元结构论为理论基础,没有跳出单纯从某一个体或局部资源配置效率出发,进而难以突破"三农"发展受弱质性困扰的路径锁定。坚持社会主义,是全面建成小康社会的根本遵循。在中国共产党的领导下,发挥社会主义制度优势,能够做到全国一盘棋,才能在乡村人口数量庞大的情况下,还能实施工业反哺农业、城市支持乡村政策。这是基于促进全体人民共同富裕的政策选择。正因为如此,才能突破单纯从某一个体或局部资源配置效率出发而难以突破"三农"发展受弱质性困扰的路径锁定,探索形成发挥社会主义制度优势破解全面小康社会"三农"短板难题的中国方案。

农村同步迈向全面小康社会的方案和经验[*]

中国在工业化、城镇化进程中,"三农"发展受弱质性困扰、乡村人口数量庞大下,还能够在破解全面小康社会"三农"短板难题上实现历史性突破,是因为中国共产党坚定促进全体人民共同富裕,发挥社会主义的制度优势,突破了单纯从某一个体或局部资源配置效率出发而难以突破"三农"发展受弱质性困扰的路径锁定,探索形成促进农村同步迈向全面小康社会的中国方案,积累了丰富的经验。

一、基于"小康不小康,关键看老乡"的发展观构建政策目标体系

全面建成小康社会中城乡发展不平衡下的"三农"短板是相对的。新中国自成立起,"三农"各项事业取得历史性成就。仅以全国粮食产量为例,2019年达66384万吨,比1949年的11318.4万吨增长了4.87倍。尽管如此,由于工业革命以来受发展能力上的农业弱于工业、农村弱于城镇等影响,中国与其他国家一样,存在城乡差别。中国城

---

[*] 本文曾发表于《宁夏社会科学》2020年第5期。

乡发展的差距，仅以收入为例，农村居民可支配收入尽管实现大幅增长，由1949年的43.8元增加至2019年的16021元，但城乡居民人均可支配收入比却较大，其中最高为2007年的3.14∶1〔1〕。这种城乡发展不平衡，不是只在中国发生，而是工业化、城镇化进程中普遍存在的结构性问题，也是难以破解的问题。

中国共产党对城乡发展不平衡下全面小康社会的"三农"短板问题，不是任其发展，不允许农民被平均化进入全面小康社会。全面建成小康社会，强调的是更重要、更难做到的"全面"〔2〕。在城乡发展不平衡的情况下，如果农民在城乡之间被平均化，那会有几亿农民被平均化。农民如果被平均化进入全面小康社会，实际上是没有实现全面建成小康社会的目标。以习近平同志为核心的党中央，在着力解决人民日益增长的美好生活需要和不平衡不充分的发展之间的矛盾进程中，着力破解全面小康社会"三农"短板难题这一重大结构性问题。

2013年，习近平指出，"小康不小康，关键看老乡"〔3〕。这一发展观是对经济社会发展规律的科学把握和生动论述，深化了促进"三农"发展在决胜全面建成小康社会中重要地位的认识。2017年12月28日，在中央农村工作会议上，习近平要求深思乡村在工业化、城镇化进程中的地位。习近平指出："我国城镇化率已接近百分之六十，但作为有着九百六十多万平方公里土地、十三亿多人口、五千多年文明史的大国，不管城镇化发展到什么程度，农村人口还会是一个相当大的规模，即使城镇化率达到了百分之七十，也还有几亿人生活在农村。城市不可能漫无边际蔓

---

〔1〕《辉煌70年》编写组编：《辉煌70年——新中国经济社会发展成就（1949—2019）》，中国统计出版社2019年版，第382页。

〔2〕《习近平关于全面建成小康社会论述摘编》，中央文献出版社2016年版，第12页。

〔3〕《十八大以来重要文献选编》（上），中央文献出版社2014年版，第658页。

延，城市人口也不可能毫无限制增长。现在，我们很多城市确实很华丽、很繁荣，但很多农村地区跟欧洲、日本、美国等相比差距还很大。如果只顾一头、不顾另一头，一边是越来越现代化的城市，一边却是越来越萧条的乡村，那也不能算是实现了中华民族伟大复兴。我们要让乡村尽快跟上国家发展步伐。"[1] 2018年，中共中央、国务院印发的《乡村振兴战略规划（2018—2022年）》强调："实施乡村振兴战略是实现全体人民共同富裕的必然选择。农业强不强、农村美不美、农民富不富，关乎亿万农民的获得感、幸福感、安全感，关乎全面建成小康社会全局。"[2]

"小康不小康，关键看老乡"的发展观，体现了中国共产党破解工业化、城镇化进程中城乡二元结构的世界性问题的勇气和使命担当，展示了着力破解全面小康社会"三农"短板难题的决心和信心，明确了坚持以人民为中心促进全体人民共同富裕取向的全面建成小康社会的目标体系和政策体系，厘清了决胜全面建成小康社会要抓的重点、要补的短板、要强的弱项的工作布局。

党的十八大以来，中国正视全面小康社会中的"三农"短板难题，牢固树立"小康不小康，关键看老乡"的发展观，从城乡发展不平衡而乡村人口数量又很庞大的国情出发，以农民是否小康为目标导向，构建完善"三农"的政策体系，推进决胜全面建成小康社会的各项工作，"三农"事业全面发展，农民收入大幅提升，城乡居民可支配收入比由最高的2007年的3.14∶1，缩小为2012年的2.88∶1，再缩小为2019年的2.64∶1，农民生活水平显著提升。同时，决战决胜脱贫攻坚，确保到2020年现行标准下实现农村贫困人口脱贫、贫困县全部

---

[1]《习近平关于"三农"工作论述摘编》，中央文献出版社2019年版，第10页。
[2]《乡村振兴战略规划（2018—2022年）》，《人民日报》2018年9月27日，第1版。

摘帽、区域性整体脱贫问题解决，现行标准下贫困发生率由 2012 年的 10.2% 下降为 2019 年的 0.6%[1]，创造了人类减贫事业的奇迹。

二、在共享发展理念下完善社区集体统筹和积累机制，促进农村全面发展

小康是全面的，不仅仅要实现农村经济发展和农民收入水平的提高，还包括政治、文化、社会、生态等全面协调发展。

中国之所以能够促进农村全面发展，是因为统筹推进经济建设、政治建设、文化建设、社会建设、生态文明建设，并探索形成能够促进农村全面发展的中国特色农业农村组织化发展路径。

中国顺应传统农业向现代农业转型发展要求，积极推进农业农村组织化，解决了在不同生产力水平发展阶段面临的不同问题。在使用传统农业生产工具阶段，农民一家一户生产中存在耕畜、农具、资金等生产要素不足的问题，有的存在劳动力不足的问题。为解决生产经营中的这些困难，中国在历史上就有换工、打会以及相互调剂耕畜、农具使用等互助合作。20 世纪 50 年代初，中国废除地主阶级封建剥削的土地所有制而实行农民所有的土地所有制后，由于仍处于生产力水平低下的传统农业阶段，小规模分散经营的农户在发展生产中仍存在这些问题。这一时期实行农业生产互助合作，就是为了解决一家一户在农业生产中存在的生产要素短缺的问题。同时，中国为保障国家工业化战略的实施，也需要通过农业生产组织来促进农业发展，以保障能够顺利地让农业向工业提供所需农产品原料和资金支持。为解决大规模跨社开展农田水利特别是水库等建设过程中遇到的问题，开始

---

[1] 国家统计局：《中华人民共和国 2019 年国民经济和社会发展统计公报》，《人民日报》2020 年 2 月 29 日。

探索规模更大一些的小社并大社乃至人民公社。

改革开放以来，由于机械、电力、化肥、农药等现代生产要素在农业生产中的普遍运用，生产力水平远高于20世纪50年代。家庭承包经营中遇到的困难发生较大变化，基本不存在农具、耕畜短缺问题，而是在从事商品生产过程中遇到了新问题，主要包括分散经营且规模极小的农户不能适应千变万化的市场，以及竞争力弱，在交易中处于弱势，需要通过组织起来，解决一家一户办不了或办了不经济的新技术引进、生产资料采购、产品质量提高、农产品加工销售等问题。这些成为实行家庭承包经营后再组织化的动力和互助合作的内容。

中国在农业农村组织化上，与其他国家的做法相比，有相同之处，即面对农户或家庭农场分散生产经营中的困难，都是通过组织化以节约交易成本、实现规模效益、提升竞争力等促进农业农村的发展。同时，也有所区别，形成了自己的特色。

一方面，中国在农业农村组织化进程中，坚持社会主义，坚持以人民为中心，坚持走共同富裕道路，从实际出发，致力于探索形成能够实现现代化和共享发展成果有机统一的农业农村组织化形式。中国的互助合作组织形式是由走共同富裕道路决定的。共同富裕是社会主义的本质要求，也只有在社会主义制度下才能实现。中国共产党不仅从政治上解放农民，使农民成为社会主义社会的主人，还领导农民完成农业社会主义改造，建立起农村土地集体所有制，以及以此为基础的农村社区集体经济组织。这贯穿于1949年以来的整个历程。其中，农村土地集体所有制成为"三农"乃至整个国家经济社会发展的基石。改革开放以来，坚持农村土地集体所有制和发展社区集体经济，在农村集体经济组织内实行以家庭承包为基础、统分结合的双层经营。1984年6月30日，邓小平会见第二次中日民间人士会议日方委员会代表团谈话中强调，中国的小康建设要坚持社会主义及其分配原则，他说："如果按资本主义的分配方法，绝大多数人还摆脱不了贫穷落后状态，按社会主义的分配原则，就可以使全国人民普遍过上小康生活。这就是我们为什么要坚持社会主义的道理。不坚持社会主义，中国的小康社会形成不了。"[1]2020年4月20日至23日，习近平在陕西省考察时指出，发展扶贫产业，重在群众受益，难在持续稳定。要延伸产业链条，提高抗风险能力，建立更加稳定的利益联结机制，确保贫困群众持续稳定增收[2]。党的十八大以来，在共享发展理念下，从实际出发，进一步探索完善能够实现现代化和共享发展成果有机统一的农业农村组织化形式，对农业经营主体"+"的方式进行完善，有公司把农民加进去的"公司+合作社+农户"，有农民牵头的自组织"合作社+农户"、"党支部+合作社+农户"等，并在多种经营主体"+"中，通过土地经营权等入股方式实现股权联结，将单纯交易式联结的"+"，改进为经营主体一体化联结的"+"，促进包括农民在内的一体化产业组织的发展。探索形成能够实现现代化和共享发展成果有机统一的农业农村组织化形式，既有利于促进农户分散经营困难的解决而促进农业农村的发展，又有利于促进共同富裕。

另一方面，在农村土地集体所有制基础上发展社区集体经济，以社区集体统筹和积累方式，促进农村全面发展。农村社区集体统筹和积累能力总体上还不强，但这一机制的构建，在乡村人口数量庞大下破解全面小康社会"三农"短板难题上，发挥了积极作用。

第一，通过社区集体统筹和积累，为农村全面发展提供资金支撑。

---

[1]《邓小平文选》第3卷，人民出版社1993年版，第64页。
[2]《扎实做好"六稳"工作落实"六保"任务 奋力谱写陕西新时代追赶超越新篇章》，《人民日报》2020年4月24日，第1版。

中国在皇权不下县的传统农业社会，探索出凑份立公田、打会等抱团互助方式。这一农村统筹积累方式，对于有限解决生产力水平低下阶段农民生产生活困难、传统乡村秩序的维持乃至小农支撑国家大一统发挥着一定的作用。传统乡村凑份抱团互助文化是中国传统乡村文明的组成部分，也是中华文化的组成部分。进入社会主义社会，中国根据工业化初期需要农业向工业提供资金支持，探索出通过农村社区集体统筹，并通过发展农村社区集体经济实现积累，以解决"三农"发展所需要的资金。中国从走共同富裕道路出发，建立起能够促进农业农村经济发展，兼具提供公共品，以及有助于经济社会协调发展的农村社区集体经济组织，由此所构建起的农村社区集体统筹和积累机制，传承了传统乡村凑份抱团互助文化，去除了宗法伦理主导及服务于封建社会统治之糟粕，形成具有较强内生发展能力而能够破解农村经济社会发展对政府强依赖难题的中国式路径，促进了农村经济建设、政治建设、文化建设、社会建设、生态文明建设的全面发展。

第二，通过社区集体统筹和积累，国家财政支持资金能够更好发挥促进农村全面发展的作用。一方面，弥补国家支持"三农"发展财政资金不足的缺口。进入 21 世纪，中国加大对"三农"的支持力度，明确国家财政在文化、教育、卫生、体育、基础设施等建设投入的增量主要用于农村。然而，城乡发展不平衡下发展"三农"事业所需资金量较大，国家财政支农资金仍然不能充分满足"三农"的发展需要。在这种情况下，通过社区集体统筹和积累，包括发展集体经济、以"一事一议"等方式筹资筹劳，保障乡村建设顺利推进。另一方面，完善中国共产党领导下的乡村治理，通过农村社区集体统筹和积累，统筹乡村发展，引导资源配置，加之通过社区集体经济组织的股份合作制改造和在一二三产业融合发展中的股权联结，致力于构建以农民为主体的共享发展机制,促进农村社会保障体系建设,促进农村文化、教育、卫生、体育事业发展,促进乡村基础设施和美丽乡村建设,进而把国家财政资金促进农村全面发展的作用更为充分地发挥起来。

从上述中国农业农村组织化的历史演进和在促进农村全面发展上发挥积极作用可见,一方面,尽管不同生产力发展阶段下农业农村组织化中所解决的问题及实现形式有所不同,但不可否认组织化是农业农村现代化的必然选择。另一方面,基于某种理论或他国经验,脱离中国当时历史场景和无视历史发展逻辑,不区分不同生产力水平下农业农村发展乃至整个经济社会发展对组织化的需求、合作内容及组织化促进发展的作用,会把对新中国农业农村组织化实现形式的实践探索的评判引入误区,也不利于从中吸取历史智慧,并从实际出发对农业农村组织化形式加以完善。

三、基于乡村人口数量庞大的国情,多维拓展"三农"发展空间

面对工业化快速发展与农村发展滞后甚至凋零的二元结构,发展经济学对于破解城乡二元结构进行了探讨,刘易斯的二元经济结构理论、拉尼斯和费景汉修正后的二元结构模型、乔根森的新二元经济模型以及 H. 钱纳里和 M. 塞尔昆的结构转换理论,提出了增加农业剩余、提升农业劳动生产率、发展小城镇、保障工业化与城镇化和产业结构与就业结构的协同性等思路。

中国基于人多地少的现实,从促进全体人民共同富裕出发,探索形成多维扩展"三农"发展空间的路径。主要有通过工业化、城镇化辐射带动"三农"发展;通过农村工业化、农村城镇化和农民进城就业创业,使一部分农民就业非农化和转变为市民;通过提升农民素质、

发展现代农业、改善农村基础设施、发展农村社会事业，促进"三农"发展能力的增强和全面发展；等等。其中，促进一二三产业融合发展和城乡融合发展对于拓展"三农"发展空间不可或缺而且至关重要。

在促进一二三产业融合发展进程中，通过产业链、价值链和产权联结，拓展"三农"发展空间和实现发展成果共享。产业链低端和价值链低端的初级农产品生产与产业链高端和价值链高端的二三产业发展分离，这是"三农"发展难以摆脱受弱质性困扰的原因所在。中国拓展"三农"发展空间，从产业链、价值链的联结和工农关系的构建上进行创新，突破了"三农"发展受弱质性困扰的锁定。中国在致力于工农业相互促进中，经历了由以农业为基础、以工业为主导向一二三产业融合发展的历程。中国在实施国家工业化战略中，把工业限于城市和工矿区，尽管如此，也允许农村发展手工业和社队工业。1958年，毛泽东提出人民公社实行工农商学兵结合。这样一种农村经济社会结构设想，最初是出于人民公社便于领导[1]，在实际上是有利于促进产业链的联结及在此基础上拓展"三农"发展空间。1959年2月27日至3月5日，毛泽东在郑州召开的中共中央政治局扩大会议（又称第二次郑州会议）上指出："目前公社直接所有的东西还不多，如社办企业、社办事业，由社支配的公积金、公益金等。虽然如此，我们伟大的、光明灿烂的希望也就在这里。"[2]改革开放前，这一构想没有很好实施，主要是因为中国在实施国家工业化战略中，把在农村发展工业限于国家计划经济外的拾遗补缺的"五小工业"范围，尽管如此，种下了社队工业的种子。在改革开放进程中，中国探索试行农工

---

[1]《毛主席视察山东农村》，《人民日报》1958年8月13日，第1版。
[2]《建国以来重要文献选编》第12册，中央文献出版社1996年版，第128页。

商综合经营[1],尊重农民的实践创造,走出农村工业化之路。20世纪80年代,乡镇企业异军突起,验证了毛泽东关于"光明灿烂的希望"的远见。90年代,在发展市场经济过程中,基层创造了把产业链中的产加销、贸工农联结起来的农业产业化经营,促进了小规模分散经营的农户与千变万化的大市场的对接,进而促进了农业发展和农民增收。由于实行农业产业化经营初期仅实行"公司+农户"模式,其中的两个利益主体在交易谈判能力上存在明显的强弱差异,相对弱势的农民难以充分分享到发展成果。总体而言,乡镇企业的异军突起和农业产业化经营的发展,增强了"三农"的发展能力,也拓展了"三农"的发展空间。随着工业化水平的提升和农业的发展,农业与工业的关联度提升,向融合发展演进。十八大以来,在共享发展理念下,促进一二三产业融合发展,并通过农村集体经济组织和农民以土地经营权等入股,致力于将各利益主体在产业链和价值链上更紧密地联结起来,由此农民可以更充分地分享发展成果,进而能够破解产业链和价值链高低端分离下"三农"发展难以摆脱受弱质性困扰的难题。

在促进城乡融合发展进程中拓展"三农"发展空间。城乡二元结构是工业化进程的产物,是一把"双刃剑",一方面成就了中国工业体系的快速建立,乃至跃升为全球制造业第一大国,另一方面也约定了"三农"发展空间。中国在落后的农业大国启动实施国家工业化战略之际,尽管为保障城市工业快速发展而通过计划经济体制分割城乡发展,但以毛泽东同志为主要代表的中国共产党人从使农村的生活水平和城

---

[1] 叶剑英:《在庆祝中华人民共和国成立三十周年大会上的讲话》,《人民日报》1979年9月30日,第1版。

市的生活水平大致一样[1]考虑，提出在农村建设现代农业、发展工业和小城市，让农民就地发展工业，以避免农民盲目向城市流动[2]。在20世纪70年代末建立起独立的比较完整的工业体系和国民经济体系后，在改革开放进程中形成中国特色农业现代化、农村工业化、农村城镇化的并进格局。中国进入工业化中期阶段后，针对城市快速发展而农村发展相对滞后的结构性问题，提出逐步解决二元经济社会结构问题[3]，党的十七大报告提出形成城乡经济社会发展一体化新格局[4]。进入新时代，中国致力于重塑城乡关系，促进城乡融合发展，以破解工业化、城镇化进程中"三农"发展受弱质性困扰而发生农村边缘化的现象。党的十八大报告提出，"推动信息化和工业化深度融合、工业化和城镇化良性互动、城镇化和农业现代化相互协调，促进工业化、信息化、城镇化、农业现代化同步发展"[5]。十九大报告提出"建立健全城乡融合发展体制机制和政策体系"，这是在城乡一体化实践基础上，在党的代表大会文件中使用城乡融合发展概念，明确了推进农业农村现代化的新路径。2017年12月28日，习近平在中央农村工作会议上指出，重塑城乡关系，走城乡融合发展之路。要坚持以工补农、以城带乡，推动形成工农互促、城乡互补、全面融合、共同繁荣的新型工农城乡关系[6]。2018年中央一号文件《中共中央 国务院关于实施乡村

---

[1] 中华人民共和国国史学会：《毛泽东读社会主义政治经济学批注和谈话（清样本）》，内部出版，1997年。

[2] 农业部农业政策研究会：《毛泽东与中国农业：专家学者纪念毛泽东诞辰100周年》，新华出版社1995年版。

[3] 《江泽民文选》第3卷，人民出版社2006年版，第407页。

[4] 《胡锦涛文选》第2卷，人民出版社2016年版，第630页。

[5] 《十八大以来重要文献选编》（上），中央文献出版社2014年版，第16页。

[6] 《十九大以来重要文献选编》（上），中央文献出版社2019年版，第142页。

振兴战略的意见》将"坚持城乡融合发展"列为实施乡村振兴战略的基本原则之一,要求坚决破除体制机制弊端,使市场在资源配置中起决定性作用,更好发挥政府作用,推动城乡要素自由流动、平等交换,推动新型工业化、信息化、城镇化、农业现代化同步发展[1]。党的十八大以来,中国促进城乡融合发展重塑城乡关系,形成了乡村人口数量庞大下破解全面小康社会"三农"短板难题的新路径。

四、探索实施与经济社会所处发展阶段相适应的工业与农业、城镇与农村相互支持的政策

在工业化进程中的"三农"政策选择,一开始就不是就"三农"论"三农",而是与工业化发展联系在一起的,其中一个核心政策是农业与工业的剩余在两个产业部门之间如何分配的问题。中国作为工业化后发国家,既要追赶工业化进程,又要解决由于农业与工业在生产率、投入回报率等方面的差异,"三农"发展受弱质性困扰的问题。新中国自成立起,根据所处的工业化发展阶段,以缩小工业与农业、城镇与农村差距并实现协同发展和促进共同富裕为长远目标,在工业化初期实行农业养育工业,进入工业化中期则调整为工业反哺农业。中国作为工业化后发国家,在后发弱势窘境和西方国家封锁禁运等多重因素限定下,要追赶工业化进程,全国人民不得不勒紧腰带艰苦奋斗,为工业化发展提供资本积累。这当中,既包括对城镇职工实行低工资、对城乡居民实行低消费政策,还包括实行一定程度的工农产品价格"剪刀差"。这是基于全局发展利益、长远发展利益的一种选择,在实践中也注重保障局部发展利益和当期发展利益。这样一种统筹发展政

---

[1]《十九大以来重要文献选编》(上),中央文献出版社2019年版,第160页。

策，一开始就存在不同意见，毛泽东对"大仁政""小仁政"进行了辩证透彻的阐析[1]。1949年以来中国"三农"发展的实践，对从长远考虑先从农业剩余中取一点支持工业、工业发展起来带动农业发展的"大仁政"，以及相对的只顾农民眼前利益的"小仁政"论断进行了充分的验证。半个多世纪后，胡锦涛在党的十六届四中全会上的讲话中，作出工业化发展进程中"两个趋向"[2]的论断，揭示了一些工业化国家在工业化初始阶段，农业为工业提供积累而支持工业、在工业化发展达到相当程度后调整为工业反哺农业的普遍趋势。随着国家工业化的发展和经济实力的增强，国家逐步加大了对"三农"的支持力度。

中国在推进现代化进程中，之所以能够做到在工业化初期实施农业养育工业和进入工业化中期调整为工业反哺农业，根本在于发挥了社会主义的制度优势，能够坚持走共同富裕的道路，做到全国一盘棋，把全局发展与局部发展、长远发展与当期发展统一起来。实践表明，一方面，中国如果在实施工业化战略时不实行从农业的剩余那里取点以支持工业发展、工业发展起来带动农业发展的政策，就很难破解后发国家工业化资本积累不足的问题，也就不可能经过较短时间，到20世纪70年代末就建立起独立的比较完整的工业体系和国民经济体系。另一方面，如果工业化不能快速推进，也就没有强大的经济实力，在乡村人口数量庞大下就难以实施工业反哺农业政策。正因为中国共产党科学把握发展趋势和遵从发展规律，发挥社会主义的制度优势，才能基于所处工业化发展阶段和面对复杂的国际政治经济秩序，实行工业与农业、城镇与农村相互支持的政策。中国在启动工业反哺农业政策之前

---

[1]《毛泽东年谱（1949—1976）》第2卷，中央文献出版社2013年版，第163—164页。

[2]《胡锦涛文选》第2卷，人民出版社2016年版，第247页。

的一段时间，学界以发达国家占多数的城市人口养占少数的乡村人口才具有经济上的可行性为参照，提出了影响很广的在中国当时人口城镇化水平较低的情况下不能实行工业反哺农业的主张。这也表明，中国社会主义社会与资本主义社会在实行农业养育工业与工业反哺农业上，尽管在产业部门剩余分配上的趋向和实现产业协同发展一致，但不是基于多数人养少数人而作出政策选择和调整，而是以人民为中心，从促进全体人民共同富裕，实现中华民族伟大复兴进行的政策选择和调整，因而能够将全局发展利益与局部发展利益、长远发展利益与当期发展利益统一起来。这正是中国共产党坚持以人民为中心和马克思主义政治经济学的人民立场在促进"三农"转型发展，进而促进农村同步迈向全面小康社会的切实体现。

五、中国共产党勇挑解决好"三农"问题重任和以重中之重的工作布局主动施策

中国共产党勇挑破解工业化、城镇化进程中"三农"难题的重任，把解决好"三农"问题作为全党工作的重中之重，在行动上高度自觉，是因为中国共产党牢记为中国人民谋幸福、为中华民族谋复兴的初心和使命，以及解决好"三农"问题进而实现乡村振兴是实现"两个一百年"奋斗目标和中华民族伟大复兴中国梦的必然要求[1]的深刻认识。在20世纪50年代实施国家工业化战略初期，毛泽东于1957年1月在省自治区直辖市党委书记会议上指出："要说服工业部门面向农村，支援农业。要搞好工业化，就应当这样做。"[2]以毛泽东同志为主要代表的中国共产党人把农业现代化列为四个现代化之首，并提出以农业

---

[1]《乡村振兴战略规划（2018—2022年）》，《人民日报》2018年9月27日，第1版。
[2]《毛泽东文集》第7卷，人民出版社1999年版，第200页。

为基础、以工业为主导的方针,仅第七、第八两届中共中央全会就有六次对"三农"问题进行了专题研究,并形成文件。进入工业化中期,在全面建设小康社会进程中,党的十七届三中全会通过的《中共中央关于推进农村改革发展若干重大问题的决定》指出:"实践充分证明,只有坚持把解决好农业、农村、农民问题作为全党工作重中之重,坚持农业基础地位,坚持社会主义市场经济改革方向,坚持走中国特色农业现代化道路,坚持保障农民物质利益和民主权利,才能不断解放和发展农村社会生产力,推动农村经济社会全面发展。"[1]

进入新时代,在决胜全面建成小康社会进程中,中国共产党进一步强化"三农"工作布局。以习近平同志为核心的党中央坚持农业农村优先发展,明确指出:"中国要强,农业必须强;中国要美,农村必须美;中国要富,农民必须富。农业基础稳固,农村和谐稳定,农民安居乐业,整个大局就有保障,各项工作都会比较主动。"[2]党的十九大报告指出,"农业农村农民问题是关系国计民生的根本性问题,必须始终把解决好'三农'问题作为全党工作重中之重"[3]。习近平指出,从"三农"工作本身看,解决好发展不平衡不充分问题,要求我们更加重视"三农"工作[4]。

制定和实施《中国共产党农村工作条例》,形成了以重中之重的工作布局主动施策的制度化机制。2019年6月24日,中共中央政治局会议审议通过《中国共产党农村工作条例》,强调要加强党对农村经济建设、社会主义民主政治建设、社会主义精神文明建设、社会建设、

---

[1]《十七大以来重要文献选编》(上),中央文献出版社2009年版,第670页。
[2]《十八大以来重要文献选编》(上),中央文献出版社2014年版,第658页。
[3]《十九大以来重要文献选编》(上),中央文献出版社2019年版,第22页。
[4]《习近平关于"三农"工作论述摘编》,中央文献出版社2019年版,第8页。

生态文明建设的领导，健全党领导农村工作的组织体系、制度体系和工作机制。这一条例的制定，把中国共产党领导农村工作的传统、要求、政策等以党内法规形式确定下来。

把解决好"三农"问题作为全党工作的重中之重，为解决好工业化、城镇化进程中"三农"发展受弱质性困扰问题提供了强有力保障。这种在把握发展趋势和规律基础上主动施策，不仅能抓住发展机遇，还满足了诉求表达能力弱的农民的政策需求，是受弱质性困扰的"三农"能够实现历史性跨越发展，进而农村同步迈向全面小康社会的关键所在。

后 记

  2010年我从农业部农村经济研究中心转到中国社会科学院当代中国研究所工作后，因职责所在，研究领域由"三农"史向经济史、国史拓展。2013年起主持中国社会科学院创新项目"中华人民共和国经济史研究"时，与研究团队共同厘清中国用几十年时间走完发达国家几百年走过的工业化历程的跨越发展这一主题，呈现中国特色社会主义经济发展道路探索、形成和不断完善这一主线。2015年起主持中国社会科学院创新项目"中华人民共和国史稿（2002—2012年）"，和2018年起参与《新中国70年》《中华人民共和国简史》《（新编）中国通史》之《中华人民共和国》卷、《中华民族复兴史》《新中国社会主义发展道路70年》《中华人民共和国历史十讲》《改革开放40年：历程与经验》《新时代这十年（2012—2022）》《新时代这十年》丛书、《中国式现代化简史》《新中国史事编年》《中国经济这十年（2012—2022）》《中国经济改革简史（1978—2023）》《新中国经济简史（1949—2024）》《中国工业史·综合卷》等编写任务时，致力于梳理呈现国史的主题主线和主流本质。研究梳理国史、经济史、"三农"史的主题主线和主流本质，为研究中国为什么能实现用几十年时间走完发达国家几百年走过的工业化历程的历史性跨越发展打下了基础。

我在研究中注重实证分析,特别是注重历史与现实结合的调研,以此为基础,对中国为什么能实现用几十年时间走完发达国家几百年走过的工业化历程的历史性跨越发展的原因进行研究。深切感受到集中力量办大事在中国实现历史性跨越发展中的作用,始于2011年对三线建设的调研。在持续调研的基础上,基于大历史观对中国作为工业化后发国家如何突破强势的工业化先发国家的控制,由农业国跃升为全球制造业第一大国和世界第二大经济体进行了考察,对中国由作为工业化后发国家在国际上受弱势窘境困境向优势跨越转变进行了实证分析,论证了集中力量办大事在中国实现历史性跨越发展中不可或缺的作用。然而,很长时期内集中力量办大事受诟病,关于集中力量办大事在中国实现历史性跨越发展中作用的研究成果也难发表。有幸的是,中共十九届四中全会将"全国一盘棋,调动各方面积极性,集中力量办大事"明确为我国国家制度和国家治理体系具有的十三个显著优势之四,这才引发了学界对集体力量办大事研究的展开。

我在完成经济史、国史集体研究任务的同时,没放弃对"三农"史的研究,近年主持了国家社会科学基金重点项目"中国共产党百年工农关系政策演变研究"(21AZD101)、中国社会科学院马工程重大项目"中国共产党解决'三农'问题百年道路、伟大成就和基本经验研究"(2021mgczd009)、中国社会科学院习近平新时代中国特色社会主义思想研究中心重点项目"巩固拓展脱贫攻坚成果同乡村振兴有效衔接研究"(2022XYZD01)、农业农村部农村经济研究中心"三农"政策与理论研究2024年度项目"新中国75年农业农村发展成就和经验研究"(24NY007)等项目。本文集选用了其中的阶段性成果。在经济史、国史研究过程中拓展了对"三农"史研究的视野,将大历史观和政治经济学运用于"三农"史研究,阐析了农业农村与工业城镇相比存在弱质性、工业化城镇化进程中农业农村发展受弱质性困扰,以及基于弱质性困扰实施脱贫攻坚战、全面推进乡村振兴、补全面小康社会和全面建设社会主义现代化国家中农业农村短板的政策选择、路径创新。

整理本文集过程中,将此前运用的"弱势窘境"和"弱质性"两个概念,整合为"两弱"概念,将文集定名为《破解现代化进程中"两弱"困扰难题的中国路径》。对中国为什么能实现历史性跨越发展的研究,有一些成果,但还不系统,也有需要完善和深化的空间。之所以将本文集取名为《破解现代化进程中"两弱"困扰难题的中国路径》,是想引起学界对中国在现代化进程中存在的"两弱"困扰予以关注和研究,以共同拓展和深化对开创中国式现代化道路的研究。

本文集是近年围绕中国为什么能实现历史性跨越发展的研究成果,是前一文集《中国跨越发展历程和政策选择研究——基于政治经济学的视角》的续集。

学界和期刊界的老师们对本文集收入的论文给予了指导和多方面的帮助。当代中国出版社编辑姜楷杰在编审本书中给予宝贵意见。在此,对本文集形成和出版给予帮助的学友,表示衷心感谢!

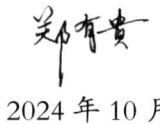

2024 年 10 月